科技人才集聚与区域创新环境研究

曾建丽 著

化学工业出版社
·北京·

内容简介

本书共8章，主要结合系统科学、生态学、新经济地理学等学科的相关理论，综合运用类比分析、文献分析、数学建模、仿真模拟、调查问卷研究方法，针对科技人才集聚-区域创新环境复合系统的协同演化开展研究。本书内容包括：绪论、TTA-RIE复合系统理论分析、TTA-RIE复合系统协同演化机理分析、TTA-RIE复合系统协同演化模型构建及仿真、TTA-RIE复合系统协同演化综合效度评价及实证分析、TTA-RIE复合系统协同演化应用案例、TTA-RIE复合系统协同演化发展对策建议、结论与展望。

本书理论与实践相结合，可供人才学及相关领域科研人员阅读参考，也可供高等学校管理学、经济学等相关专业的师生学习参考。

图书在版编目（CIP）数据

科技人才集聚与区域创新环境研究/曾建丽著. —北京：化学工业出版社，2024.7

ISBN 978-7-122-45601-4

Ⅰ.①科… Ⅱ.①曾… Ⅲ.①技术人才-影响-区域经济-国家创新系统-研究-中国 Ⅳ.①F124.3

中国国家版本馆CIP数据核字（2024）第091200号

责任编辑：董　琳　　　装帧设计：韩　飞
责任校对：李雨函

出版发行：化学工业出版社
（北京市东城区青年湖南街13号　邮政编码100011）
印　　装：北京科印技术咨询服务有限公司数码印刷分部
710mm×1000mm　1/16　印张13　字数217千字
2024年8月北京第1版第1次印刷

购书咨询：010-64518888　　　售后服务：010-64518899
网　　址：http://www.cip.com.cn
凡购买本书，如有缺损质量问题，本社销售中心负责调换。

定　　价：98.00元

前 言

科技创新正逐步取代资本成为区域经济发展的主要源泉，区域创新的主力军是科技人才，科技人才有效的流动促进区域创新发展，科技人才的大量集聚产生规模效应，有利于区域创新水平快速提高。当区域创新环境满足科技人才的要求时，科技人才会集聚在某个区域，当区域创新环境不能满足科技人才的要求时，科技人才就会流出该区域，由此可见科技人才集聚与区域创新环境共生共荣于区域发展生态圈中，区域良好的发展不仅要注重科技人才的集聚，更要发挥科技人才集聚与区域创新环境整体协同效应。

世界各国为集聚科技人才，不断优化创新软环境和硬环境，制定高科技发展战略以及相关政策。中国各地区为改善本地人才创新环境，使本地成为科技人才集聚高地，也纷纷出台户籍、财税补贴、住房等优惠政策。对照相关领域的已有结论，本书的创新成果主要体现在以下几个方面。

（1）构建了科技人才集聚-区域创新环境复合系统理论模型。从系统科学角度分析两者关系，将科技人才集聚和区域创新环境纳入复合系统之中，构建科技人才集聚-区域创新环境复合系统的理论模型，并分析其结构、功能及特点。科技人才集聚-区域创新环境复合系统是由科技人才集聚子系统与区域创新环境子系统构成，两者之间相互作用、相互影响。其特征表现为目的性、复合性、耦合性、动态性，其功能表现为科技人才集聚与区域创新环境在相互作用以及协同演化过程中，加速知识流动、技术流动、人才流动，促进区域环境改善、吸引科技人才，从而促进区域协调发展，并选取深圳科技园作为例证验证模型的合理性。

（2）明晰了科技人才集聚-区域创新环境复合系统的协同演化机理。在时间维度上，将科技人才集聚与区域创新环境协同演化整体状态的理想演化阶段分为初步协同阶段、强化协同阶段、深度协同阶段、分化协同阶段。同时引入 Allee 效应理论，发现科技人才集聚子系统与区域创新环境子系统协同演化趋势与科技人才集聚初始规模有关。在空间维度上，通过求解数学模型发现科技人才集聚呈现核心-边缘区域空间布局特征，同时与区域创新环境之间相互作用。

（3）识别了影响科技人才集聚-区域创新环境复合系统协同演化稳定性的因素。通过构建科技人才集聚与区域创新环境协同演化互惠共生模型，并借助计算机仿真模拟，发现 Allee 效应、科技人才集聚初始规模、科技人才集聚与区域创新环境协同作用系数影响科技人才集聚-区域创新环境复合系统协同演化的稳定性。其中，当 Allee 效应较强时对复合系统协同演化稳定性影响较大，科技人才初始规模必须达到适当的临界值才有利于复合系统协同演化稳定，当科技人才集聚对区域创新环境的协同系数较大时复合系统的演化趋势较好。

(4) 建立了动静结合的科技人才集聚与区域创新环境协同演化综合效度评价体系。对静态复合系统协同度评价模型进行扩展，融合动态的速度状态与速度趋势，构建改进的复合系统协同度评价模型，并运用此模型，评价中国各地区科技人才集聚与区域创新环境的协同演化综合效度。发现在研究时间范围内，东部发达地区科技人才集聚与区域创新环境协同度较高，但其协同演化的综合效度呈现疲软甚至下降态势；中西部不发达地区在该时期科技人才集聚与区域创新环境协同度低，但其协同演化的综合效度呈现增长趋势。

本书共 8 章，主要结合系统科学、生态学、新经济地理学等学科的相关理论，综合运用类比分析、文献分析、数学建模、仿真模拟、调查问卷研究方法，针对科技人才集聚-区域创新环境复合系统的协同演化开展研究。通过借鉴复合系统理论与协同演化理论的研究成果，构建理论模型，并从时空维度出发，分析科技人才集聚与区域创新环境的协同演化机理，进行仿真模拟，探讨影响两者协同稳定的要素，进而对两者协同演化综合效度进行评价并进行实证分析，测度中国各地区科技人才集聚与区域创新环境协同演化综合效度。通过对深圳科技园、中关村科技园、张江高科技园、苏州太湖科技产业园、武汉光谷中华科技产业园、成都高新技术产业开发区进行科技人才集聚与区域创新环境协同演化的案例分析，制定科技人才集聚-区域创新环境复合系统协同演化的对策建议。本书著者期望，通过有一定深度的理论探究，同时结合实践，为促进区域经济发展，制定相关政策提供一定的理论依据。本书可供人才学及相关领域科研人员阅读参考，也可供高等学校管理学、经济学等相关专业的师生学习参考。

本书由曾建丽执笔，王磊和王钟钦对本书的章节设置以及内容安排作出了重要指导工作，对数据处理和案例分析提出了宝贵的意见。在写作过程中，高贵梅、戴孟君、郭欢、田晓倩、邢丹丹负责资料搜集以及格式排版。本书的研究得到了刘兵教授的指导，以及河北工业大学、天津城建大学多方面的支持，在此一并致谢！

由于著者水平和时间有限，书中不妥和疏漏之处在所难免，敬请读者不吝赐教。

著者

2023 年 11 月

目 录

第1章 绪论

1.1 科技人才集聚与区域创新环境背景

当今面对经济的全球化，越来越多的国家认识到综合国力的竞争归根到底是科技人才的竞争。只有不断优化创新环境，集聚科技人才，才能使得科技人才集聚效应充分发挥，从而实现科技人才集聚与区域创新环境的协同发展，有效促进国家发展。随着人工智能、大数据、互联网的快速发展，工业已经进入4.0时代，科技创新正逐步取代资本成为区域经济发展的主要源泉。区域创新的主力军是科技人才，科技人才的有效流动促进区域创新，科技人才的大量集聚产生规模效应，有利于区域创新水平快速提高。科技人才集聚现象的产生，是内因和外因共同作用的结果，内因是科技人才内在的驱动力，外因是良好的区域创新环境。当区域创新环境满足科技人才的要求时，科技人才会集聚在某个区域；当区域创新环境不能满足科技人才的要求时，科技人才就会流出该区域。由此可见科技人才集聚与区域创新环境共生共融于区域发展生态圈中，科技人才集聚与区域创新环境协调发展十分必要。

我国通过不断完善各项基础设施，创建各项创新服务平台，制定各项优惠政策，使得区域创新环境不断发展和完善，但是东部地区、中部地区、西部地区的区域创新环境存在差异。一般来说，区域创新环境包括经济基础环境、市场环境、基础设施环境等，创新环境的优劣影响一个区域的创新潜力和创新意识。东部地区经济基础较为雄厚，人均 GDP 大幅增长；市场环境优越，营商环境不断改善，外商投资总额倍数增长；高技术产业发展势头旺盛，生命健康产业、航空航天产业、机器人产业、智能装备产业等新质生产力产业正在迅速崛起。东部地区最具代表性的城市是深圳，深圳生命健康产业产值突破300亿元，新一代基因测序能力全球领先。中西部地区与东部地区相比，经济基础较为薄弱，人均GDP远低于东部地区，但是经济发展速度较快。2023年10月30日深圳市公布了前三季度经济数据，至此全国GDP城市十强出炉。从区域看，中西部成绩亮眼，增长速度快于东部地区。除成都外，中西部城市重庆（5.6%）和武汉（5.5%）的增速均超过全国平均线。

近几年来，我国不断制定优惠政策支持中西部地区的创新事业发展，增加国家预算内对中西部地区的投资的比重，对中西部地区的重大建设项目采取“同等优先”的政策，同时进一步采取措施，鼓励外商投资向中西部地区转移，加大中西部地区创新资本投入力度。2022年，我国东、中、西部和东北地区研发（R&D）经费分别为20237.5亿元、5557.6亿元、3961.8亿元和1026.0亿元，中西部地区增速明显领先。

中国科技人才发展取得了一定的成就，各个区域创新环境不断发展和完善，已经涌现出多个科技人才集聚区，如深圳科技园、北京中关村科技园、天津滨海新区、上海浦东新区等，通过发挥科技人才规模效应、创新效应、知识溢出效应、辐射效应等改善了区域创新环境，促进了经济发展。但是仍然存在科技人才集聚与区域创新环境不协同的问题，人工智能、大数据等高端产业的科技人才十分短缺，而且分布不均衡，这些科技人才主要分布在北京、上海和广州，难以满足各区域高端产业创新发展的需要，无法有效改善各区域创新环境。近年实施“西部大开发”“中部崛起”“一带一路”等国家战略，扶持中西部地区发展，但在吸引科技人才方面没有起到显著作用。

除此之外，科技人才集聚程度与创新产出并不总呈现正相关，科技人才集聚会带来规模效应，促进区域经济的发展，但是过度的科技人才集聚的创新产出不一定较多，对区域创新带动作用不一定明显。科技人才过度集聚可能带来经济效益和创新产出低于科技人才集聚前的经济效益与创新产出，可能会导致分工不明确，造成人才资源闲置浪费现象，人才效能难以有效发挥，容易形成人才集聚拥挤效应。

如何制定有效的政策，促进创新资源达到理想分布状态，提高经济发展的均衡水平，进而促进科技人才分布在不同区域，而不是集聚在个别发达区域，实现科技人才集聚与区域创新环境协同发展是一个亟待解决的管理问题。因此，有必要从理论层面对科技人才集聚与区域创新环境展开深入的研究，找到两者发展的本质特征和规律，从而指导实践，使科技人才集聚与区域创新环境协同发展，达到促进区域发展的目的。

由此看出，科技人才集聚是一个复杂的系统，科技人才集聚与区域创新环境存在密不可分的关系，两者之间相互影响、相互作用。因此，从理论角度来说，有必要将科技人才集聚与区域创新环境纳入复合系统之中，分析两者协同演化机理；分析两者在不同的演化阶段应该具备的协同演化综合效度，可以分成哪几个类型；分析哪些因素影响该复合系统的稳定性；分析如何评价该复合系统的协同演化综合效度等问题。

1.2 科技人才集聚与区域创新环境的研究现状

通过对文献的梳理，本研究发现关于科技人才集聚与区域创新环境的研究仍存在如下不足之处。

(1) 缺乏从系统视角出发研究科技人才集聚

科技人才集聚具备要素、结构、功能等系统的特点，但是只有少数学者从系统角度研究科技人才集聚。大多数学者分析科技人才集聚概念、科技人才集聚效应、科技人才集聚影响因素等，在研究科技人才集聚的环境影响因素中，强调自然环境、社会环境等一般意义上的环境，忽略了科技人才不同于一般人才的特殊性。相对于物质环境而言，科技人才更看重的是创新环境，因此，有必要开展科技人才集聚与创新环境的研究。

(2) 关于科技人才集聚对区域创新环境的作用机理的研究较少

学者们研究科技人才集聚与区域创新环境时，主要围绕科技人才集聚与经济增长、产业集聚展开，但是关于科技人才集聚与区域创新环境方面很少展开深入研究，部分学者提出通过改善科技人才集聚效应提升区域创新水平，大多数学者强调如何通过改善区域创新环境提高科技人才集聚能力，但是对于科技人才集聚如何影响区域创新环境的研究较少。而科技人才集聚与区域创新环境是互动的，两者应该协同发展。

(3) 将协同演化理论应用于科技人才集聚的研究较少

协同演化理论应用于城市、农业、交通等各个领域，而推动城市、农业、交通等领域发展主要依靠科技人才。科技人才是指对科技事业及经济社会发展作出一定贡献的劳动者，这些劳动者具备科学的思维和创造能力，具有一定的专业知识或技能。科技人才一方面依靠智慧和技能改变区域创新环境，另一方面区域创新环境的改变吸引更多的科技人才涌入，两者应该是一个协同演化的过程。

科技人才集聚处于不断变化的区域创新环境当中，任何稳定的状态都是暂时的，并不是长久的。因此，需要用演化的视角观测、描述、分析科技人才集聚发展规律和变化特征。另外，演化是以有限理性为前提的，每一个参与者都会作出对自己最有利的决策，通过不断进化达到均衡状态。演化经济学家将生物协同思想、理论以及方法应用于社会经济领域，这是由于协同演化视角有助于剖析研究对象演化的过程、特征与机理。

如果将科技人才视为生态种群，那么科技人才集聚与区域创新环境组成一个复杂的系统，两者之间相互影响、相互制约。一方面，科技人才处于多变的区域创新环境之中，只有对区域创新环境作出及时以及适应的反应和演化，才能保证其顺利生存与发展；另一方面，区域创新环境由于科技人才的参与不断对其改变，促进区域创新环境自身的改善和提高，从而使得两者不断地进行信息交流与互动，产生互惠共生效应。这一复杂系统具有与生态种群演化相似的开放性、自适应性、自组织性等特征，因此，可以用协同演化的视角分析科技人才集聚与区域创新环境的关系。如此能够更加系统和全面地明晰科技人才集聚与区域创新环境的演化机理。

科技人才集聚与区域创新环境之间存在密切的联系，两者在相互作用过程中呈现目的性、复合性、耦合性、动态性等特征，与复合系统的特征相符合。因此，将两者纳入复合系统之中，并结合协同演化理论，明晰该系统的协同演化机理，为研究两者的关系提供一个全新的逻辑和分析视角。

本研究主题为科技人才集聚-区域创新环境（technological talents agglomeration-regional innovation environment，简称 TTA-RIE）复合系统的协同演化。总体研究内容是通过借鉴复合系统理论与协同演化理论的研究成果，形成理论研究框架，并从时间和空间维度出发，分析科技人才集聚与区域创新环境的协同演化机理，通过 Matlab 软件进行仿真模拟，探讨影响两者协同稳定的要素，通过数学模型对两者协同演化综合效度进行评价并进行实证分析，测度中国各地区科技人才集聚与区域创新环境协同演化综合效度。TTA-RIE 复合系统协同演化理论模型如图 1-1 所示。

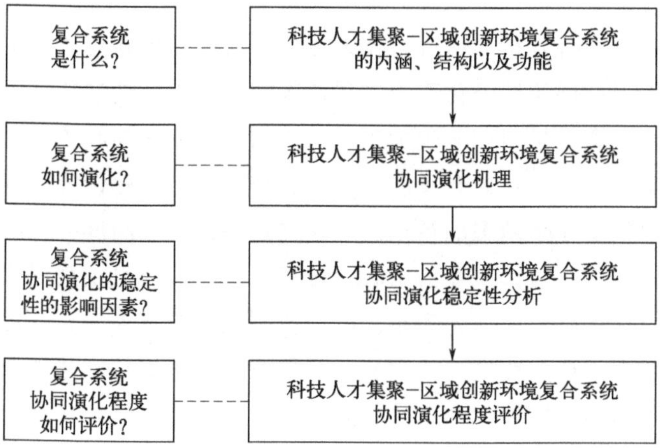

图 1-1 TTA-RIE 复合系统协同演化理论模型图

1.3 TTA-RIE 复合系统研究意义

本研究理论意义体现在如下 3 点。

(1) 有助于丰富科技人才集聚与区域创新环境的相关理论

科技人才在促进区域经济发展方面发挥重要的作用，良好的区域创新环境是吸引科技人才集聚的关键要素，有关科技人才集聚的原因、特征、模式、发展路径等方面的研究日趋详尽，有关区域创新环境的内涵、形成机制、测度评价以及培育的研究较多，越来越多的学者们重视区域创新环境在提高区域创新能力、吸引科技人才、促进区域经济发展等方面的作用。在前人研究成果的基础之上，尝试从系统视角出发，将科技人才集聚与区域创新环境看成一个整体，将两者纳入复合系统之中，通过分析该复合系统的协同演化规律，推演出科技人才集聚与区域创新环境协同发展的关系，从而有助于丰富科技人才集聚与区域创新环境的相关理论。

(2) 有助于为科技人才集聚与区域创新环境协同发展奠定理论基础

科技人才集聚与区域创新环境复合系统的理论研究，特别是对其协同演化机理的研究，能够对科技人才集聚与区域创新环境相互作用内在的机理和规律进行全面的了解，为管理现实中科技人才集聚与区域创新环境协同发展奠定理论基础。科技人才集聚与区域创新环境协同演化的研究，需要考虑双方自身的发展机制以及双方相互作用的协调机制。关于科技人才集聚与区域创新环境的协同演化研究，本书提供了系统的理论分析框架、数学模型、指标评价体系以及研究结论，可以有效指导中国科技人才集聚与区域创新环境协同发展。

(3) 有助于拓展协同演化理论在科技人才集聚与区域创新环境领域的应用

协同演化概念最早出现于生物领域，被用来研究蝴蝶和植物之间相互选择的过程，后来由生物领域逐渐发展到社会、经济、城市建设等领域，为分析解决复杂问题提供了一个动态的视角。现有文献侧重分析制度、技术、产业等领域，在应用过程中一般以产业为中心，分析产业发展中组织与环境的协同演化关系、技术与制度的协同演化关系。而产业的推动者是人才，分析人才与环境协同演化的较少。运用协同演化理论分析科技人才集聚与区域创新环境之间的关系，有助于拓展协同演化理论的应用范围。

本研究现实意义体现在如下 3 点。

(1) 有助于指导相关部门制定科技人才吸引政策

科技人才在推动经济发展、科技进步方面发挥着重大作用，区域竞争实际是科技人才资源的竞争，各地区为吸引科技人才，积极改善区域环境，纷纷出台户籍、财税补贴、住房优惠政策，促进科技人才与创新环境协调发展，立足于科技人才集聚与区域创新环境现实情况，探析两者相互作用过程出现的问题，并借鉴系统科学理论、生态学理论以及新经济地理学理论分析两者协同演化机理，为相关部门制定吸引科技人才政策提供理论依据。

(2) 有助于促进各地区技术创新工作顺利开展

在各个区域竞争日益激烈和实施创新驱动战略的背景下，积极培育区域创新环境，有利于提升区域经济发展，增强区域竞争优势，产生科技人才集聚高地，从而有效指导各区域开展技术创新工作，增加各区域创新绩效，提高各区域创新能力。通过对区域创新环境进行有效分类，并明晰区域创新环境对科技人才集聚的作用机理，有助于深化认识科技人才集聚与区域创新环境的关系，从而有效指导各区域开展技术创新工作，并充分发挥科技人才集聚效应。

(3) 有助于促进各地区科技人才集聚与区域创新环境协同发展

在时间维度上，将科技人才集聚与区域创新环境协同演化的阶段分为初步协同、强化协同、深度协同、分化协同四个阶段，有助于指导政府相关部门在科技人才集聚与区域创新环境协同演化的不同阶段采取措施提升区域创新环境与科技人才集聚的协同演化综合效度。在空间维度上，通过构建数学模型得出科技人才集聚呈现核心-边缘区域空间演化规律，有助于指导各地区不断改善边缘区域的创新环境，增加边缘区域的凝聚力，避免核心区域产生科技人才集聚拥挤效应。

本研究综合运用多种理论构建理论分析框架，并改进 Lotka-Volterra 模型、Logistic 模型等数学模型，运用 SPSS 统计分析软件、Matlab 仿真软件等关键技术软件，通过查阅文献、搜集统计年鉴等方式收集大量数据，运用调查问卷方法确定评价指标体系，运用统计分析软件处理样本数据，借助仿真软件进行数值模拟、运用数学模型进行实证分析。通过类比分析、文献分析、数学建模、调查问卷、数据收集、仿真实验以及实证分析的研究过程，对 TTA-RIE 复合系统的协同演化开展理论前沿与实践相结合的研究。

第2章

TTA-RIE复合系统理论分析

2.1 TTA-RIE 复合系统的内涵及特征

2.1.1 TTA-RIE 复合系统的内涵

系统是由各个要素构成的统一的有机整体，这些要素之间相互联系、相互制约、相互影响。复杂系统是系统理论和信息科学重要的发展，复合系统属于复杂系统中比较重要的一类。复合系统最早是指由人工系统和自然系统组合而成的系统，随着研究的深入，复合系统的范畴不再局限于这两种子系统的组合，而认为凡是两个子系统之间相互作用都是复合系统。白华和韩文秀将复合系统定义为由不同属性的子系统相互交织、相互作用、相互渗透而构成的具有特定结构和功能的开放复杂的动态大系统。

复合系统的内涵用公式表示为：

$$\begin{cases} CS(t) \in \{S_1(t), S_2(t), \cdots, S_k(t), R_a\}, k \geqslant 2 \\ S_i(t) \in \{N_i(t), M_i(t), F_i(t)\} \end{cases} \tag{2-1}$$

式中 $CS(t)$——复合系统；

$S_i(t)$——复合系统 CS 在 t 时刻的第 i 个子系统，$i=1,2,\cdots,k$；

$N_i(t)$——第 i 个子系统的要素；

$M_i(t)$——第 i 个子系统的结构；

$F_i(t)$——第 i 个子系统的功能；

R_a——关联系统，子系统之间相互关联的集合，既包括子系统之间的关联，又包括要素之间的关联；

k——子系统个数。

复合系统可以抽象表示为：

$$S=f(S_1,S_2,\cdots,S_i,\cdots,S_n) \tag{2-2}$$

式中　S——复合系统；

S_i——复合系统的子系统，$i=1,\cdots,n$；

f——复合因子。

复合系统是指两种不同系统构成的相互影响、相互作用、相互渗透，以子系统协调为目标的开放复杂大系统。度量复合系统中的各子系统相互作用和相互影响关系强弱的指标为复合度，用字母 P 表示，$P=P(R_a)$，复合度越大表明两个子系统耦合关系越强。$P(1,2)$ 表示两个子系统 S_1，S_2 的复合度。

通过图形可以形象地表示两个子系统的复合度，复合系统结构复合的示意图如图 2-1 所示。两个子系统重合部分面积越大，表明两个子系统的复合度越高，图 2-1(a) 是图 2-1 中 S_1 与 S_2 复合度最大的，图 2-1(b) 次之，图 2-1(c) 最小。

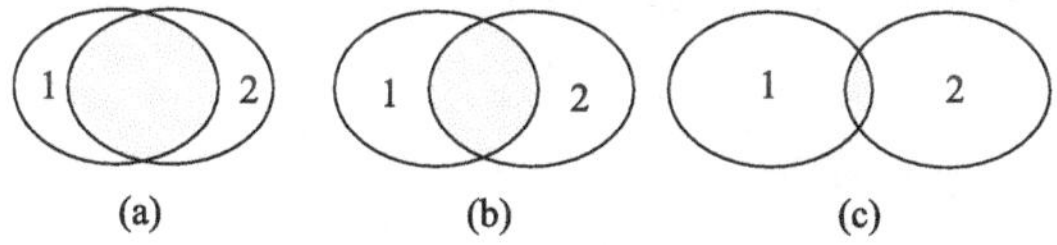

图 2-1　复合系统结构复合的示意图

根据复合系统的定义以及对区域概念的界定，TTA-RIE 复合系统是指在一定的区域范围内，由科技人才集聚子系统和区域创新环境子系统之间相互作用、相互影响、相互制约结合形成，具有知识流动、加速科技成果转化、促进区域协调发展、培养科技人才功能的有机整体，这个有机整体从属于更大的系统——区域系统，TTA-RIE 复合系统图示如图 2-2 所示。科技人才集聚子系

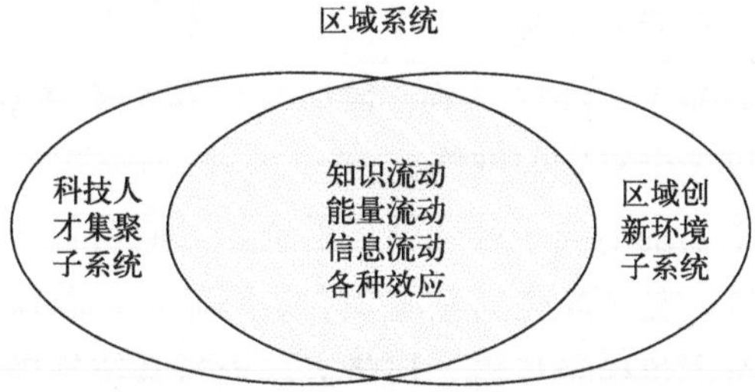

图 2-2　TTA-RIE 复合系统图示

统与区域创新环境子系统在复合作用中，编织成一条条的链条，这些链条之间并非孤立存在的，而是相互作用交织成错综复杂的网状结构。TTA-RIE 复合系统的定义包括如下含义。

（1）TTA-RIE 复合系统由多个要素组成

TTA-RIE 复合系统包括科技人才要素、非科技人才要素（基础设施、组织机构、环境等），这些要素按照一定的方式排列，形成 TTA-RIE 复合系统的有机整体。

（2）TTA-RIE 复合系统有一定的结构

TTA-RIE 复合系统由科技人才集聚子系统与区域创新环境子系统构成，每个子系统又由各自的要素构成，两个子系统相互影响、相互制约。

（3）TTA-RIE 复合系统具有一定的功能

TTA-RIE 复合系统的功能表现为科技人才集聚子系统与区域创新环境子系统之间知识流动、加速科技成果转化、促进区域创新与协调发展等。

TTA-RIE 复合系统用公式表示为：

$$f(S_1,S_2),S_1=f_1(S_{11},S_{12},\cdots,S_{1n}),S_2=f_2(S_{21},S_{22},\cdots,S_{2n}) \quad (2\text{-}3)$$

式中 S_1——科技人才集聚子系统；

S_2——区域创新环境子系统；

f——复合函数；

$S_{11},S_{12},\cdots,S_{1n}$——科技人才集聚子系统的要素；

$S_{21},S_{22},\cdots,S_{2n}$——区域创新环境子系统的要素；

f_1——科技人才集聚子系统的复合因子；

f_2——区域创新环境子系统的复合因子。

科技人才集聚子系统是指在一定区域范围内，以核心科技人才为中心，其他相关人才被核心科技人才吸引，由于工作关系而集聚起来，与科技人才的载体（培养型组织、经营型组织、管理型组织、服务型组织）相互联系，形成具有一定结构、层次、功能的系统。这些科技人才依靠知识投入、知识转化、知识扩散、知识创新的知识链连接起来，借助科技人才集聚的载体（各种组织）开展创新活动，形成一个复杂的网络。

区域创新环境子系统不同于区域创新系统，区域创新环境子系统是支持区域创新活动的子系统，是区域创新系统顺利运行的条件和保障。区域创新环境子系统是指为实施全方位融资战略，保障区域创新系统健康运行，在特定区域内由多个行为主体之间长期开展正式或非正式集体学习与交流活动而衍生出的基础设施、网络信息、市场、文化、经济、法律、制度、政策网络。区域创新环境子系统包括基础设施、网络信息、市场、文化、经济、法律、制度和政策等要素，用公式表示为：

$$E=\sum_{i,j=1}^{n} w_i F_j \tag{2-4}$$

式中　E——区域创新环境子系统；

F_j——某项环境要素的值；

w_i——各个环境要素的权重；

n——环境要素个数总和。

2.1.2　TTA-RIE 复合系统的特征

TTA-RIE 复合系统是科技人才集聚子系统和区域创新环境子系统构成的复杂系统，当二者协调发展时会具备子系统不具备的特征，形成强大的力量推动区域经济的发展；当二者不协调发展，则会阻碍社会创新，造成社会退步。TTA-RIE 复合系统的特征主要表现为如下几方面。

(1) 目的性

复合系统具有一定的目标，通过子系统之间的相互作用，达到子系统之间协调优化的目标，因此，构建 TTA-RIE 复合系统是通过科技人才集聚子系统和区域创新环境子系统的相互作用、互相影响达到两者协调、适配的目的。科技人才集聚子系统和区域创新环境子系统有各自的目的，前者目的是发挥科技人才集聚的效应，促进知识的传播和技术的扩散，后者目的是为区域创新系统运行提供必要的支持和条件。通过环境的培育、政策的引导、各种机制的激励与评估，达到 TTA-RIE 复合系统的整体目标，从而促进科技人才自由地流动，提高区域创新水平。

(2) 复合性

复合系统是由各个子系统构成的，各子系统之间相互协调，体现了不同层次的协调性，同时复合系统内部要素按照一定层次顺序排列。TTA-RIE 复合系统由科技人才集聚子系统与区域创新环境子系统构成，每个子系统有自己的结构、要素和功能，子系统内部要素之间相互作用、相互影响。科技人才集聚子系统与区域创新环境子系统之间相互作用的程度，一般用复合度来表示，复合度越高表明子系统之间的联系越强，协调性越高，系统发展越有序。反之，复合度越低，表明子系统之间的联系越弱，协调性越低，系统发展越无序。

(3) 耦合性

复合系统中各子系统之间相互联系、相互作用，通过子系统之间的相互作用影响复合系统整体水平，通过子系统之间相互耦合，打破子系统之间的界限，实现要素的自由流动，形成自我组织、能动性的系统。TTA-RIE 复合系统是以科技人才为核心，通过科技人才实现知识的转移和技术的扩散，最终提高区域创新水平。而区域创新水平的提高会促进生产力的进步、经济的发展、创新环境的改善、政府政策的限制减少，进而吸引更多人才流入区域，加速科技人才的集聚，产生新的创造力，反作用于区域创新环境，形成新的循环。

(4) 动态性

复合系统中子系统之间的联系不是静止不动的，是不断变化的，通过子系统之间的协调，按照一定的方式实现由无序到有序的变化。TTA-RIE 复合系统不是杂乱无章的，而是有序变化的，科技人才集聚通过与区域创新环境的无限交流，伴随时间变化不断产生物质流动、能量流动、技术流动、信息流动、知识流动、人才流动。科技人才集聚子系统与区域创新环境子系统之间的协调也在不断变化，这种变化显然不是简单的有规律的变化，而是非线性、复杂的变化。

2.1.3 TTA-RIE 复合系统的研究步骤

TTA-RIE 复合系统最大的一个特点是耦合性，表现为科技人才集聚子系统与区域创新环境子系统相互耦合。TTA-RIE 复合系统良性运行的条件是子系统之间协同发展，TTA-RIE 复合系统的目标是追求系统最优化以及子系统之间互相协同，同时各子系统之间的协同是变化的，因此，如何解决 TTA-RIE 复合系统中子系统之间相互协同演化的问题是研究重点。从系统协同演化的角度看，TTA-RIE 复合系统的协同演化是指子系统之间或者子系统要素之间的协同演化，在发展演化过程中彼此之间和谐一致，这种和谐一致的程度称为协同度，是复合系统协同演化综合效度的反映程度。协同度反映了系统由无序走向有序的趋势，为解决 TTA-RIE 复合系统的协同演化问题，TTA-RIE 复合系统研究过程示意图如图 2-3 所示。

(1) 确定目标

根据研究问题的难度大小、范围、研究对象的特征，结合人力、物力、财力、环境、技术等现有的条件，确定各个子系统要达到的目标以及复合系统整

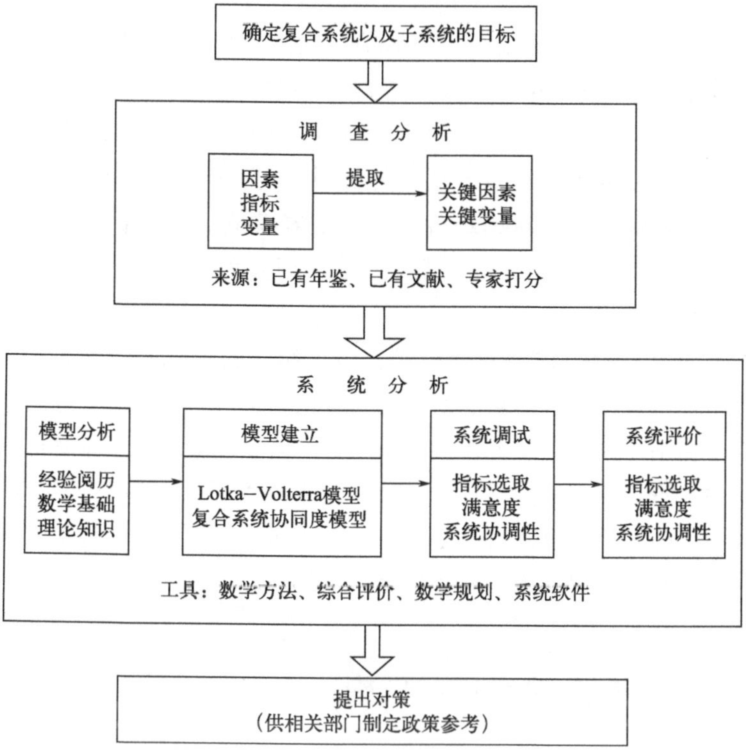

图 2-3　TTA-RIE 复合系统研究过程示意图

体的目标。对于 TTA-RIE 复合系统而言，科技人才集聚子系统和区域创新环境子系统之间相互作用、互相影响，达到两者协调、适配的目的。科技人才集聚子系统的目标是科技人才有效流动，减少流动壁垒。区域创新环境子系统的目标是区域创新环境均衡发展，区域创新环境得到有效改善。

(2) 调查分析

调查分析可以通过实地调研、内容分析、文献来源等方式，搜集与研究问题相关的相关资料，寻找影响子系统和复合系统协同的各个因素，调查分析要求全面细致，并分成几大类，最后从众多要素和数据中确定影响复合系统协同演化的关键因素和变量。对于 TTA-RIE 复合系统而言，由于科技人才集聚与区域创新环境的研究比较成熟，故采用年鉴分析、文献分析、专家打分的方式提取子系统的指标体系。

(3) 系统分析

系统分析包括模型分析、模型建立、系统调试、系统评价及决策分析等过程。构建模型一方面依靠生活中的经验和阅历，另一方面依靠扎实的数学功底和基础，同时结合相关的理论知识和调查搜集到的数据，对模型进行反复的过程调试来修正模型，从而正确揭示子系统之间的关系和协同演化的基本规律。对于TTA-RIE复合系统而言，结合生命周期理论与共生环境理论分析科技人才集聚子系统与区域创新环境子系统的协同演化机理，并构建改进的Lotka-Volterra数学模型，借助Matlab软件进行仿真模拟。同时通过改进的复合系统协同度数学模型，对TTA-RIE复合系统协同演化综合效度进行评价。

(4) 提出对策

根据不同的目标构建不同的模型，确定相应的指标和变量。对于TTA-RIE复合系统而言，为解决复合系统协同演化问题，通过构建改进的复合系统协同度数学模型，确立科技人才集聚子系统与区域创新环境子系统的序参量指标体系，并进行信度和效度检验。通过对这些数学模型的分析，对TTA-RIE复合系统进行静态描述以及时空变化的动态描述，并提出相应的对策建议，为相关部门制定政策和解决现实问题提供一定的理论依据。

2.2 TTA-RIE 复合系统的结构

TTA-RIE复合系统由科技人才集聚子系统与区域创新环境子系统构成，众多要素相互联系，两者的联系主要表现为科技人才集聚子系统通过科技人才集聚规模效应、科技人才集聚知识溢出效应、科技人才集聚创新效应、科技人才集聚共享效应影响区域创新环境子系统，科技人才具有主观能动性，会自主选择前往适合的集聚区，因此，通过科技人才集聚的质量可以进一步改善优化区域创新环境。区域创新环境子系统通过经济基础环境、基础设施环境、信息网络环境等区域创新硬环境为科技人才集聚子系统提供基本的物质保障，同时通过区域内制度政策环境、市场环境、文化环境、创新潜力环境吸引科技人才，通过两者的协调发展提高区域创新水平，促进区域经济发展。TTA-RIE复合系统结构图如图2-4所示。

2.2.1 科技人才集聚子系统的结构

侯宏皎构建高校影响下的区域人才集聚子系统，认为科技人才集聚子系统是包括高校、区域人才集聚系统、区域经济系统、人才个体等要素在内的系统。孙蕊和温孝卿从产业转移视角分析人才集聚子系统，认为人才集聚子系统

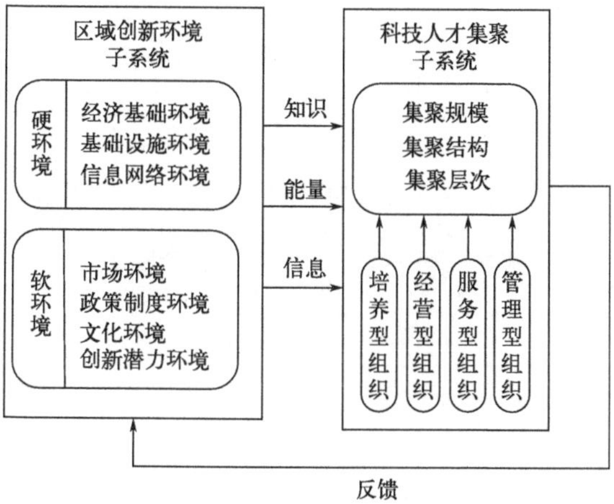

图 2-4　TTA-RIE 复合系统结构图

包括企业层面、产业层面、区域层面，人才集聚子系统伴随着产业转移经历产业转移、企业人才流动、人才集聚、企业成长、企业实力提升、产业转移的循环流图。科技人才集聚子系统是一个复杂的科技人才网络，科技人才集聚子系统包括横向的科技人才集聚子系统和纵向的科技人才集聚子系统，横向的科技人才集聚子系统是指同一类别的科技人才向某个区域或组织集聚；纵向的科技人才集聚子系统是指不同类别的科技人才由于某种原因集聚到某个区域或组织。科技人才集聚子系统的内部与外部组织存在各种联系、相互作用。培养型组织是科技人才集聚的智力源泉，为科技人才提供数量支持；经营型组织是科技人才集聚的场地支持，是科技人才集聚的主要载体和科技人才发挥集聚效应的场所；服务型组织为科技人才集聚提供各种服务，疏通科技人才集聚过程中遇到的障碍；管理型组织制定相关政策，调整科技人才集聚的方向和速度。各种组织发展的优劣成为科技人才集聚的磁场。因此，从内部和外部层面分析科技人才集聚子系统结构图如图 2-5 所示。

(1) 内部结构

内部结构是由不同的科技人才形成的网络结构，科技人才集聚子系统内部结构分为水平层面和垂直层面。内部结构决定了科技人才集群的类别和科技活动的发展方向，随着科技人才集群成长并形成一定规模，随后通过科技人才集聚效应带动整个产业链的发展，进而促进区域经济的发展。

从水平层面来看，在科技人才集群网络结构的内部，以某个产业优秀的领军人才为核心，其他相关科技人才由于共生吸引而集聚到某个组织或区域，这

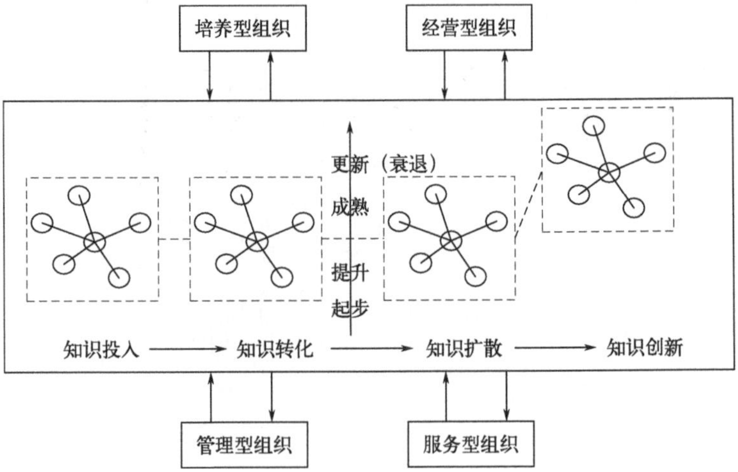

图 2-5　科技人才集聚子系统结构图

些科技人才中既包括科学研究人才、工程设计人才、技术开发人才等，这些科技人才主要负责企业的技术研发工作，位于产业链的上游；又包括科技创业人才、科技服务人才、科技管理人才、科学普及人才等，这些科技人才为上游产业服务，位于产业链的下游。上下游产业科技人才之间相互联系、相互作用，形成特有的产业科技人才链，进而形成科技人才集聚子系统内部结构的水平层面。同时，上下游产业链的科技人才之间进行知识的传输工作，形成了特有的知识链，负责知识投入、知识转化、知识扩散、知识创新的不同阶段。

从垂直层面来看，同一类型的产业科技人才集聚在一起，形成科技人才集群，但是同一产业内部的科技人才个体既竞争又合作。为了适应产业的变化，产业内部科技人才集聚也经历不同的阶段，形成科技人才集聚子系统内部的垂直层面，具体包括：起步阶段、提升阶段、成熟阶段、更新（衰退）阶段。

1）起步阶段

一部分科技人才由于自身的影响力和示范作用，吸引其他同类科技人才追随而来，形成了早期的科技人才集聚。这一阶段产业发展还不够成熟，成本优势还未完全凸显，只有少量企业驻扎，社会网络关系不够稳定。可以说这个阶段只是科技人才的汇集，科技人才集聚处于量变阶段，科技人才集聚效应还未发挥。

2）提升阶段

伴随着越来越多科技人才流入，科技人才知名度进一步提升，越来越多的企业集聚，形成产业集群，吸引不同种类的科技人才集聚，专业分工更加细化，科技人才集聚优势更加明显，科技人才集聚规模效应、创新效应、知识溢出效应等效应得以发挥。

3）成熟阶段

产业集群的空间结构不断扩张，企业内部科技人才相互竞争，优秀的科技人才被留下，劣势的科技人才被流出，在科技人才流入与流出之间，科技人才集聚逐渐处于饱和状态，科技人才数量变动不大。在竞争的同时，不同的科技人才集群的空间不断扩散，加强了与相关行业科技人才集群的联系，实现了科技人才集聚结构和规模的稳定。

4）更新（衰退）阶段

受宏观经济或生命周期自身影响，集聚区域物价上涨，竞争加剧，一些企业普遍出现“搭便车”现象，生存成本提升，产业处于“锁定”状态，科技人才生活成本上升，科技人才成长缓慢，对科技人才吸引力下降，科技人才流入流出集聚地活跃度明显下降。这使科技人才面临更大的危机，科技人才不得不转型，其中一种选择是不断学习科学技术，适应产业环境的改变，使得产业发展出现好转，科技人才集聚水平更新发展；另外一种选择是科技人才随波逐流，不能适应产业环境的变化，科技人才将会逐渐流出集聚区，科技人才集聚出现衰退现象。

（2）外部结构

外部结构是影响科技人才生存和发展的组织机构，是科技人才集聚的主要载体，具体包括培养型组织、经营型组织、服务型组织、管理型组织。这些组织和科技人才之间相互联系，成为辅助科技人才集聚不可缺少的必要条件，它们在外部结构中的作用具体如下。

1）培养型组织

培养型组织是科技人才集聚的基础，包括高等学校、科研机构、培训机构，为科技人才集聚提供一定的科技人才数量和规模，同时培养和教育科技人才，使科技人才掌握先进的文化知识和良好的综合素质。高等学校是科技人才的生产者，是为科技人才集聚不断注入科技人才的活力源泉，同时传播科技知识。多个案例显示很多科技人才从大学阶段开始依靠掌握的知识从事创新研发活动，例如美国社交网站 Facebook 的创办人扎克伯格。高等学校在传播知识的过程中注重培养学生的创新思维、创新能力、创新精神、创新意识，为大学生毕业以后开展创新活动打下坚实的基础，促进了科技人才集聚经济效益的发挥。

科研机构与高等学校相比，更注重知识的专业化，很多项目直接与企业对接，让科技人才在实践中得到锻炼，同时开展产学研合作，实现高等学校、科研机构、企业的联合创新，加速科技成果转化，在这个过程中培养科技人才。科研机构的主要功能是新技术的研发和科研管理创新等，在知识传播与扩散方面、科技人才培养方面略逊于高等学校。培训机构是高等学校和科研机构的补充，专门强化科技人才在特定领域的专业知识，与高等学校、科研机构相比更加注重应用知识的培养，直接对科技人才将要从事的职位或岗位进行相关的培训，提升科技人才创新能力，使其知识结构合理化。总之，高等学校、科研机构、培训机构是科技人才集聚的智力支持和数量保障。

2）经营型组织

经营型组织包括中小企业、大型工厂、产业集群等营运的组织和群体，是科技人才发挥效能并产生科技人才集聚效应的重要载体，在吸引科技人才集聚方面发挥着显著作用。总的来说，科技人才集聚的主要载体和场所是企业，企业是科技人才集聚的基本单位。科技人才在企业文化、激励机制、薪资待遇的吸引下，集聚到某一企业，区域内企业的数量、大小、规模、机制直接决定了区域科技人才集聚的吸引力和竞争力，这些不同种类的企业吸引着不同类别的科技人才，是不同种类科技人才知识扩散和应用的重要载体。

大型工厂和产业集群与科技人才集聚密不可分。大型工厂的规模决定了其科技人员的数量和种类均较多。产业集群是不同产业的集合体，科技人才集聚伴随着产业集聚的出现而出现，伴随着产业集群的生长期、发育期、成熟期、衰落期而出现增长期、混乱期、涌现期、饱和期、下一循环或衰退期。产业集群中相关科技人才集聚降低了彼此的交易成本，增加了获取创新知识的机会，提高了现有信息、价值创造的结合性，这是由于产业集群是相关企业、知识机构、中介机构等形成的网络，网络各个节点的表现形式是知识的流动、贸易的流动、技术的流动。因此，将中小企业、大型工厂与产业集群放在一个层次，作为科技人才集聚的主要载体和场所。

3）服务型组织

服务型组织包括金融机构和中介机构，是为科技人才集聚提供各种服务和支持的重要保障。一方面，金融机构是科技人才发展的助推器，向科技人才提供创新创业贷款，给予科技人才创新创业的资金支持，金融机构通过创新金融产品，改进服务方式，对接人才需求，为中小企业、高层次人才提供一揽子金融服务；同时，金融机构拓宽科技人才创新创业融资渠道，发挥财政资金杠杆作用，大力发展风险投资、股权投资等多种投资方式，带动社会资本向科技成果和高端人才集聚。另一方面，金融机构也通过各种奖励措施、股权激励等方式，增强对金融人才的吸引力和凝聚力。

中介机构为科技人才在迁移到某个新城市过程中提供各项服务，由于科技人才在这个过程中难免遇到各种问题，中介机构帮助疏通科技人才集聚过程中遇到的各种障碍。中介机构包括区域商业协会、会计服务、就业中心、人力资源服务中心、律师事务所等机构，这些中介机构提供财务、会计、就业指导、法律知识等服务，加速科技人才集聚。中介机构是活跃市场的软化剂，帮助科技人才解决信息不对称问题，降低科技人才投资、决策、经营等风险，促进了人才流动。尤其是人才中介机构在人才流动中发挥着媒介、传导、服务等作用，通过举办专业技术培训、人才咨询服务等活动健全人才社会化服务体系，为科技人才集聚提供良好的服务。

4）管理型组织

管理型组织主要包括政府相关部门和相关事业单位，通过制定政策、完善制度管理配置科技人才，调节科技人才集聚的流向和速度。政府部门通过制定公共政策，调控不同区域的发展水平，使区域形成科技人才集聚高地；制定产业政策优化升级产业结构，带动生产要素流动尤其是科技人才的流动与重组，形成高新技术的产业集聚；制定科技政策、提高科技项目经费水平，可以吸引科技人才围绕项目集聚。政府通过完善人才身份管理制度、人才产权制度、人才激励制度和人才配置制度实现科技人才资源顺利配置和有效整合，为科技人才集聚提供足够的物质保障，使科技人才能够全身心地投入工作中去，产生科技人才集聚效应。

政府同时提供基础设施和公用事业服务，基础设施是科技人才集聚的基础，良好的基础建设促进经济的发展，进一步吸引科技人才集聚。公共事业服务包括教育、科技、医疗等服务，教育的支持可以保障科技人才的数量和质量，巩固科技人才集聚的基础；科技服务培养科技人才创新能力，间接促进科技人才集聚效应的产生；医疗服务保障科技人才的体质健康，优越的医疗资源在吸引科技人才集聚方面发挥很大的作用。政府还是高等学校、科研院所、企业合作的桥梁，为产学研合作创新保驾护航，加速在产学研过程中不同种类的科技人才的集聚，有效地促进了科技人才的流动和健康成长。

2.2.2 区域创新环境子系统的结构

(1) 区域创新环境子系统要素之间的联系

区域创新环境主要是指人类形成的社会环境，从不同角度出发可以将区域创新环境子系统分成不同的结构和层次，这些结构层次根据存在形式可以大致分为区域创新硬环境和区域创新软环境两个部分。

区域创新硬环境是指区域内产生创新的物质和经济条件，通常是以静态和有形的形式存在，如经济基础、区域创新基础设施、生活服务设施（交通、网络、通信、电力、供水、医疗、教育、创新资源等），具有物质性、可预见性、有形性等特征；相对硬环境而言，区域创新软环境是指除物质条件以外区域市场、文化、制度、政策、技术、公民素质等人文环境的总和，是以动态和无形的形式存在，并不易被观察和感知的精神环境，具有不可预见性、不确定性和发展渐进性。

区域创新硬环境主要包括经济基础环境、基础设施环境、信息网络环境；区域创新软环境主要包括制度政策环境、市场环境、文化环境、创新潜力环境。两者之间互相影响，共同构成区域创新环境，区域创新环境结构图如图 2-6 所示。

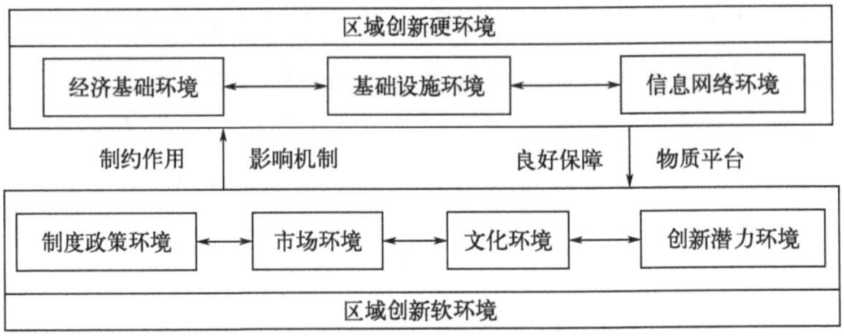

图 2-6 区域创新环境结构图

区域创新硬环境为区域创新软环境提供物质平台，是区域创新软环境健康发展的重要保障。区域创新硬环境为区域创新活动顺利展开提供生产服务和生活服务的条件，是孕育创新的基本条件，体现人类的主观能动性。区域创新软环境要发挥作用必须依靠区域创新硬环境提供的物质平台，如果区域拥有良好的区域创新政策、优越的制度环境、发达的市场环境，但是交通设施、网络设施不能满足创新行为主体的需要，那么区域创新活动也不能顺利展开。

区域创新软环境是区域创新环境的内核，影响制约着区域创新硬环境的建设与发展。区域创新软环境是人与人相互关系的总和，区域创新软环境建设的好坏直接反作用于区域创新硬环境，区域创新软环境中制度、政策、市场、文化、创新潜力良好运行，才会使区域创新硬环境发挥应有的作用，否则条件设备再好的基础设施，如果没有政策、文化等软环境的支持，如果没有对创新主体进行有效的集聚，那么区域创新就无法有效地开展。只有在区域创新的软、硬环境的协调下，区域创新体系有效运作，才能持续地涌现出创新的行为、创新的产品。例如共享经济商业模式在市场正常的运行就是基于良好的管理、市民文明素质、健康的监督机制等区域创新软环境与交通、网络信息的快捷等区域创新软环境的恰当配合。

区域创新硬环境与区域创新软环境对区域科技和经济发展水平的贡献率不同，在经济发展的前期阶段区域创新硬环境发挥的作用较大，在经济发展到一定水平之后，区域创新软环境对区域经济和科技发展水平的贡献率较大，区域创新硬环境的作用减弱，区域创新硬环境和软环境促进区域创新的贡献率如图 2-7 所示。

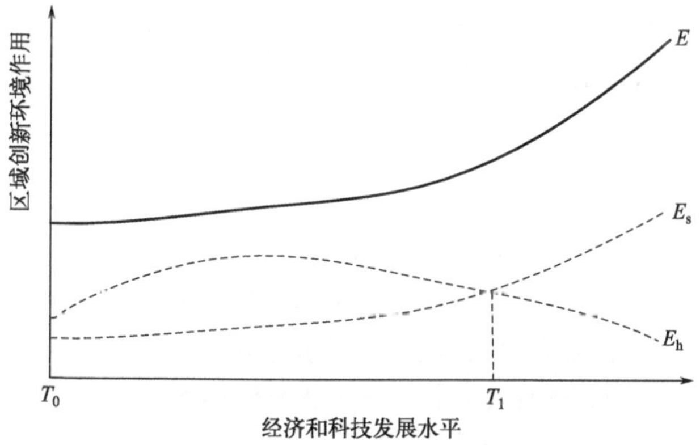

图 2-7　区域创新硬环境和软环境促进区域创新的贡献率

E—区域创新环境；E_h—区域创新硬环境；E_s—区域创新软环境；

T_0—经济与科技发展水平前期；T_1—经济与科技发展水平后期

在经济发展初期，高新技术产业对物质条件依赖程度高，对区域创新软环境变化不敏感；随着经济发展，知识和技术水平不断提高，高新技术产业对软环境要求越来越高，例如研发无人驾驶汽车，要想在市场正常运行，必须保证有良好的政策支持，高技能研发人才的参与，灵活开放的市场环境。

（2）区域创新硬环境的结构

区域创新硬环境是为区域创新活动顺利展开提供基础，主要包括经济基础环境、基础设施环境以及信息网络环境。三者之间相互作用、互相影响，区域创新硬环境结构图如图 2-8 所示。

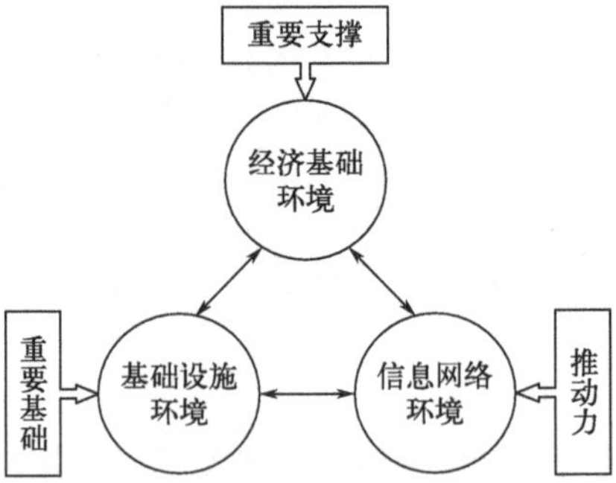

图 2-8　区域创新硬环境结构图

经济基础环境是区域创新硬环境的重要支撑，经济基础环境影响基础设施环境和信息网络环境的建设能力；基础设施环境是区域创新硬环境的重要基础，是经济基础环境和信息网络环境的重要保证；信息网络环境贯穿于区域硬环境中，是区域创新硬环境的推动力，影响经济基础环境和交通设施环境的发展。

1）经济基础环境

经济基础环境是区域创新硬环境的重要支撑，体现了在一个时期全社会的经济总量规模、结构关系及政府调度资源投入建设的经济可行性，由此可以计算社会的经济能力与政府的经济能力。经济基础环境反映一个区域的发展能力和综合实力，表现为经济增长环境、产业发展环境等。

经济增长环境为区域创新提供了信息、技术、资金、人才等多种要素，是区域创新的支撑。经济增长环境强化了创新的动力，满足了市场需求，刺激了科技人才进一步开展创新活动。经济增长过程中培养了相关人才，促进技术和知识的流动，提高了居民生活水平，这些要素作用于科技人才，使科技人才提高知识能力和创新意识，综合利用这些创新资源和创新要素，产生更多的发明创造。

产业发展环境是区域经济基础环境的体现，产业集聚推动经济的发展，同时影响区域创新环境。产业集聚使相关的产业集聚在一起，方便了科技人才之间的交流与学习，降低了搜寻信息的成本与风险，有利于科技人才加强合作，建设区域创新系统。同时，产业集群吸引外部资源介入，为区域创新增加活力，有利于促进区域知识创新、技术创新、文化创新，获取区域竞争优势。

2）基础设施环境

基础设施环境是区域创新硬环境的重要基础，是改善区域创新环境最基本的物质保障，主要包括生产服务设施环境和生活服务设施环境。基础设施环境为产业快速发展、科技成果转化提供了必要的条件，随着现代技术的发展对基础设施环境的要求越来越高。

生产服务设施环境中交通、通信、信息网络对区域创新产业影响最大。现代交通快速发展，高铁不断提速，不仅方便了传统产业物资的运输和流动，更是推动了相关产业的发展，如高铁的提速使货物能够快速运输，带动了快递产业、高铁沿线经济的发展，高铁的快速发展本身就是科技创新的体现。通信和信息网络的便捷为区域创新活动开展提供了条件，现代经济的发展越来越依靠通信、网络的发展，智能科技、大数据、云计算、智慧物流开展都是在快速便捷的通信、网络条件下完成的。网络经济时代产生了大批的创新产品，让产学研有效结合，科技人才足不出户就可以商讨问题，彻底改变了人们的生活方式，让更多事情成为可能。

生活服务设施环境是指为满足区域内创新行为主体生活需要而提供的基础设施，主要包括商业服务设施和文体教卫设施等。生活服务设施为科技人才生活提供便利，为科技人才开展创新活动提供各项服务，如科技人才创办企业需要去相关部门办理营业执照、营业许可证等，科技人才购买或租赁办公场地需要去房管局办理相关手续，科技人才发明专利申请保护需要向国家知识产权局提供申请文件，等待相关部门的审批，这些服务机构的办事效率在一定程度上影响了创新活动开展的步骤。

3）信息网络环境

信息网络环境是区域创新硬环境的推动力，信息是构成自然界和人类活动以及信息化最基本的要素。信息与物质、能量一样，是维系人类和自然存在的重要因素，是一种普遍联系的形式，信息无处不在，具有共享性、时效性、传递性等特征。对于区域创新环境而言，最重要的是市场信息环境和知识信息环境，谁掌握了这两者，谁就拥有了主动权，就能够将知识市场化，开展创新活动。

市场信息环境是创新的直接动力，只有从市场出发，满足市场需求，才能最终实现市场效益，成为最终的创新。因此，最大可能把握市场信息，才能决定创新的方向、形式和规模，消除更多的不确定性，例如智能家居是在经过大量市场调查之后，获得大量用户的市场信息，满足市民安全健康需求的管理家庭的创新产品，用来提高生活的品质。科学技术只有与市场紧密结合才是第一生产力。因此，在区域创新环境的培育过程中要时刻关注市场信息环境的变化。

知识信息环境是通过多种媒介培育的，许多创新创业想法的产生除了源于掌握的已有经验外，还通过网络、电视、媒体等多种渠道获得的知识信息。只有储备大量的专业知识信息，敢于发现新问题，探索新规律，再结合开放的思维，才能产生创新。因此，在一定程度上，知识信息是创新的前提，只有知识信息在积累到一定量的基础上，才能有灵感的迸发，知识信息的积累才能转化成量变，产生创新行为。

(3) 区域创新软环境的结构

按照区域创新软环境要素在区域创新软环境中的地位，以及对区域创新软环境影响的作用程度，将区域创新软环境影响较大的四方面作为区域创新软环境的构成要素，分别为区域市场环境、区域政策制度环境、区域文化环境以及区域创新潜力环境。四者之间相互制约、相互影响，每个部分在区域创新软环境中占有一定的位置和功能，并以不同的方式推进区域创新软环境的发展，区域创新软环境结构图如图 2-9 所示。

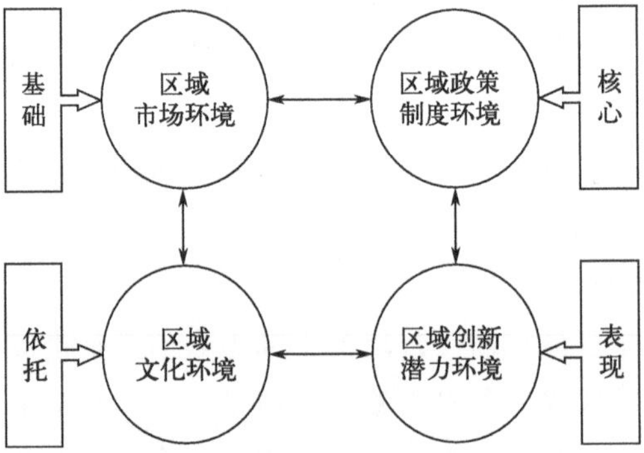

图 2-9　区域创新软环境结构图

区域市场环境是区域创新软环境存在的基础，科技人才一切创新行为都必须在区域市场环境内开展，区域市场环境的变化影响区域政策制度的调整、区域文化环境的变化和区域创新发展的潜力；区域政策制度环境是区域创新软环境的核心，是激励区域内科技人才的外部动力，同时区域政策制度环境是区域市场环境和区域文化环境的反映，是区域创新潜力环境的指向标；区域文化环境是区域创新软环境的依托，间接推动区域创新系统的演化，区域文化环境潜移默化地影响其他环境；区域创新潜力环境是区域创新软环境的表现，代表区域创新系统的发展速度，区域创新投入产出的变化反作用于区域市场环境、区域政策制度环境、区域文化环境。

1）区域市场环境

区域市场环境包括市场准入环境、市场竞争环境以及市场消费环境。市场准入环境中，企业想进入市场营运需要办理一些手续和执照，包括工商注册、营业执照等行政审批手续，这是企业创新创业的基础，良好的市场准入环境有利于缩短企业筹备时间，提高企业筹备效率，尽早开展创新创业活动。

市场竞争环境是企业、科研机构等创新行为主体必须面临的市场环境，规范的市场竞争环境能够不断刺激创新行为主体创新，优胜劣汰是市场竞争的行为准则，如果研发不出新的技术就会被其他行为主体超越。规范市场竞争环境有利于打击垄断，完善市场机制，给创新行为主体外在压力，继续激励其开展创新活动，不断产生新的创新产品，在原有基础上保持核心竞争力，切实提高市场活力。

市场消费环境是产生创新的原始动力，消费引发创新需求，倒逼产品服务创新，推动产业优化升级，这是自发创新行为，意味着为创新收益提供良好的保障，在一定程度上减少了创新的盲目性和追随性，增加了创新行为主体开展创新的积极性。

2）区域政策制度环境

区域政策制度环境是政府为了防止区域市场失灵，进而干预区域创新活动所制定的法律规章与政策制度，主要包括法律环境、政策环境以及制度环境。法律环境是为了支持技术创新、约束侵权行为而设立的法律体系，包括支持创新的相关法律体系和保护知识产权的法律环境，如知识产权法、专利法、科技成果转化法、科学技术进步法等，法律环境的功能主要是为了保护科技人才的知识产权和合法利益，使科技人才毫无顾虑地开展创新活动，从而促使技术创新良性发展。

政策环境是政府为激励科技人才开展创新而制定的政策，如财政税收减免政策、降息金融政策、大幅度政府采购政策等，财政税收政策给予科技人才税收减免，从企业源头减少开支成本，使企业将更多资金投入创新研发活动中。降息金融政策从第三方角度给予企业科技人才资金，提供多种优惠金融政策，如直接融通政策、降息贷款政策、出口创汇政策等，有利于科技人才资金多方流通。

制度环境是一系列用来建立生产、交换与分配的基本规则，制度环境是区域创新系统正常运行的保障，所有的创新活动必须在现有的制度安排中进行。制度包括投融资制度、产权制度、科技制度。投融资制度始终贯穿创新活动中，投融资制度有利于帮助科技人才降低融资风险，优化创新资源配置。产权制度保护科技人才的合法利益，是科技人才所独有的，包括知识和专利产权制度、企业产权制度。科技制度规范科技人才研发活动，主要以产学研科技制度、项目合作制度等体现出来，在促进科技成果转化和培养创新人才方面起着重大作用。

3）区域文化环境

区域创新文化代表一定民族特点，能够反映区域理论思维水平的精神风貌、思维方式、价值取向、心理状态、文化水平、教育水平、学习态度、进取精神。区域文化环境是区域创新的内在动力，影响科技人才价值观、风俗习惯和文化程度的形成。相比政策制度环境直接作用于区域创新活动而言，区域文化环境对区域创新活动带来的影响是间接的，弥补了政策制度环境、市场环境不能影响科技人才价值观体系的缺点。区域文化环境应该是充满包容的、平等的、开放的、学习氛围浓厚的并充满高素质人才的环境，主要包括文化思想、教育环境、人才环境。

文化思想具有聚合、凝结的功能，能够教化培养科技人才的思维方式和价值取向，从而影响区域创新实践活动和科学生产活动。区域创新绩效的大小与文化思想有很大关系，文化思想越是与科技人才需求一致，价值观相同，越是能激发科技人才的创新灵感和干劲。宽容的、开放的文化环境有利于给予科技人才更多的鼓励和支持，允许失败的产生，在很大程度上影响科技人才的积极性，激发更多创新产品的产生，提升创新发展速度，促进创新繁荣。

教育环境是区域创新系统健康运行不可或缺的条件，是增强区域创新能力的重要因素，教育不断为区域创新系统输入大量不同领域的创新人才，特别是提供管理型人才、研发型人才、技术型人才、操作型人才。同时教育负责传输科技文化知识，培养人才的创新精神、民主意识和法制观念，通过开展各类创新实践活动，提高全民的文化素质水平和创新能力。科技创新的关键是改革教育，开放式创新，摒弃填鸭式教学，允许学生有犯错的机会，培养学生敢于挑战能力和自主创新能力。

人才环境是吸引科技人才集聚的必要条件，主要通过区域内人才流动性衡量人才环境的好坏。强化区域内人才流动性有利于推动外部知识流入区域创新系统，促进科技知识的转移和科技成果的转化。对于一个企业而言，人才离职是一种损失，但是高技能人才去往别的企业依旧发挥创新作用，对整个区域而言是十分有利的，有利于带动其他要素如技术、资金、知识在区域内流动，促进区域内产业的优化升级，提高整个区域的创新竞争力。

4）区域创新潜力环境

创新潜力是指蛰伏于主体内（指人大脑内或肢体内或两者的综合）隐性的能力状态，主要由某一领域的基础知识和经验、创造性人格和认知风格、创造性思维能力、创造性实践技能等要素构成。对于区域而言，区域创新潜力环境从动态上反映了区域创新系统发展的状态，代表了区域创新系统发展的速度，说明区域创新系统下一时点的状态。区域创新潜力环境代表区域创新发展的能力，是促进区域创新系统协同演化的重要序参量，通常用区域创新投入和区域创新产出表示。区域创新产出是对区域创新过去状态的总结，是区域创新能力的反映。区域创新投入是对未来发展的预测，反映区域待开发的创新研发能力。

区域创新投入目前通常用研发资金投入来衡量，如中央财政对各地区的人均科教支出、各地区的人均财政科技支出、企业平均 R&D 经费外部支出、R&D 经费内部支出等。区域创新投入是直接影响创新成果的要素，区域创新投入的直接目的就是获得区域创新成果。因此，区域创新投入是区域创新潜力最直接的表现，一般来说区域创新投入越高，区域创新潜力越大，对创新企业、创新人才吸引力就越大，越能激励科技人才开展创新活动，因为政府给予科技人才足够的创新支持，让科技人才没有后顾之忧。

区域创新产出反映了区域以往创新活动过程的能力，是支持创新活动的前期技术积累和从事新的创新活动的技术起点，对区域创新潜力存在一定的预示性，通常通过新产品产值、高新技术产值、发明专利增长率、技术市场交易额增长率、国际论文数量增长率等表现。区域创新产出越多代表区域创新能力越强，区域的核心竞争力就越强，侧面反映出科技人才之间的联系较强，知识吸收能力和科技成果转化能力越强，预示区域创新系统朝着良性方向发展。

2.3 TTA-RIE复合系统的功能

系统功能表现为系统发挥的作用，系统的结构决定系统的功能，TTA-RIE复合系统的结构主要包括科技人才集聚子系统与区域创新环境子系统，因此，分析复合系统的功能需要分别介绍子系统的功能，在子系统的功能基础上，进而分析TTA-RIE复合系统的功能。

2.3.1 科技人才集聚子系统的功能

根据一般系统论，结构决定功能，科技人才集聚子系统由内部结构以及外部结构构成，因此，科技人才集聚系统功能由内部结构与外部结构决定。总体来说科技人才集聚子系统功能表现为科技人才集聚产生1+1>2的效应，增强科技人才与组织之间互动产生的效力，提升科技人才集聚与组织以及区域之间产生的共生效应，使科技人才在合作交流中，不断强化创新思维，在这个过程中创新知识、先进技术和进步思想得以传播和扩散，从而达到科技人才智能最大化、信息产生乘数效应的目的。

(1) 内部结构功能

内部结构功能主要是指科技人才集聚给科技人才个体以及科技人才团体带来的功能。其中，科技人才个体功能包括能力提升功能、自我激励功能，科技人才团体功能包括分工协作功能，具体如下。

1) 能力提升功能

在集聚过程发生之前，每一个科技人才个体分布在科技系统的各个单元中，能力没有完全发挥出来。集聚之后，科技人才之间进行交流与合作，在贡献自己聪明才智的同时，依托科技人才集聚这样一个大的平台，自身的创新能力和整体素质也相应提高，从而实现自己的人生价值。

2) 自我激励功能

集聚与竞争是一种共生关系，科技人才集聚自然会使科技人才之间互相竞争与合作，在竞争过程中，会存在成功的群体和失败的群体，失败的群体会从过去竞争中总结经验教训，自我激励下一次取得成功。成功的群体为了进一步保持优势，也会自我激励继续努力，提高自己的水平，争取在下一次竞争中继续保持胜利。

3) 分工协作功能

随着现在社会发展，越来越多的科技项目涉及各种复杂知识，需要多个团队进行分工合作，才能完成各项工作。合理分工使科技人才尽自己所能，在自己最擅长的地方施展才华，凭借自己的专业知识、技能、经验的积累解决实际问题。团队分工协作可以有效弥补个体成员自身的缺陷，共同完成科技人才个体不能完成的工作，真正发挥科技人才集聚 1＋1＞2 的效应。

（2）外部结构功能

外部结构功能是指科技人才集聚过程中，在与区域内各个组织机构相互作用、相互影响的过程里为社会以及区域带来的功能，具体如下。

1）外部经济效应

科技人才集聚过程中，各种创新要素如资金、技术、数据、集聚到某个区域，使知识、技术成本降低，劳动生产率大幅度提高，资本规模报酬递增，产生规模经济效应，提高技术水平，支撑产业和经济增长，使得产业结构升级和优化，区域创新能力提高。

2）优化人才资源配置功能

科技人才集聚过程中会产生“羊群效应”，其他科技人才会跟随优秀科技人才流入集聚地，在组织中发挥作用，互相学习，参加培训，提升科技人才个体素质水平，成为其他人学习的模范，发挥标杆效应，优化人才结构，提升社会组织效率，促进科技人才资源优化配置。同时，政府制定相关科技人才政策引导科技人才流动，调节科技人才资源流动速度。

3）改善区域环境功能

科技人才集聚过程中会带来引致效应，区域为吸引高层次人才集聚，会不断完善区域基础设施，大力招商引资，吸引更多高科技企业入驻；不断完善各种中介机构服务功能，实现信息流通，加快知识技术扩散速度，提升集聚地整体形象，积累集聚地可持续发展资本；同时大力提高医疗、教育、卫生、环境水平，培育科技人才集聚环境，形成竞争比较优势，成为科技人才集聚高地。

众所周知，科学技术日新月异，工业革命经历三次，现在已经进入互联网、大数据、区块链、云计算时代，知识传播渠道增多，知识更新速度加快，在某些阶段科技人才如果不注意及时储备知识，及时更新知识，他们掌握的知识和技术就不能适应时代的变化，就会被淘汰，会影响科技人才集聚的加总效应。科技人才如果不想被淘汰，必须学会适应时代的变化，不断掌握获取新知识的技能，不断与其他科技人才交流，获取新知识，不断发挥科技人才的主观能动性，让科技知识具有时效性。

2.3.2 区域创新环境子系统的功能

区域创新环境子系统主要包括区域创新硬环境与区域创新软环境，因此，功能主要从区域创新硬环境与区域创新软环境方面进行分析。

(1) 区域创新硬环境功能

1）区域创新硬环境支持区域创新系统运行，为区域创新活动开展提供物质基础

区域创新硬环境是保障区域创新活动顺利开展的必要条件，任何创新活动的开展都需要依靠交通设施、网络通信、经济基础。在一定程度上，区域创新硬环境影响区域创新活动开展的速度，因为区域创新硬环境是创新成果转化的工具和手段，只有核心技术但是没有转化生产力的工具同样不能创新。

2）吸引科技人才和企业集聚

优越的区域创新硬环境意味着区域具备先进的医疗、教育、卫生等基础设施以及快捷的交通和网络环境，而科技人才和企业集聚到某区域，首要看中的是这些便捷的条件，只有将科技人才和企业集聚吸引过来，才能产生相应的创新行为，因为人才和企业是区域创新最基本的单位。例如北京是全国的政治中心，上海是全国的金融中心，深圳是全国的科技中心，这些地方的基础设施较为完善，集聚了很多人才和企业，为开展创新活动提供了最基本的创新主体单位。

(2) 区域创新软环境功能

1）激励科技人才，产生“外部效应”

良好的区域创新环境为科技人才构造一个激励结构，能够起到保护和激励科技人才的功能，通过制定具有吸引力的政策法规，促进创新要素的流动，保护科技人才的利益，使科技人才发挥外部性作用，促进区域创新能力的提高以及区域核心竞争力的提高。同时制定相应的制度，可以保护创新技术不外漏，抵制“搭便车”行为，保护科技人才的劳动果实。

2）降低交易费用，促进技术传播

降低交易费用是区域创新软环境的基本功能，通过政策和制度的制定可以降低复杂技术的交易成本，让技术广泛传播，而不是被某一个企业所垄断，这样才能让更多的科技被其他人掌握，从而转化成生产力，促进产业发展和社会进步。

3）减少创新过程中的不确定性，为科技人才提供良好的运行机制

区域创新活动过程中会出现很多不确定性，如技术不确定性、收益不确定

性、成果不确定性、市场不确定性、资金不确定性等，这些不确定性给科技人才增加了很多风险，阻碍区域创新活动的正常开展，通过制度、政策、文化的规范，可以保护科技人才的利益，同时也约束其他人的行为，减少了创新过程中的不确定性。

（3）TTA-RIE 复合系统功能

TTA-RIE 复合系统的功能是上述子系统功能的叠加以及融合，科技人才集聚与区域创新环境在耦合协调过程中主要发挥以下功能。

1）保障复合系统正常运行

TTA-RIE 复合系统内外知识流动、技术流动、人才流动、资金流动、物质流动、能量流动是保障复合系统正常运行的基本功能，通过这些功能使子系统内部各要素构成相互联系的统一体。

2）加速科技成果的转化

科技人才的不断涌入使区域成为科技人才集聚高地，促进创新活动的各个环节顺利展开，技术研发人才、产品生产人才、市场营销人才充分发挥效能，通过科技人才集聚与区域创新环境的协调发展，减少创新活动中各种障碍，加速科技成果转化，让社会更快地使用成品，深刻体会到科技人才集聚与区域创新活动协同带来的获得感。

3）促使区域协调发展

科技人才是引导创新活动进行的核心力量，通过科技人才的有效流动，加速科技人才的集聚，提高产业核心竞争力和创新水平，进而促进经济发展和社会进步，缩小区域之间的差距。

4）培养科技人才

区域创新活动过程中，通过企业、高等学校、科研单位的有效合作和交流，促进了知识的流动和整合，同时从不同层面上培养了大批的科技人才。

第3章

TTA-RIE复合系统协同演化机理分析

3.1 TTA-RIE 复合系统协同演化内涵、特征及条件

3.1.1 TTA-RIE 复合系统协同演化内涵

在 TTA-RIE 复合系统中，科技人才并非孤立地成长，其成长除了依赖于其自身，还依赖于与之相关联的科技人才的行为以及区域创新环境的变迁。在系统中，某些领军科技人才的集聚会对其他相关科技人才的流动产生影响，进而导致其他科技人才的流动，而这种流动又会导致相关科技人才的进一步集聚，从而构成了一个互动的共演化系统。

所谓 TTA-RIE 复合系统协同演化是指：一方面，区域创新环境子系统通过优化各类环境吸引科技人才；另一方面，科技人才集聚子系统不断适应区域创新环境子系统的变化，对区域创新环境子系统作出有效的回馈。科技人才集聚子系统与区域创新环境子系统之间相互作用，不断推动着 TTA-RIE 复合系统的协同演化，达到促进区域经济发展和社会进步的目的。作为一个复杂系统，TTA-RIE 复合系统协同演化具有两方面的特点。

(1) 系统内科技人才具有自组织性和主动性的特点

自组织性和主动性可以使科技人才不断适应区域创新环境的变化而改变，同时可以引起科技人才群体内部进行自我调整，不断提高自己的创新能力。

(2) 科技人才集聚与区域创新环境具有相互作用的特点

形成以区域创新环境与科技人才集聚为磁极的区域科技人才环境磁场，区域人口、自然、经济、生活、地理环境优化措施越多，对科技人才的吸引力度

越大，同时科技人才随着数量的增多，在一定程度上产生质的提高，通过科技人才集聚效应表现出来，具体包括放大效应、马太效应等，这些效应吸引更多科技人才集聚，二者相互促进形成一个良性的循环，科技人才集聚与区域创新环境互动关系的磁场效应如图 3-1 所示。

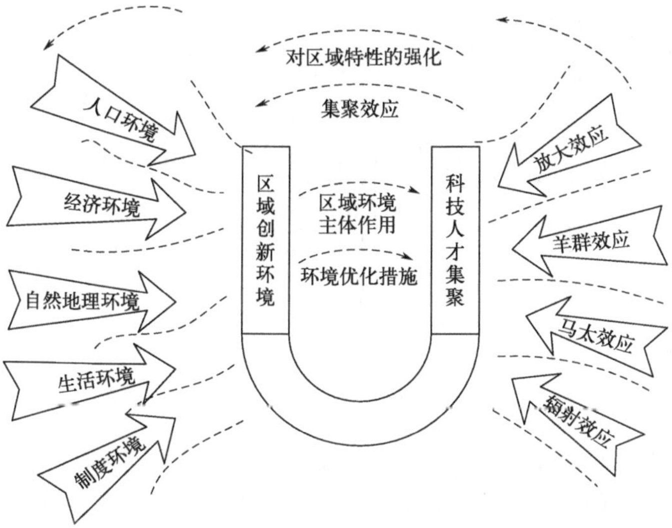

图 3-1　科技人才集聚与区域创新环境互动关系的磁场效应

科技人才集聚子系统与区域创新环境子系统的协同演化过程，其实就是科技人才集聚子系统与区域创新环境子系统的相互作用过程。一方面，区域创新环境通过优化经济基础环境、基础设施环境、信息网络环境等区域创新硬环境，以及市场环境、政策制度环境、文化环境、创新潜力环境等区域创新软环境措施，吸引科技人才不断流入该区域，向科技人才输入物质、能量和信息，以满足科技人才自身发展的需要，促使科技人才集聚的规模、结构和层次不断提高，实现科技人才集聚进一步的优化；另一方面，科技人才集聚子系统通过各种效应，例如信息共享效应、激励效应、集体学习效应、时间效应、知识溢出效应、创新效应、规模效应和区域效应，向区域创新环境子系统输出物质、能量和信息，促进区域创新环境子系统的优化，使区域创新环境子系统进入一个新的更高层次的稳定状态。

由此可见，科技人才集聚子系统与区域创新环境子系统通过知识、能量、信息流动使双方不断优化。本书结合勒温和沃尔博达的协同演化动力学模型，以及科技人才集聚子系统的结构，绘制 TTA-RIE 复合系统协同演化的过程如

图 3-2 所示。

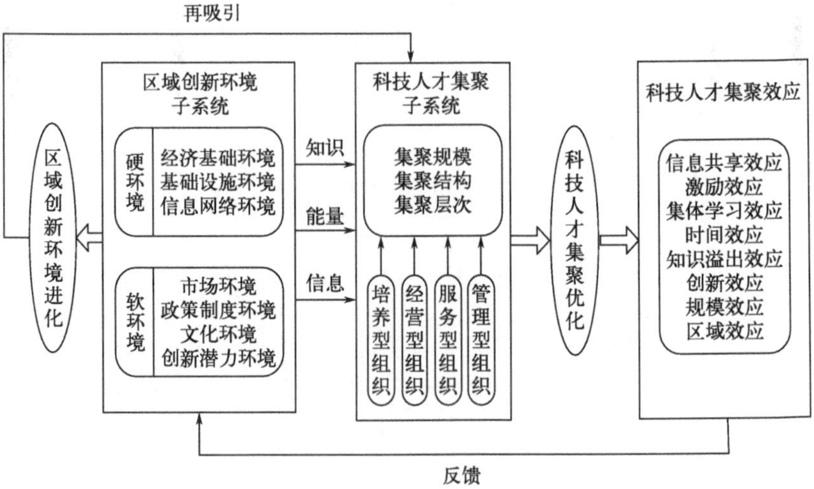

图 3-2　TTA-RIE 复合系统协同演化过程

从图 3-2 中可以看出科技人才是科技人才集聚子系统与区域创新环境子系统发生协同演化的实际个体，培养型组织、经营型组织、服务型组织以及管理型组织在科技人才集聚与区域创新环境协同演化过程中发挥着重要作用，影响科技人才集聚与区域创新协同演化进程。TTA-RIE 复合体系的协同演化是多层面的，呈现出双向因果和多层次嵌套的特点。目前，对于协同演化的划分，学术界尚未形成共识，主要采用基于共进化对象属性的方法。由于 TTA-RIE 复合系统协同演化具有动态性及区域性特征，因此，在分析协同演化条件的基础上，按照时间和空间两个维度划分 TTA-RIE 复合系统的协同演化层次，分析其协同演化机理。

TTA-RIE 复合系统的协同演化是一个漫长的历史过程。因此，在协同演化研究中，必须有一个时间的跨度。一方面，科技人才集聚是一个从科技人才个体逐渐发展成科技人才集群的过程，这个过程中科技人才在数量上由少到多，在种类上由单一到丰富，这是一个需要时间的过程；另一方面，科技人才集聚所处的区域创新环境是随着时间的变化而不断改变的，具有不稳定性，科技人才集聚到某一区域过程中需要不断地适应区域创新环境的变化。在科技人才集聚适应环境过程中，往往表现为影响和改变区域创新环境的能力，科技人才根据所处的科技人才载体发展方向和区域创新环境的变化采取相应的战略和对策。

科技人才在集聚过程中会产生空间集聚现象，对区域创新环境具有积极效应。一方面，科技人才被区域的优惠政策环境、基础设施环境、文化包容环境等创新环境所吸引，核心科技人才前往该区域，并根据自己的专业技能开办公司、发展产业，上下游产业科技人才集聚该区域，形成科技人才链；另一方面，科技人才集聚过程中不断改变该区域的政策、文化、经济、法律等环境，通过产生的规模效应、创新效应、学习效应等作用于该区域创新环境，提升区域创新环境质量。

3.1.2　TTA-RIE 复合系统协同演化耗散结构特征

随着社会的发展，关于系统论的研究由“老三论”（系统论、控制论、信息论）逐渐发展为“新三论”（耗散结构论、协同论、突变论），前者注重对复杂系统的静态分析，后者注重对复杂系统的动态演化分析。耗散结构论在推动自然与社会科学进步方面，发挥重大的方法论意义，为研究系统的形成和演化提供了理论框架，尽管耗散结构论中的数理统计应用于人工系统的难度比自然系统要大，但耗散结构论的本质在于运用其思想对复杂系统展开研究。而复合系统本身就是复杂系统，耗散结构论已经被广泛应用于多种复合系统研究中，例如产学研复合系统、自然-经济-社会复合系统、高技术产业-区域经济复合系统等。

耗散结构理论认为一个开放系统需要远离平衡，并不断地与外部条件进行物质交换、信息传递、能量流动活动。当外部条件达到一定的阈值时，系统的时空状态和功能状态就会发生变化，从混沌无序变成有序。从定义来看，一个系统结构如果是耗散结构，那么这个系统需要具备开放性、远离平衡态以及随机涨落性等特征。TTA-RIE 复合系统是由科技人才集聚子系统与区域创新环境子系统构成的，是由各类科技人才、企业、政府等多种要素组成的复合系统，具备以下耗散结构特征。

（1）充分开放性

充分开放性是指系统与外界不断进行物质交换、信息传递、能量流动的活动。复合系统作为开放的系统不断地与外界开展各种流的传输和相互作用，“负熵流”的流入是复合系统协同演化的外在条件。熵值反映复合系统的有序状态，复合系统的熵值越高表明复合系统的有序度越低。反之，熵值越低反映复合系统的有序度越高，通过增加复合系统的“负熵流”使复合系统处于有序状态，否则复合系统熵值越大无序状态越大。

TTA-RIE 复合系统协同演化的开放性主要体现在科技人才集聚子系统与区域创新环境子系统之间发生知识流动、能量流动、人才流动、信息流动，具体表现如下。

1）知识流动方面

区域创新环境子系统为科技人才集聚子系统提供科技人才发展所需的知识，如产品知识、技术知识、管理知识等。科技人才对这些知识进行消化、吸收和再加工，从而向区域创新环境提供新的研发知识、技能知识和管理知识。

2）能量流动方面

科技人才集聚子系统从区域创新环境子系统中获得经济激励、政治引导、文化熏陶等能量，这些能量多数来自政府。科技人才获得这些能量集聚到某一区域，对区域创新环境子系统贡献自己的力量，通过举办会议、优化环境等方式向区域创新环境子系统输出改变区域的精神、文化内涵等能量。

3）人才流动方面

一方面科技人才集聚到某个区域开展创新创业活动；另一方面科技人才由于家庭、工作需要流出某个区域。

4）信息流动方面

科技人才从区域创新环境子系统中获得市场信息、招聘信息、政策信息等信息而集聚到某个区域，同时也向区域创新环境子系统提供新的产品信息、市场需求信息。

(2) 远离平衡态

自组织理论指出系统具备平衡态、近平衡态以及远离平衡态三种稳定状态，系统的平衡态和近平衡态具备两个重要特征：状态参量不再随时间变化，近似达到一种稳定状态；在系统内部，不存在物理量的宏观流动。不具备以上任何条件即为远离平衡态。与平衡态相对应的是平衡结构，平衡结构是一个相对固定的结构，而耗散结构是一个相对灵活的结构。当系统处于平衡结构的时候，系统会自动恢复稳定状态，没有产生质的变化。而当系统远离平衡状态时，系统会努力恢复系统的稳定状态，但需要达到一定条件。只有受到外界的干扰和内部的涨落，并且达到一定的临界值时，远离平衡状态才会趋于平衡，这个时候系统产生了质变，不再是原来的稳定状态，而是新的稳定状态。远离平衡态是系统从无序走向有序的源泉，正是系统的不均匀性、非平衡性，才能使系统通过涨落或随机扰动进入有序状态。事实证明，处于近平衡态和平衡态的系统一般为无序性，而耗散结构一般出现在开放的、远离平衡态的系统中。

TTA-RIE 复合系统协同演化的开放性决定了其内部构成及运动的不均匀、远离平衡态。科技人才集聚子系统是非平衡系统，科技人才集聚子系统由科学研究人才、工程设计人才、技术开发人才、科技创业人才、科技服务人才等人才，以及企业、政府、中介机构、金融机构等组织机构构成，每种人才和组织机构的功能是不同的。

① 科技人才集聚子系统在不同区域会呈现不同的规模和态势，经济发达的区域比经济落后的区域科技人才集聚子系统发展态势较好，发展规模较大，不同的区域产生经济势差，存在着不平衡性。

② 区域创新环境子系统也是开放的系统，其状态参量随着时间的变化而不断变化，经济基础环境、政策制度环境、基础设施环境等方面随着区域发展不断完善而随之改变。

③ TTA-RIE 复合系统各子系统之间的协同演化在不同区域存在一定的差别，科技人才集聚带来的效应随着区域创新环境的优劣而有所差异，具有分布不均匀、演化不平衡的特征。

复合系统的发展、优化、升级都是遵循从无序、有序，再到无序、有序演化路径开展的。

（3）非线性作用

非线性作用是指系统总的作用不等于单个作用的累加之和。非线性作用是由系统内部构成要素带来的，复合系统内部各构成要素带来的非线性作用推动系统从无序向有序结构调整，是系统进一步向有序方向发展的内在动力。系统内部不同元素之间的非线性作用需要能量维持，非线性作用与系统涨落存在巨大联系，当系统处于远离平衡态时，非线性作用会放大涨落作用，使系统达到有序稳定。同时，非线性作用容易受到外部噪声的影响，外部噪声来自系统与外部环境之间的输入和输出关系。根据系统目标，系统内部各要素之间通过相互作用产生非线性耦合与放大效应，使得一个非常小的扰动导致系统变化，出现系统整体大于局部之和的态势。

TTA-RIE 复合系统协同演化的非线性作用主要表现在科技人才集聚子系统与区域创新环境子系统的关联机制上，两者的相互关联与相互反馈不是简单的线性关系，而是复杂的非线性作用。一方面，科技人才被区域创新环境吸引而集聚到某区域，但并不是受到单个因素的影响，而是多个复杂因素的综合作用，包括基础设施环境、信息网络环境、交通环境等区域创新硬环境，同时包括区域市场环境、政策制度环境、文化环境等软环境；另一方面，科技人才集聚子系统反作用于区域创新环境子系统，由于科技人才集聚引发区域的原始创新，同时带动高新技术产业的发展、推动科技的进步、促进区域经济的增长以及创新能力的提高，对区域创新环境带来的影响是综合的而非单方面的。科技人才集聚子系统与区域创新环境子系统之间是相互制约、相互推动的非线性关系，如果区域创新环境得到改善，会促进科技人才的集聚，有利于 TTA-RIE 复合系统的协调发展，反之，区域创新环境较差，则不利于科技人才集聚，阻碍 TTA-RIE 复合系统的协调发展。

（4）随机涨落性

自组织理论认为随机涨落是系统有序的必要条件，随机涨落可以促使系统从无序走向有序。涨落是指系统的某个变量或某种行为对平均值的偏离，涨落是随机发生的、偶然的、没有固定规律可遵循。涨落根据对系统的作用大小可以分为微涨落和巨涨落。微涨落发生于系统处于接近平衡态的线性非平衡区，容易造成系统暂时的偏离，但是持续时间不长。在正常情况下，微涨落是可以忽略的，这是因为微涨落可以自我耗散，只会导致宏观量围绕平均值波动，不会对宏观量产生重大影响；巨涨落发生于系统处于远离平衡的非线性区，会造成系统长久偏离，导致系统失稳。一般来说，巨涨落不会自己消失，反而会被不稳定的系统放大，促使系统产生突变，形成新的有序结构，促使系统由无序走向有序。

协同演化的随机涨落促使系统从无序到有序变化，根据 TTA-RIE 复合系统协同演化的涨落来源，随机涨落被划分为内部涨落和外部涨落，内部涨落来源于科技人才集聚子系统内部影响科技人才集聚的因素，如企业文化、企业绩效、中介机构服务质量、金融机构贷款额度等，这些因素影响科技人才之间的竞争合作，导致科技人才集聚子系统的无规则运行；外部涨落来源于区域创新环境子系统对科技人才集聚子系统的影响，如国家政策方针、科技发明等。TTA-RIE 复合系统受到微涨落和巨涨落的影响，微涨落不会改变该系统的状态，但是会造成该系统的失稳，例如科技人才需求与供给的变化、企业绩效的高低、生活水平的提高等，会使复合系统运行状态偏离平均值，在平均值附近摆动。巨涨落达到或超过一定的阈值（临界点）时，会对该系统协同演化产生重要的影响，人才优惠政策的改变、税收的调整、企业的改革等变化，会通过 TTA-RIE 复合系统的非线性作用不断放大耦合效应，使得巨涨落影响该系统，从而使该系统发生突变，形成新的有序结构，例如天津市制定人才引进

“海河计划”的最低门槛为全日制高校本科毕业生，年龄不超过 40 周岁，这一政策出台后，吸引了大批人才集聚天津，短时间内引起 30 万人申请天津落户。

3.1.3 TTA-RIE 复合系统协同演化条件

TTA-RIE 复合系统协同演化的条件是引入负熵机制，TTA-RIE 复合系统的熵值变化用公式表示为：

$$\mathrm{d}S=\mathrm{d}S_g+\mathrm{d}S_e \tag{3-1}$$

式中　$\mathrm{d}S$——总熵值；

$\mathrm{d}S_g$——由科技人才集聚子系统带来的内部熵；

$\mathrm{d}S_e$——科技人才集聚子系统与区域创新环境子系统之间不断发生能量流动、知识流动、信息流动、人才流动形成的外部熵。

由于科技人才集聚子系统是不可逆的过程，引起正熵值，即 $\mathrm{d}S_g$ 恒大于 0，而 $\mathrm{d}S_e$ 熵值可正可负。因此，TTA-RIE 复合系统只有引入负熵机制，增加区域创新环境带来的负熵流，从而推动复合系统远离平衡态才能使其处于有序状态，形成协同演化。

对 TTA-RIE 复合系统协同演化的负熵机制进行适当改进，得到：

$$S_e=\sum_{i=1}^{n}K_iS_i \tag{3-2}$$

式中　S_e——复合系统的负熵值；

i——影响复合系统产生负熵的因素，如经济基础、文化氛围、政策环境等；

n——影响复合系统因素的个数；

K_i——各个因素的权重；

S_i——产生负熵因素的负熵值。

S_i 用公式表示为：

$$S_i=M\sum_{j=1}^{n}P_j\ln P_j \tag{3-3}$$

式中　M——科技人才区位熵系数，即某区域科技人才数占当地人口的比重与全国科技人才数总数占总人口比重的比值，科技人才区位熵系数反映科技人才密度集的高低；

j——每个影响熵值因素中所包含的子因素；

n——子因素个数；

P_j——TTA-RIE 复合系统协同演化子因素熵值占总因素熵值的比重，即每个子因素熵值变化的概率，P_j 需要满足归一化条件即$\sum P_j=1$。

由于 TTA-RIE 复合系统负熵的增加，促使 TTA-RIE 复合系统不断远离平衡态，表示为：

$$\begin{cases} y=C^x \\ x=f(a_1x_1, a_2x_2, \cdots, a_nx_n, t) \end{cases} \tag{3-4}$$

式中 y——TTA-RIE 复合系统的状态；

C——TTA-RIE 复合系统的结构常数；

x——TTA-RIE 复合系统产生负熵的影响因素的函数；

a_n——TTA-RIE 复合系统负熵影响因素的权重；

x_n——TTA-RIE 复合系统负熵的影响因素；

t——时间。

在一定时间内，时间 t 和权重 a 可以当作常数，TTA-RIE 复合系统的状态随着每个影响因素的变化而变化，这一变化函数为增函数，表明随着 TTA-RIE 复合系统负熵值的增加，TTA-RIE 复合系统距离平衡状态越来越远，逐渐达到一个新的平衡态，从无序走向有序，形成耗散结构。

根据公式(3-4) 可知，如果要增大 TTA-RIE 复合系统的负熵值，就要对影响复合系统的因素进行有效的管理，从而使复合系统形成耗散结构，主要做到如下两个方面。

① 充分开放科技人才集聚子系统，加强科技人才集聚子系统与区域创新环境子系统的交流，通过人才、知识、信息、能量的传递，提高复合系统协同演化的效率。

② 各区域政府根据 TTA-RIE 复合系统协同演化的发展阶段，出台相应的政策和法律规章制度，完善基础设施，优化区域文化环境，营造推动复合系统发展的宏观环境。

由于资源有限性，科技人才集聚子系统内部会存在科技人才相互竞争的局面，需要各个组织相互支持，给予科技人才资金支持、服务支持、技术支持等，使得科技人才集聚子系统的熵值减少，从而推动复合系统向耗散结构演化。

TTA-RIE 复合系统外部负熵的引入不是一次完成的，而是需要经过多次引进，使得负熵值与正熵值相互抵消，最后总熵值为 0，复合系统需要经过多种反馈机制、多次自组织过程才能达到总熵为 0，从而使复合系统实现从无序向有序的转变。因此，政府不能依靠仅制定一次人才相关政策就实现复合系统总熵为 0，而需要时刻关注科技人才集聚变化趋势，适时调整人才相关政策，从而使科技人才集聚效应发挥到极致。

3.2 TTA-RIE 复合系统时间协同演化机理

TTA-RIE 复合系统协同演化是一个漫长的历史过程，是一个随时间演化的动态过程，同时科技人才在集聚过程中会产生空间集聚现象，对区域创新环境具有空间溢出效应。因此，从时间和空间两个维度分析 TTA-RIE 复合系统协同演化机理，并以生命周期理论和共生理论为基础，结合相关研究，本书划分 TTA-RIE 复合系统协同演化阶段，并阐述其在不同阶段的特征。

3.2.1 TTA-RIE 复合系统协同演化阶段

基于生命周期理论划分不同结构形式和功能的系统演化阶段，已经被广泛应用于各种领域。因此，基于生命周期理论将科技人才集聚子系统与区域创新环境子系统的理想演化阶段分为初步协同阶段（$T_1 \sim T_2$）、强化协同阶段（$T_2 \sim T_3$）、深度协同阶段（$T_3 \sim T_4$）、分化协同阶段（T_4 之后）四个演化阶段，TTA-RIE 复合系统协同演化阶段如图 3-3 所示。

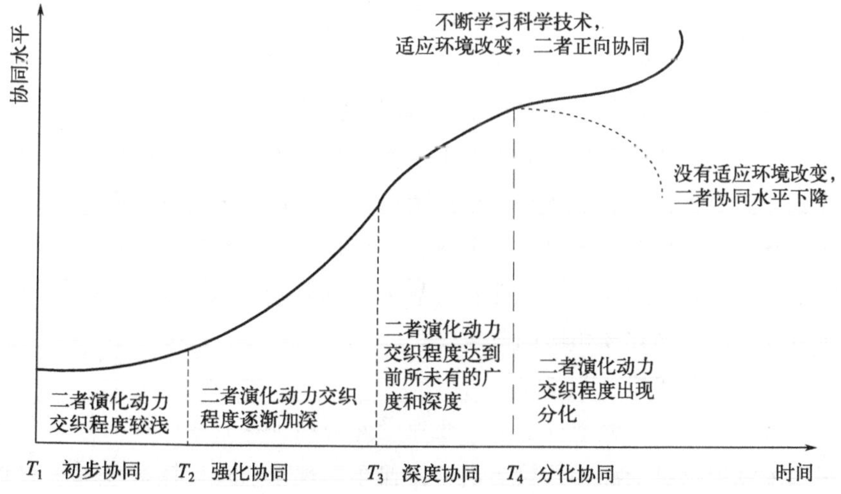

图 3-3　TTA-RIE 复合系统协同演化阶段

（1）初步协同阶段（$T_1 \sim T_2$）

在产业发展起步阶段，少部分科技人才由于被区域的经济环境、文化环境、教育医疗环境等吸引，再加上满足科技人才的部分需求，激发小部分科技人才集聚。由于产业发展处于初期，产业发展链条较短，产业成长还不成熟，科技人才集聚也没有形成规模，因此，科技人才集聚对区域创新环境的影响仅限于小部分区域，科技人才通过召开沙龙会议、做科学实验、传播科学文化知识等方式影响区域创新环境，科技人才集聚效应还未完全发挥出来。此时，科技人才集聚子系统与区域创新环境子系统的相互作用程度还不深入，属于初步协同阶段。

（2）强化协同阶段（$T_2 \sim T_3$）

产业发展由起步阶段逐步发展为提升阶段，产业链条不断被延长，上下游产业集聚区形成新的产业群，配套的基础设施得到有效提升，产业发展环境得到不断改善，区域创新环境进一步优化，产业专业分工越来越细化，相关科技人才被吸引，科技人才集聚优势更加明显，科技人才集聚规模效应、创新效应、知识溢出效应等得以发挥。科技人才集聚给予区域创新环境显著的正反馈，科技人才集聚促使区域经济增长、规范市场准则、提高区域生产力，使区域创新氛围、工资水平、信息技术、生活质量等区域创新环境得以改善，并且高于其他非集聚区。此时，科技人才集聚子系统与区域创新环境子系统的协同演化动力交织程度逐渐加强，相互交织的演化动力对彼此影响越来越强。

（3）深度协同阶段（$T_3 \sim T_4$）

这一时期产业发展进入成熟期，由于区域资源、基础设施、环境容量等有限，产业集群的空间结构不断扩张，集群内部企业相互竞争，企业内部科技人才相互竞争，优秀的科技人才被留下。这部分科技人才成为发展新兴产业、研发新技术的主力，在先进技术的影响下，区域技术环境、信息网络环境等区域创新环境得以改善，创新创业氛围逐渐形成，使区域不断产生向心力，从而引发拥有更高技术的科技人才集聚，形成新的科技人才集聚高地。这一阶段，科技人才集聚沿着新兴产业轨道演化，与区域创新环境演化动力交织程度较大，这一阶段经历的时间比强化协同阶段短。

（4）分化协同阶段（T_4 之后）

这一时期产业发展处于衰退期，企业受宏观经济抑制或生命周期自身的影响，集聚区域内物价上涨，开始出现“搭便车”现象，在这样的环境下科技人才生活成本上升，科技人才集聚活力下降。在这样的情境下，科技人才集聚子系统与区域创新环境子系统出现分化协同趋势。如果科技人才作出转型，不断学习新技术，提高自己的实力，适应复杂多变的区域创新环境，那么科技人才集聚水平就会得到更新发展，二者协同就是正向协同。如果科技人才随波逐流，不能适应环境的改变，将被环境淘汰，那么科技人才集聚水平得到衰落，二者协同就是反向协同。

3.2.2 TTA-RIE 复合系统协同演化类型

基于生命周期理论划分 TTA-RIE 复合系统协同演化阶段是复合系统外向上可见的整体状态参量的变化，这种变化是由构成复合系统的子系统之间的演化规律引起的，演化规律表现为不同的发展阶段，每个阶段有不同的作用类型，借助共生理论，补充协同演化发展的不同阶段的类型。

对于 TTA-RIE 复合系统而言，科技人才集聚共生体是与科技人才集聚直接相关的主体，主要包括各类科技人才、政府、企业、金融机构等；共生环境表现为区域创新环境，包括区域创新硬环境与区域创新软环境。TTA-RIE 复合系统协同演化的条件是科技人才集聚共生体与区域创新环境相互作用，相互作用的类型由区域创新环境对科技人才集聚共生体的作用，以及科技人才集聚共生体对区域创新环境的反馈作用的组合决定的。

为识别 TTA-RIE 复合系统协同演化作用类型，将 $\vec{S}(\vec{E},\vec{T})$ 表示为复合系统作用向量，其中，$\vec{E}$ 表示区域创新环境对科技人才集聚共生体的作用向量，主要表现为积极作用（E_1）、中性作用（E_2）、消极作用（E_3）；$\vec{T}$ 表示科技人才集聚共生体对区域创新环境的反馈作用向量，主要包括积极反馈（T_1）、中性反馈（T_2）、消极反馈（T_3）。两两组合得到科技人才集聚共生体与区域创新环境相互作用的 9 种类型，9 种作用类型代表了科技人才集聚共生体在不同阶段与区域创新环境相互作用过程中可能遇到的类型。9 种作用类型的含义如下。

① $S_{11}(E_1,T_1)$ 指双向激励。表示区域创新环境对科技人才集聚共生体的作用是积极的，区域创新环境在吸引科技人才方面起到正向作用，与其对应，科技人才集聚共生体反过来促进区域创新环境的改善，对区域创新环境带来积极的反馈。

② $S_{21}(E_2,T_1)$ 指共生激励。表示区域创新环境对科技人才集聚共生体的作用是中性的，而科技人才集聚共生体对区域创新环境的反馈是积极的。

③ $S_{31}(E_3,T_1)$ 指环境反抗共生激励。表示区域创新环境对科技人才集

聚共生体的作用是消极的，而科技人才集聚对区域创新环境是积极反馈。

④ $S_{12}(E_1,T_2)$ 指环境激励。表示区域创新环境对科技人才集聚共生体的作用是积极的，而科技人才集聚共生体对区域创新环境的效应没有充分发挥出来，对区域创新环境的反馈是中性的。

⑤ $S_{22}(E_2,T_2)$ 指激励中性。表示区域创新环境与科技人才集聚共生体相互作用都是中性的。

⑥ $S_{32}(E_3,T_2)$ 指环境反抗。表示区域创新环境对科技人才集聚共生体的作用是消极的，但是科技人才集聚共生体对区域创新环境是中性反馈。

⑦ $S_{13}(E_1,T_3)$ 指共生反抗环境激励。表示区域创新环境对科技人才集聚共生体的作用是积极的，但科技人才集聚对区域创新环境带来消极的作用。

⑧ $S_{23}(E_2,T_3)$ 指共生反抗。表示区域创新环境对科技人才集聚共生体的作用是中性的，但是科技人才集聚共生体对区域创新环境的作用是消极反馈。

⑨ $S_{33}(E_3,T_3)$ 指双向反抗。表示区域创新环境与科技人才集聚共生体之间的相互作用都是消极的。

需要注意的是这 9 种类型只是理想的存在，根据人口迁移推拉力理论，科技人才集聚到某个区域，是因为受到迁入地优越环境的拉力作用。因此，如果区域创新环境对科技人才集聚共生体带来消极作用，科技人才集聚很难发生，更不会对区域创新环境产生积极反馈，$S_{31}(E_3,T_1)$ 与 $S_{32}(E_3,T_2)$ 在实践中不可能发生。由分析可知，实践中科技人才集聚共生体与区域创新环境的作用类型主要有 7 种，如表 3-1 所列。

表 3-1 科技人才集聚共生体与区域创新环境的作用类型

区域创新共生环境作用	科技人才集聚共生体作用		
	积极反馈(T_1)	中性反馈(T_2)	消极反馈(T_3)
积极作用(E_1)	$S_{11}(E_1,T_1)$	$S_{12}(E_1,T_2)$	$S_{13}(E_1,T_3)$
中性作用(E_2)	$S_{21}(E_2,T_1)$	$S_{22}(E_2,T_2)$	$S_{23}(E_2,T_3)$
消极作用(E_3)	—	—	$S_{33}(E_3,T_3)$

科技人才集聚伴随着区域创新环境的改善而发生，在产业发展没有起步时，区域创新环境未发生改变，区域创新环境对科技人才集聚的作用是消极的，科技人才集聚对区域创新环境的作用是消极反馈，产业发展开始起步之

后，科技人才集聚与区域创新环境相互作用开始发生。因此，需要延长科技人才集聚共生体与区域创新环境的相互作用类型演化阶段，从 T_0 时段开始分析，TTA-RIE 复合系统相互作用类型如图 3-4 所示。TTA-RIE 复合系统相互作用类型演化阶段与基于生命周期理论的 TTA-RIE 复合系统的协同演化整体状态在某些时段相呼应。

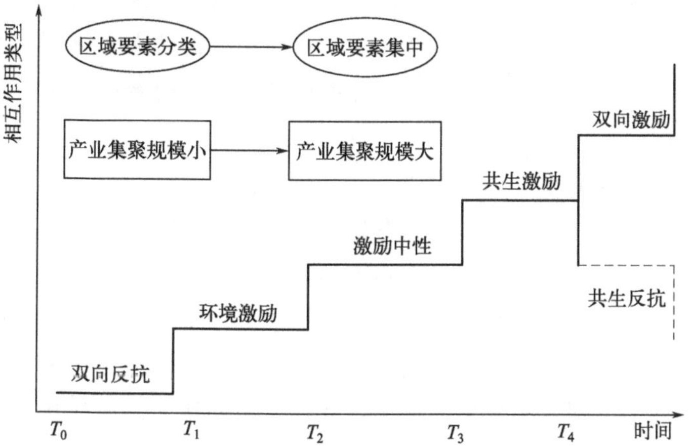

图 3-4　TTA-RIE 复合系统相互作用类型

(1) 双向反抗类型（$T_0 \sim T_1$）

此阶段产业发展尚未开始，区域创新环境尚未改变，区域环境保持现状，区域科技人才由于自身驱动，会出现小部分的科技人才流动现象，但科技人才的集聚还未形成一定的规模。所以，没有形成一个有利于科技人才集聚的区域创新环境，科技人才集聚共生体也没有引起区域经济增长、文化氛围提升等区域创新环境改善的现象。此时，科技人才集聚共生体与区域创新环境的相互作用类型表现为双向反抗类型。

(2) 环境激励类型（$T_1 \sim T_2$）

此阶段对应复合系统协同演化整体状态的初步协同阶段。产业集聚逐渐发生，少数企业集聚该区域，随着企业的集聚，产业外部效应开始发挥作用，逐渐吸引少部分科技人才流入该区域。为了吸引科技人才，政府制定优惠政策、完善基础设施，企业改善企业内部环境，金融机构提供金融支持。这一阶段区域创新环境起到主导作用，主要通过区域创新环境的改善吸引科技人才，区域创新环境对科技人才集聚共生体的作用是积极的，而科技人才集聚效应没有充分发挥，对区域创新环境的作用是中性的。此时，科技人才集聚共生体与区域创新环境的相互作用类型表现为环境激励类型。

(3) 激励中性类型 ($T_2 \sim T_3$)

此阶段对应复合系统协同演化整体状态的强化协同阶段。在经历了环境激励作用类型之后，区域创新环境的基础发展逐渐完善，产业集聚也进入持续增长的状态，科技人才集聚开始具备一定规模，对区域创新环境产生一定的作用，如科技成果的产生、知识的传播、技术的扩散等。区域创新环境对科技人才集聚的作用减弱，由积极作用转化为中性作用。科技人才集聚共生体对区域创新环境的作用增强，由消极反馈转化为中性反馈，两者相互作用类型表现为激励中性类型。

(4) 共生激励类型 ($T_3 \sim T_4$)

此阶段对应复合系统协同演化整体状态的深度协同阶段。此时，产业发展逐渐成熟，产业链逐渐延长，与之相关的配套设施逐渐完善，各个共生单元形成稳固的社会经济网络。社会经济网络的形成有利于促进科技人才集聚共生体与区域创新环境之间的物质、信息、能量的流动，科技人才集聚共生体对区域创新环境的效应得到有效发挥。区域创新环境对科技人才集聚共生体的作用是中性的、科技人才集聚共生体对区域创新环境的作用是积极反馈，两者相互作用类型表现为共生激励类型。

(5) 分化类型 (T_4 之后)

此阶段对应复合系统协同演化整体状态的分化协同阶段。此时，产业集聚规模和科技人才集聚规模逐渐增大，超出区域创新环境的承载量，科技人才集聚过度导致科技人才流入区域数量大于区域需求数量，容易出现科技人才闲置现象，产生科技人才集聚拥挤效应。同时，由于地理邻近性，科技人才在技术与知识传播方面的作用发挥得较少，区域创新环境对科技人才集聚共生体的作用并不明显，科技人才集聚共生体对区域创新环境的作用是消极反馈，故两者相互作用类型属于共生反抗环境激励类型。但是如果改善区域创新环境，制定优惠政策，大力完善基础设施，有效解决科技人才集聚的拥挤效应，让科技人才发挥自己所长，那么会促使科技人才集聚共生体继续对区域创新环境产生积极反馈作用，从而促使两者相互作用类型由共生反抗类型逐渐转化为双向激励类型。

3.2.3 TTA-RIE 复合系统协同演化趋势

Allee 效应是一种自然界普遍存在的现象，由于这种效应的存在，使得生物种群的数量不会无限制膨胀，可以最大程度地适应自然界的承载力。生态学家 Allee 在观察金鱼和海星调节水分的实验过程中，发现生物集群中的个体比孤立的个体表现出更好地调节水分的能力，这使得较大的生物集群更能适应环境变化。在 20 世纪上半叶，开始有人逐渐研究 Allee 描述的这种现象，1953 年 Allee 效应作为生态学术语出现。20 世纪后期，Dhiman 等在前人研究结果的基础之上，给出 Allee 效应的明确定义，即种群选择群聚生活的存活率比独居生活的存活率要高，但是每种生物都有最适宜的密度，过分稀疏或过分拥挤，都不适宜种群增长。

Allee 效应由很多因素造成，例如寻找伴偶困难、繁衍生殖能力较差、过度掠夺、环境条件较差等。由于上述原因引起的种群增长率较小，但是为正值的现象被称为弱 Allee 效应。如果种群增长率出现负增长的现象，则被称为强 Allee 效应。对于有 Allee 效应的种群来说，当种群密度低于某一阈值时，物种将会面临灭绝的风险，当种群密度高于某一阈值时，物种经历很长时间之后也会灭绝。许多理论表明 Allcc 效应在种群动力学研究中存在强大的潜在影响，引起了生态学家的广泛关注，甚至一些学者把 Allee 效应用于社会科学领域研究中，如武剑等用 Allee 效应解释区域经济周期波动的现象，发现在资源枯竭阶段，科技型企业的存活依赖更大密度的企业数量。刘宣江认为现代服务业集群易受到 Allee 效应影响，现代产业集群的良好发展依赖于现代服务业集群的数量多少。

S 型增长曲线能够很好地描述科技人才集聚子系统与区域创新环境子系统协同演化规律，但是忽略了两点：第一，当区域内集聚科技人才数量较少时，增长率仍然是正值，但实际并非如此；第二，S 型增长曲线没有考虑区域创新环境内科技人才集聚数量大于创新环境所能承受的最大容量时，科技人才集聚子系统与区域创新环境子系统详细的协同演化趋势，只是简单介绍了一下可能存在分岔的情况。

上述两点证明科技人才在集聚过程中可能会出现 Allee 效应。因此，分析科技人才集聚子系统与区域创新环境子系统协同演化机理时，有必要引入 Allee 效应。引入 Allee 效应时应满足如下假设条件。

假设 1：当区域创新环境内科技人才集聚的数量很大时，其增长率为负值。

假设 2：当区域创新环境内科技人才集聚的数量较少时，其增长率增速为负值。

假设 3：当区域创新环境内科技人才集聚的数量为 0 时，其增长率增速为 0。

假设 4：初始条件下区域创新环境内科技人才集聚数量为 X，Allee 效应常数用 M 表示，区域创新环境最大容纳的科技人才数量为 N，并有 $0<M<N$，M 越大表示 Allee 效应越强，M 越小表示 Allee 效应越弱。

在初始条件下，科技人才集聚数量不同时，科技人才集聚子系统与区域创新环境子系统协同演化的趋势也不同，TTA-RIE 复合系统协同演化趋势如图 3-5 所示。

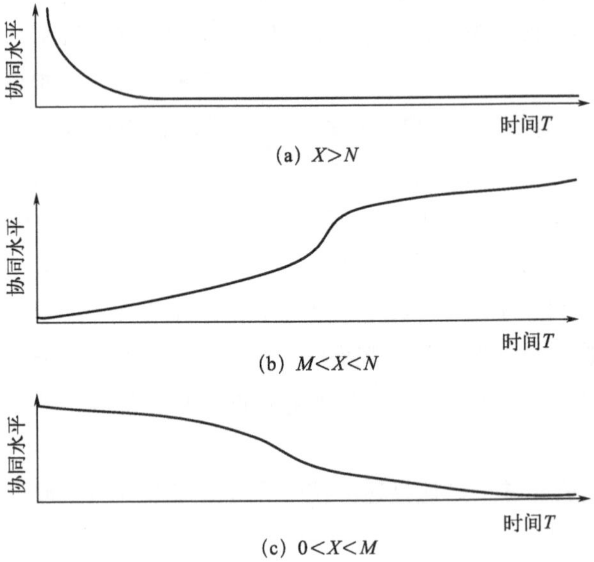

图 3-5　TTA-RIE 复合系统协同演化趋势

(1) 当 $0<X<M$ 时

表明初始条件下只有少数的科技人才，基于当地的天然优势、自然禀赋以及区域的产业优势条件聚集发展而成。此时，由于科技人才集聚的数量较少，而且只是空间上的集聚，整个科技人才集聚效应没有充分发挥出来，没有作用于区域创新环境，两者协同演化类型属于激励中性类型。这种条件下，如果区域内科技人才之间不互相交流，区域创新环境比较恶劣，部分科技人才就会感觉没有发展前途，就会迁移到别的区域，这个区域的科技人才集聚现象就不会发生，科技人才数量就会逐渐减少，进而与区域创新环境之间的协同演化就不会发生。

(2) 当 $M<X<N$ 时

表明初始条件下科技人才集聚数量已经形成规模，科技人才的规模效应逐渐发挥，科技人才集聚由量变转化为质变，对区域创新环境不断产生积极作用，具体表现为促进区域经济增长、提升文化水平、增加科技产出等。区域创新环境的改善会反过来吸引更多的科技人才，从而充分发挥科技人才集聚效应，形成良性循环。此时科技人才集聚对区域创新环境的作用是积极的，区域创新环境对科技人才集聚的作用也是积极的，两者协同演化类型属于双向激励类型。

(3) 当 $X>N$ 时

表明初始条件下科技人才集聚规模已经很大，当科技人才集聚数量超过 N 时，由于区域内环境资源有限，区域创新环境变得非常恶劣，就会超出区域创新环境所能承受的限度，同时区域内集聚同类型的科技人才竞争激烈，一些科技人才由于从区域环境中获得很少的收益，此时许多科技人才就会选择离开该区域。当越来越多的科技人才选择离开，区域创新环境承受的压力则会变少，所能承受的科技人才数量逐渐稳定在它自身能承受的范围之内。这个过程中科技人才集聚与区域创新环境之间的相互作用是消极的，两者的协同演化类型是双向反抗。

3.3 TTA-RIE 复合系统空间协同演化机理

随着产业集聚规模化，科技人才集聚在空间上呈现核心-边缘模式的分布不均衡特征，一方面，核心区通过改善基础设施、提高文化水平等方式吸引科技人才；另一方面科技人才通过发挥各类科技人才集聚效应优化区域创新环境，对区域创新环境作出反馈。因此，从三个方面分析 TTA-RIE 复合系统的空间协同演化机理。

① 以核心-边缘模型为支撑，从微观层面解释科技人才集聚呈现核心-边缘的特征背后的经济学逻辑。

② 从宏观层面分析区域创新环境各个要素对科技人才集聚吸引机理。

③ 从宏观层面分析科技人才集聚对区域创新环境的反馈作用。

3.3.1 科技人才集聚核心-边缘空间分布经济学机理

科技人才在特定区域的集聚和扩散是按照一定规律进行的，以新经济地理学中核心-边缘模型为基础，借助李传裕对有关劳动力迁移的研究解释科技人才集聚空间演化特征，分析背后的逻辑规律。

(1) 科技人才集聚核心-边缘模型构建

1）模型假设

根据新经济地理学中核心-边缘模型，提出如下模型假设条件。

① 假设1：一个国家只有两个区域分别为区域1和区域2，以变量t代表区域创新环境因素，区域创新环境因素反映影响科技人才集聚的外生变量。如果$t>0$表示该区域存在外生比较优势，如果$t<0$表示该区域不存在外生比较优势。

② 假设2：两个区域生产两类工业制造品：农业品A与制造品M。农业品A是同质的、规模报酬不变，属于完全竞争市场结构；制造品M生产的产品是有产品差异的，规模报酬递增，属于垄断市场结构。

③ 假设3：制造品生产差异化产品。每一类制造品的产量为M，第i种制造品的产量为$m(i)$，每一类制造品仅在一个区域生产，生产函数（不变替代弹性效用函数）为

$$M=\left[\sum_i m_i^{\rho}\right]^{\frac{1}{\rho}}(0<\rho<1) \tag{3-5}$$

式中　ρ——消费者对制造品多样化的偏好强度。

ρ越小表示消费者越注重产品的差异化，令$\rho=\frac{\sigma-1}{\sigma}$，$\sigma$表示制造品的替代弹性，并且$\sigma>1$。

④ 假设4：采用柯布道格拉斯生产函数表示消费者效用函数U为

$$U=M^{\mu}A^{1-\mu} \tag{3-6}$$

式中　M——制造品；

A——农产品；

μ——制造品的消费份额；

$1-\mu$——农产品的消费份额，$0<\mu<1$。

⑤ 假设5：区域生产的产品可以跨区域销售，其中，农产品没有运输成本，制造品遵循冰山交易成本规律支付运输成本，即1单位的制造品仅有$1/\tau$的部分到达（$\tau>1$），其余部分在运输部分“融化掉”。

⑥ 假设6：科技人才分为两种：生产制造品的科技人才L^M与生产农业品的科技人才L^A，两种科技人才不能转换工作，两个区域中生产农产品的科技

人才数量相等。生产制造品的科技人才可以在两个区域之间自由移动，可以由工资低的区域流动到工资高的区域，但是生产农产品的科技人才不可以。令区域 1 中生产制造品的科技人才的比例为 λ_1，那么区域 2 中生产制造品的科技人才的比例为 $1-\lambda_1$。生产农产品的工资记为 W^A，并且将 W^A 作为计价标准，即 $W^A=1$。

2）模型构建

根据克鲁格曼的“4R”方程来描述瞬时均衡状态，即收入方程、价格指数方程、名义工资方程以及实际工资方程。通过研究方程的瞬时均衡解决生产制造业的科技人才是在两个地区平均分布还是集聚在一个区域。两个区域的收入方程为：

$$\begin{cases} y_1=\mu\lambda_1\omega_1+\dfrac{1-\mu}{2} \\ y_2=\mu(1-\lambda_1)\omega_2+\dfrac{1-\mu}{2} \end{cases} \tag{3-7}$$

式中　y_1——区域 1 的收入水平；

y_2——区域 2 的收入水平；

λ_1——区域 1 中生产制造品的科技人才的比例；

$1-\lambda_1$——区域 2 中生产制造品的科技人才的比例；

ω_1、ω_2——区域 1 与区域 2 的名义工资；

μ——制造品支出份额，反映制造品的收入需求弹性。

两个区域的价格指数方程为：

$$\begin{cases} G_1=\left[\lambda_1\left(\dfrac{\omega_1}{1+t}\right)^{1-\sigma}+(1-\lambda_1)\left(\dfrac{\omega_2}{1+t}\right)^{1-\sigma}\tau^{1-\sigma}\right]^{\frac{1}{1-\sigma}} \\ G_2=\left[\lambda_1\left(\dfrac{\omega_1}{1+t}\right)^{1-\sigma}\tau^{1-\sigma}+(1-\lambda_1)\left(\dfrac{\omega_2}{1+t}\right)^{1-\sigma}\right]^{\frac{1}{1-\sigma}} \end{cases} \tag{3-8}$$

式中　G_1、G_2——两个区域制造品的价格指数；

σ——制造品的替代弹性；

τ——制造品的冰山成本；

t——区域创新环境因素。

两个区域的名义工资方程为：

$$\begin{cases} \omega_1=(1+t)(y_1G_1^{\sigma-1}+y_2\tau^{1-\sigma}G_2^{\sigma-1})^{\frac{1}{\sigma}} \\ \omega_2=(y_1\tau^{1-\sigma}G_1^{\sigma-1}+y_2G_2^{\sigma-1})^{\frac{1}{\sigma}} \end{cases} \tag{3-9}$$

式中 ω_1——区域 1 生产制造品的科技人才名义工资；

ω_2——区域 2 生产制造品的科技人才名义工资。

两个区域的实际工资方程为：

$$\begin{cases}\overline{\omega}_1=\overline{\omega}_1 G_1^{-\mu}=\left(\dfrac{1}{1+t}\right)^{-\mu} \\ \overline{\omega}_2=\omega_2 G_2^{-\mu}=\left(\dfrac{1}{1+t}\right)^{\rho-\mu} K^{\frac{1}{\sigma}} \\ K=\left(\dfrac{1}{1+t}\right)^{\rho}\left(\dfrac{1+\mu}{2}\tau^{1-\sigma-\mu\sigma}+\dfrac{1-\mu}{2}\tau^{\sigma-1-\mu s}\right)\end{cases} \tag{3-10}$$

式中 $\overline{\omega}_1$——区域 1 生产制造品的科技人才实际工资；

$\overline{\omega}_2$——区域 2 生产制造品的科技人才实际工资。

只要 $K<1$，则有 $\omega_1>\omega_2$，区域 1 的集聚就是稳定的。

(2) 模型的结论及科技人才集聚基本规律

1）模型的结论

当运输成本为 0 时，即 $\tau=1$，$K=\left(\dfrac{1}{1+t}\right)^{\rho}$，由于 $0<\rho<1$，如果 $t=0$，则 $\overline{\omega}_1=\overline{\omega}_2$；如果 $t>0$ 则 $K<1$，$\overline{\omega}_2<\overline{\omega}_1$，表明当没有运输成本时，如果一个区域创新环境优越，那么形成的科技人才集聚较为稳定；如果一个区域创新环境不优越，则形成的科技人才集聚不稳定，容易分散。

当运输成本不为 0 时，对公式进行变形，观察区域创新环境对科技人才集聚的影响，令

$$K_1=\left(\frac{1+\mu}{2}\tau^{1-\sigma-\mu\sigma}+\frac{1-\mu}{2}\tau^{\sigma-1-\mu\sigma}\right)$$

$$\frac{\partial K_1}{\partial t}=-K_1\rho\left(\frac{1}{1+t}\right)^{\rho-1}\frac{1}{(1+t)^2}<0$$

表明区域创新环境的外生优势越大，越有利于区域 1 科技人才集聚的稳定。由此看出区域创新环境外生优势越大，越有利于该区域科技人才集聚的形成，即使运输成本较高，集聚仍能保持稳定，但具有创新环境优势的区域不一定形成集聚。

区域间运输成本影响科技人才的分布，当运输成本很低时，容易促使科技人才不断地由一个区域流向另外一个区域。若系统受到扰动导致区域 1 中生产制造品的科技人才向区域 2 集聚，使区域 2 成为经济活动的核心区，反之，则区域 1 成为核心区；当运输成本很高时，科技人才的流动取决于制造品的需求

弹性、多样化偏好程度以及区域创新环境优势。

2）科技人才集聚的基本规律

区域间产品运输成本和区域创新环境对科技人才分布有重要的影响，对于科技人才而言，存在两种力量影响科技人才集聚，分别是区域的集聚力和分散力。集聚力是吸引科技人才的力量，科技人才集聚会产生知识溢出效应以及技术溢出效应，从而促进区域生产率提高，形成累积循环。分散力是驱使科技人才分散的力量，这种力量来源于拥挤效应，当科技人才集聚过度会导致科技人才自身才能没有得到发挥，造成科技人才资源的浪费。另外，区域的房价、交通、幸福指数、水资源等是阻碍科技人才集聚的外生分散力。如果一个区域的集聚力大于分散力，科技人才会集聚在该区域，如果一个区域的集聚力小于分散力，科技人才则不会集聚该区域。

依据核心-边缘理论，核心区域一般为经济发达、区域创新环境优越、收入水平较高、产业集聚的中心。因此，对于科技人才来说，在城市发展初始阶段，核心区域的集聚力大于分散力，科技人才集中分布在核心区域。随着城市的发展，核心区域逐渐出现房价上升、交通拥挤、用水困难、环境污染等现象，区域创新环境优势逐渐消失，一些产业逐渐转移到边缘区域。对于科技人才而言，核心区域的集聚力小于分散力，而边缘区域的集聚力大于分散力。因此，科技人才由核心区域逐渐迁移至边缘区域，边缘区域演化为新的科技人才集聚核心。由此可以看出科技人才集聚呈现核心-边缘区域空间演化规律，同时与区域创新环境之间相互作用，一方面科技人才被核心区域的创新环境吸引而集聚该区域；另一方面，科技人才通过发挥知识溢出、技术溢出等效应促进核心区域创新能力提高，从而促进经济增长，改善区域创新环境。

3.3.2 区域创新环境对科技人才集聚的吸引

区域创新环境对吸引科技人才起到至关重要的作用，主要从两方面分析区域创新环境对科技人才集聚的吸引作用：①分析区域创新环境对科技人才集聚的作用机理；②分析区域创新环境对科技人才集聚的影响度和势差。

(1) 区域创新环境对科技人才集聚的作用机理

科技人才集聚往往与区域创新环境息息相关，根据推拉理论可知，科技人才集聚主要是由两种力量引发的。第一种力量是原区域创新环境发展较差，对科技人才产生的“推力”；第二种力量是集聚区域创新环境发展较好，对科技人才产生“拉力”，当集聚区域拉力较大时，产生科技人才集聚现象。

区域创新环境对科技人才的吸引作用，可以用公式表示为

$$E_{1ta}=E_{1pl}-E_{0ph} \tag{3-11}$$

式中　E_{1ta}——集聚区域的创新环境对科技人才的集聚力；

E_{1pl}——集聚区域的创新环境对科技人才的拉力；

E_{0ph}——原来区域的创新环境对科技人才的推力。

区域创新环境是一个由诸多要素构成的系统，结合分析可知区域创新环境包括区域创新硬环境与区域创新软环境，其中，区域创新硬环境包括经济基础环境、基础设施环境以及信息环境；区域创新软环境包括区域市场环境、区域政策制度环境、区域文化环境以及区域创新潜力环境。因此，研究区域创新环境对科技人才集聚的作用机理，应该从区域创新环境的构成要素角度逐一分析。

1）经济基础环境对科技人才集聚的作用机理

经济基础环境反映了一个区域的发展能力和综合实力，区域内良好的经济基础环境是吸引科技人才集聚的关键要素，主要表现为经济增长和产业发展程度。一方面，区域经济增长快，反映这个区域发展潜力较高，经济收入水平较高，科技人才集聚被区域经济实力所吸引，在该区域可以获得较高的工资；另一方面，区域产业吸引人才，产业集聚发展，尤其是高新技术企业入驻，企业利润增长，科技人才需求量进一步扩张，就业机会进一步增多，吸引不同种类的科技人才集聚。经济基础为科技人才集聚提供基本的物质条件、生活待遇、施展才华的环境，经济基础环境对科技人才集聚的作用机理如图 3-6 所示。

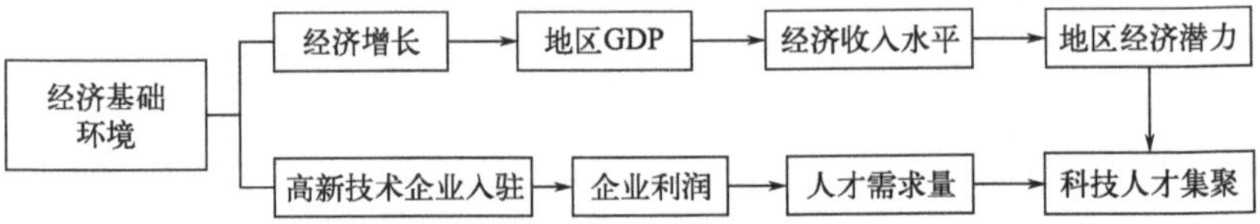

图 3-6　经济基础环境对科技人才集聚的作用机理

2）基础设施环境对科技人才集聚的作用机理

基础设施环境是为科技人才集聚提供最基本的硬件条件，基础设施包括生产基础设施和生活服务设施，一个区域的基础设施好坏，在一定程度上影响了科技人才的集聚程度。在生产设施中，交通、通信等为产业集聚提供了方便的硬件条件，从而缩短了科技人才集聚的时间，提升了科技人才集聚的效率，加快了科技人才的流动速度。生活服务设施可以满足科技人才集聚的生活需求，

为科技人才集聚提供银行、邮政、医院、图书馆等服务，可以为科技人才集聚提供资金支持、物流服务、医疗服务、知识服务等服务。优越的基础设施环境有助于为科技人才集聚提供良好的社会公共服务，吸引科技人才集聚。基础设施环境对科技人才集聚的作用机理如图 3-7 所示。

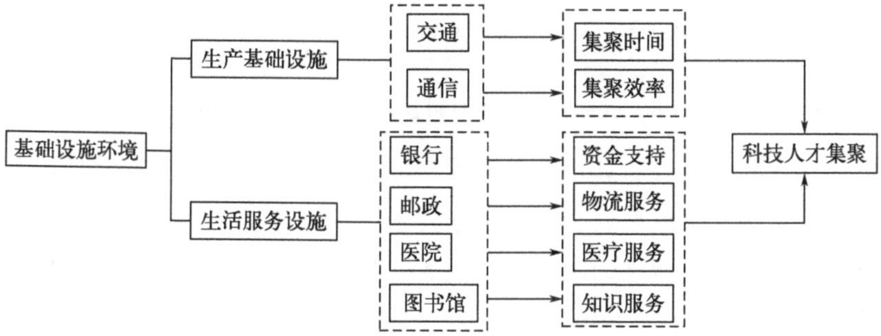

图 3-7　基础设施环境对科技人才集聚的作用机理

3）信息网络环境对科技人才集聚的作用机理

信息网络环境是科技人才集聚某个区域开展创新创业的动力源泉。信息网络环境包括市场信息环境、知识信息环境以及网络环境。市场信息环境是科技人才通过调查、访谈、电视、新闻媒体等渠道获得区域市场需求规模、财政环境、进出口市场等信息。市场信息环境越好，表明创新创业环境越好，越有利于科技人才发挥作用，从而吸引更多的科技人才集聚区域。知识信息是科技人才集聚与区域创新环境交流的渠道，知识信息的生产和重组机构为高校与科研机构，科技人才一方面从上述机构中获得知识信息，另一方面从大众生活中获得知识信息。科技人才通过对知识信息的积累，从而选择集聚地实现创新创业。网络环境为知识信息和技术信息的传播提供了条件和技术支持，网络环境越优越，信息传播速度越快。信息网络环境贯穿于经济基础环境与基础设施环境之中，推动科技人才集聚的形成。信息网络环境对科技人才集聚的作用机理如图 3-8 所示。

4）区域市场环境对科技人才集聚的作用机理

良好的区域市场环境对科技人才集聚子系统的建设非常重要。区域市场环境包括市场准入环境、市场竞争环境以及市场消费环境。发展完善的市场准入环境有利于科技人才在该区域办理公司注册、营业执照等手续；良好的市场竞争环境有利于企业公平竞争，防止垄断行为产生；活跃的市场消费环境有利于科技人才从区域消费市场出发，开展原始创新。良好的区域市场环境为产业集

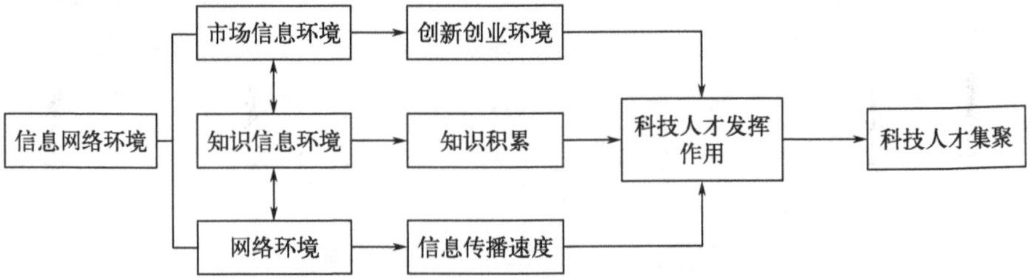

图 3-8 信息网络环境对科技人才集聚的作用机理

聚提供了有利的条件，有利于吸引大批产业集聚，从而吸引更多的科技人才集聚。区域市场环境可以概括为公司审批效率、行业区域市场总量变化、产业结构变化、区域市场消费者购买行为变化等。区域市场环境对科技人才集聚的作用机理如图 3-9 所示。

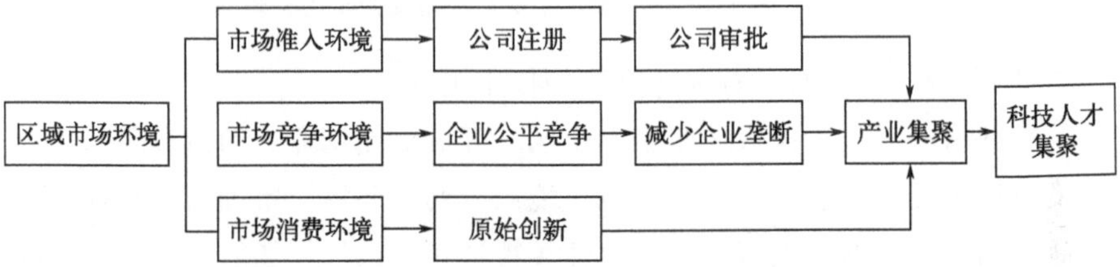

图 3-9 区域市场环境对科技人才集聚的作用机理

5）区域政策制度环境对科技人才集聚的作用机理

区域政策制度环境是科技人才集聚的制度保障。一方面，区域政府通过制定优惠的企业入驻政策、人才引进政策等吸引科技人才，如税收减免政策、降低利息政策、提供子女入学政策、解决户口政策等；另一方面，区域政府通过制定和完善知识产权制度、专利技术制度等保护科技人才的知识产权，有利于促进科技人才开展原始创新。在此基础上，建立健全的区域政策体系为科技人才的集聚创造了一个良好的制度环境，这对于保障科技人才的合法权益，对其创新创业活动进行监督，对其进行有效的引导是非常有益的。区域政策制度环境对科技人才集聚的作用机理如图 3-10 所示。

6）区域文化环境对科技人才集聚的作用机理

相比区域政策制度环境而言，区域文化环境是间接影响科技人才集聚。区域文化环境反映了区域的一定特色，具有区域性特征，包容的、平等的、开放的区域文化环境有利于科技人才产生创业活动。一方面，区域文化环境有利于

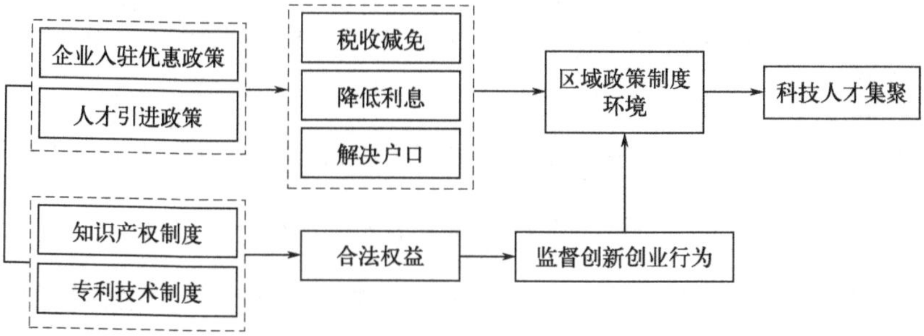

图 3-10 区域政策制度环境对科技人才集聚的作用机理

从文化习惯方面提高科技人才创业的积极性，产生文化认同感；另一方面，开放的区域文化环境有利于科技人才与其他相关科技人才开展技术交流与合作，提高科技人才的竞争力，从而吸引更多科技人才。此外，良好的教育环境也是区域文化的一部分，一般来说教育水平反映区域文化程度的高低，教育水平越高，人才素质就越高，区域创新能力越强，区域经济发展水平就越高，良好的教育水平有利于提高科技人才的综合能力。区域文化环境对科技人才集聚的作用机理如图 3-11 所示。

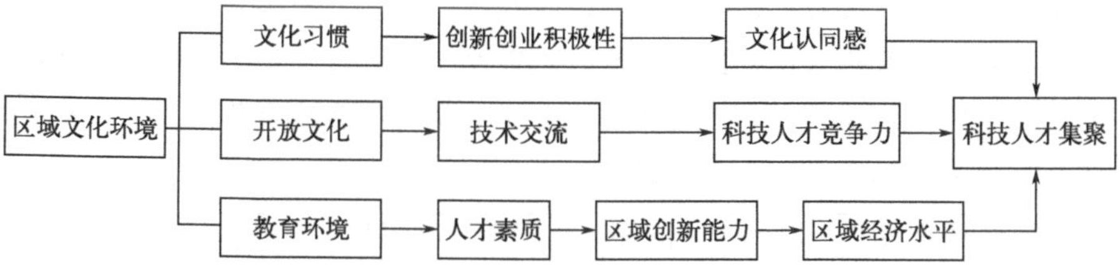

图 3-11 区域文化环境对科技人才集聚的作用机理

7）区域创新潜力环境对科技人才集聚的作用机理

区域创新潜力环境反映了区域创新能力，对科技人才集聚有着重要作用。区域创新潜力通过区域创新投入和区域创新产出反映，区域创新潜力越大，表明区域创新能力越强，对科技人才的吸引力就越强。区域创新投入越多，表明区域对创新重视程度越高，有助于激发科技人才创新的积极性，有利于吸引科技人才。区域创新产出成果越高，反映区域创新能力较强，区域创新核心竞争力越强，侧面反映出区域科技人才的联系较为密切，科技成果转化与知识吸收能力较强，有利于科技人才集聚，发挥科技人才集聚的优势，开展创新创业活动。区域创新潜力环境对科技人才集聚的作用机理如图 3-12 所示。

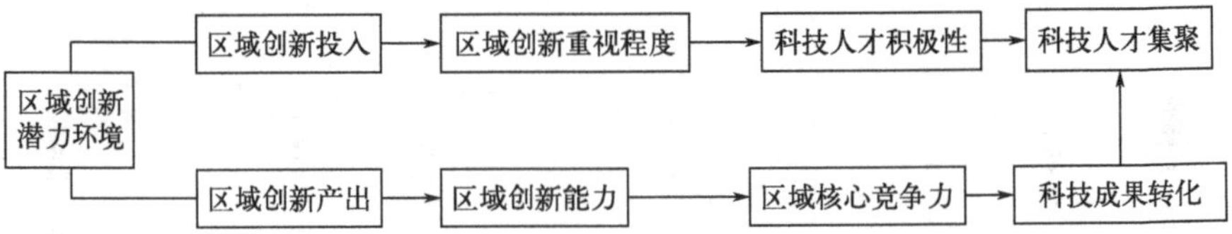

图 3-12　区域创新潜力环境对科技人才集聚的作用机理

综上所述，区域创新环境的优化和改善对吸引科技人才有着重要的影响，主要体现在以下两个方面。

① 区域创新硬环境为科技人才集聚提供良好的物质基础。良好的区域经济发展基础是科技人才集聚的主要原因，一般来说，经济基础较好的区域，工资收入水平较高，科技人才集聚的动力较大；完善的基础设施与公共服务在吸引科技人才集聚方面发挥关键作用，尤其是医疗、教育资源对科技人才吸引力程度较高；活跃的信息网络环境为科技人才提供前沿的市场信息，有利于科技人才开展创新创业活动。

② 区域创新软环境为科技人才集聚提供良好的人才发展环境。公平的市场环境有利于科技成果转化，让科技人才充分发挥经济效应；完备的政策环境有助于有效引导科技人才流动，激励科技人才不断产生创新成果；包容、开放的区域文化环境潜移默化地影响科技人才集聚，使科技人才产生新的灵感；良好的区域创新潜力环境有助于增加科技人才工作的热情和信心，加速科技成果的转化，吸引更多的科技人才集聚。

(2) 区域创新环境对科技人才集聚的影响和势差

通过分析区域创新环境对科技人才集聚的作用机理发现，一方面，区域创新环境对科技人才集聚的影响是直接的、刚性的，例如一个区域的经济发展程度较高，收入较高，科技人才集聚到该区域的概率就越大；另一方面，区域创新环境对科技人才集聚的影响是间接的、富有弹性的，例如文化环境在一定程度上吸引科技人才。因此，将区域创新环境对科技人才集聚的影响分为弹性部分和刚性部分，用公式表示为：

$$D=R+S(1-F),\ 0\leqslant F\leqslant 1 \tag{3-12}$$

式中　D——区域创新环境对科技人才集聚的影响度；

R——刚性影响部分；

S——可变影响部分（弹性影响部分）；

F——控制变量，即区域创新环境对科技人才的吸引力。

区域创新环境对科技人才集聚弹性影响部分为 S，而弹性作用发挥的多少与区域创新环境对科技人才吸引力的大小有关。同样的区域创新环境条件对每一个科技人才的影响是不同的，区别在于科技人才个人，科技人才根据自己的偏好选择不同的区域。

区域创新环境对科技人才集聚的刚性影响部分为 R，不同的区域创新环境类别对科技人才集聚带来的刚性影响不同，有的类别带来刚性影响大，有的只占一部分。例如，区域创新硬环境对科技人才集聚的刚性影响较大，区域创新软环境对科技人才集聚的刚性影响较小。

区域创新环境是一个复杂的系统，包括经济基础环境、基础设施环境、信息网络环境、区域市场环境、区域政策制度环境、区域文化环境、区域创新潜力环境等。每一个类别的区域创新环境对科技人才集聚的影响都有一个 D，每一个 D 又由对应的 R、S 以及 F 构成。区域创新环境的各个要素对科技人才集聚的作用是不同的，有的要素发挥作用大，有的要素发挥作用小，每一组的 D、R、S 的数值均不同，区域创新环境要素对科技人才集聚的影响，用公式表示为：

$$d=r+s(1-f) \tag{3-13}$$

式中　d——区域创新环境要素对科技人才集聚的影响度；

r——该要素刚性影响部分；

s——该要素可变影响部分（弹性影响部分）；

f——控制变量，即区域创新环境要素对科技人才的吸引力。

区域创新环境对科技人才集聚的总体影响用公式表示为：

$$D=\begin{bmatrix} r_1+s_1(1-f) \\ \cdots \\ r_n+s_n(1-f_n) \end{bmatrix} \tag{3-14}$$

为方便表达，记为：

$$D=R+(E-F)S \tag{3-15}$$

$$R=\begin{bmatrix} r_1 \\ \cdots \\ r_n \end{bmatrix},\ S=\begin{bmatrix} s_1 \\ \cdots \\ s_n \end{bmatrix},\ F=\begin{bmatrix} f_1 & & \\ & \ddots & \\ & & f_n \end{bmatrix},\ E=\begin{bmatrix} 1 & & \\ & \ddots & \\ & & 1 \end{bmatrix}$$

为进一步量化分析 D，令 x（$0\leqslant x\leqslant 1$）为刚性影响的控制变量，$y=(1-f)$ 为弹性影响的控制变量。将式(3-11) 变形为：

$$D = xR + yS \tag{3-16}$$

式中　x——区域创新环境决定的控制变量，决定了刚性影响在总影响程度下所占的比例；

y——由科技人才自身决定的变量，决定了区域创新环境中弹性影响的比例。

针对区域创新环境中每一个元素都存在对应的控制变量 x 与 y，将式(3-16)变形为：

$$D = \begin{bmatrix} x_1 r + y_1 s \\ x_2 r + y_2 s \\ \cdots \\ x_n r + y_n s \end{bmatrix} = \begin{bmatrix} x_1 \\ x_2 \\ \cdots \\ x_n \end{bmatrix} r + \begin{bmatrix} y_1 \\ y_2 \\ \cdots \\ y_n \end{bmatrix} s \tag{3-17}$$

令 D_n 为区域创新环境水平系数，则可表示为：

$$D_n = \begin{bmatrix} x_1 \\ x_2 \\ \cdots \\ x_n \end{bmatrix} + \begin{bmatrix} y_1 \\ y_2 \\ \cdots \\ y_n \end{bmatrix},\ D_n = x + y \tag{3-18}$$

如果能够筛选出影响科技人才集聚的主要区域创新环境要素，计算出其对应的 x 和 y，就可以对其进行量化分析并进行比较，但是 x 和 y 的赋值比较困难。

当评估区域创新环境对科技人才集聚的影响时，区域创新环境刚化现象需要注意。所谓刚化现象指区域创新环境对科技人才集聚的影响中刚性影响部分是恒定的。在实际分析中，将区域创新环境弹性影响部分进行刚化处理。显然，区域创新环境的刚化作用越强越好，即 r 值越大越好。实际上 $s(1-f)$ 中的 s（弹性作用）是区域创新环境发展不完善的表现。随着政策制度不断健全，基础设施不断完善，区域创新环境对科技人才的吸引力会越来越大，科技人才集聚对区域创新环境的刚性影响部分会逐渐增强。

区域创新环境规定了科技人才集聚行为的范围和空间，区域创新环境变量是影响科技人才集聚行为重要的外部变量。区域创新环境的差异会直接影响科技人才集聚的结果，由于区域创新环境的差异及科技人才自身技术、能力的差异，对区域创新环境能动作用也表现不同。创新环境条件好的区域比条件差的区域更有利于吸引科技人才，激励科技人才开展创新创业行为。这种不同区域创新环境的差值称为区域创新环境势差，表示为：

$$P=U_a-U_b \tag{3-19}$$

式中　P——区域创新环境势差；

U_a——区域 a 的创新环境；

U_b——区域 b 的创新环境。

由于区域创新环境势差的存在，使得科技人才从创新环境差的区域集聚到创新环境好的区域。例如，北京经济发展水平较高、教育资源与医疗资源丰富、创新氛围浓厚、高新技术产业云集，对科技人才集聚的吸引力大，许多科技人才就会集聚北京。中关村科技园内企业高新技术产业发达，附近众多高校云集，又成为北京科技人才集聚的区域。政府、企业和社会相互合作，不断利用创新环境并改善创新环境，就可以尽量缩小区域创新环境的势差。在政府的带领之下，企业不断优化企业内部环境，同时加强与社会的联系，从而集聚各类科技人才。

3.3.3　科技人才集聚对区域创新环境的反馈

科技人才集聚对区域创新环境具有反馈作用，影响区域创新环境的各个要素，主要从两方面分析，分析科技人才集聚对区域创新环境的作用机理；分析科技人才集聚对区域创新环境的影响度。

(1) 科技人才集聚对区域创新环境的作用机理

科技人才作为人才中优秀的群体，具备普通人才缺乏的知识和技能。从总体来说，科技人才具有强烈的创新意识和求知欲、学科前沿知识把握较多、执行能力较强。另外，科技人才面对科技日新月异的变化，能够深刻剖析技术创新和新产品研发过程中经济决策能力的内涵，准确把握市场的前沿。这些优良的品格和能力是科技人才开展创新活动的动力源泉，科技人才集聚过程中产生科技人才集聚效应，进而作用于区域创新环境，加速区域创新环境的改善，提高区域创新能力和竞争力，进而促进区域经济发展。因此，本书从人力资本角度和科技人才集聚效应角度分析科技人才集聚对区域创新环境的作用机理。

1）人力资本角度

科技人力资本是指符合某一国家或地区经济发展战略需要，科技人才自身拥有的智力、知识、技术的总和。科技人力资本对区域创新环境的作用主要通过促进区域经济增长、提高技术水平以及传播知识等方式表示出来。综合国内外已有文献，发现科技人力资本对区域创新环境的作用可以概括为三种方式。

第一，将科技人力资本看作改善区域创新环境的直接投入要素，作为一个变量直接影响经济增长。第二，科技人力资本通过影响技术进步影响经济增长，进而间接改善区域创新环境。第三，科技人力资本依靠个人知识和能力，通过知识溢出的方式改善区域创新环境。

① 科技人力资本作为投入要素直接影响区域创新环境。科技人力资本是现代社会发展不可缺少的核心要素，是促进高新技术和社会经济发展不竭的动力源泉，是改善区域创新环境的主要参与者。在当代西方经济学看来，资本可以分为两种类型，一种是物质资本，另一种是人力资本。物质资本主要是通过在生产过程中的物质形式表现出来的，具体包括了各种物质资料生产要素的数量和质量，比如厂房、机器、设备、原材料以及资金等。按照 Schultz 的人力资本论，人力资本指的是体现在人身上的资本，而不是物质的资本。人力资本指的是劳动者受到教育、培训、实践经验、学习等投资获得的知识和技能的总和，这些知识和技能能够给劳动者带来更多的收益和质量的提升。20 世纪 80 年代，卢卡斯从人力资本理论出发，对如何改善劳动力素质促进经济发展进行了深入的研究。将科技人力资本直接作为生产要素投入，作用于经济增长，增加经济产出，生产函数表达式为：

$$Y_{it}=A_{it}K_{it}^{\alpha}L_{it}^{\beta}H_{it}^{\gamma} \tag{3-20}$$

式中 Y_{it}——第 i 区域在 t 时的总产出；

A_{it}——第 i 区域在 t 时的技术水平；

K_{it}——第 i 区域在 t 时的物质资本存量；

L_{it}——第 i 区域在 t 时的劳动力投入；

H_{it}——第 i 区域在 t 时的人力资本投入；

α——物质资本的产出弹性；

β——劳动力的产出弹性；

γ——人力资本的产出弹性。

卢卡斯模型将人力资本作为一个独立的因素纳入经济增长模型中，将专业化的人力资本积累视为经济增长的动力源泉。科技人才集聚充分利用科技人力资本蕴含的技术、知识和才能，将科技人力资本转化为生产力，促进区域经济发展，改善区域创新经济基础环境。

② 科技人力资本间接改善区域创新环境。按照卢卡斯的理论，科技人力资本对经济增长的效应可以分为内在效应和外在效应。内在效应产生于舒尔茨的人力资本，内在效应是由正规与非正规教育实现的，主要表现为通过对科技

人力资本投资与积累提高科技人才自身的知识和技术水平，使科技人才自身收益，从而提高劳动生产率，同时知识、技术水平提高了经济决策的效率，有利于促进经济增长。

外在效应产生于阿罗的边干边学形成的人力资本，主要表现为人力资本投资形成的专业知识，能够促进其他要素投入产生递增效应，从而促进社会生产从劳动密集型向资本密集型转变，而且这种知识和技能还会影响周围其他人，提高他们的投资生产能力，在一定程度上加大物质资本的使用效率。由于科技人才资本“内在效应”促使科技人才自身技能提高，促使科技人才集聚。科技人才集聚会放大单个科技人才的外在效应，演化出科技人才集聚之前所没有的高效率，引起技术水平和生产率的提高，使得科技人才集聚的外部效应极大推动了技术的扩散与经济的增长，从而使物质资本发挥重大作用，进而增加创新产出，完善区域创新潜力环境。科技人力资本通过影响技术进步这一中介，间接地推动经济增长，可以通过尼尔森-费尔普斯作用机制实现，生产函数表达式为：

$$Y_{it}=A_{it}H_{it}K_{it}^{\alpha}L_{it}^{\beta} \tag{3-21}$$

其中，技术水平表示为：

$$\frac{(A_{it}-A_{it-1})}{A_{it-1}}=\delta H_{it-1}+\frac{\mu H_{it-1}(A_{t-1}^{*}-A_{it-1})}{A_{it-1}} \tag{3-22}$$

式中　δ——技术创新参数；

μ——技术模仿参数；

H_{it-1}——第 i 区域在 $t-1$ 时的人力资本投入；

A_{it-1}——第 i 区域在 $t-1$ 时的技术水平；

A_{t-1}^{*}——技术边界，即最发达区域的技术水平。

③ 科技人力资本通过知识溢出的方式改善区域创新环境。科技人力资本是知识创造和创新产生的重要源泉，因为任何科学和技术都起源于人类的创造，科技人才集聚有利于科技人才之间面对面进行交流，促进知识的扩散和溢出，由于知识具有非竞争性，知识的扩散和溢出有利于促进集聚的科技人才收益递增，从而促进区域创新能力提高，整个社会生产率的提高，为了满足生产率的要求，会进一步改善区域基础设施环境；不同的科技人才集聚，掌握的知识程度、层次以及深度不同，面对同样的问题会有不同的理解，相互碰撞产生创新的火花，形成具有区域特色的创新精神，还可以通过定期召开研讨会、创办创新创业大赛、创新作品展览等方式传播创新精神，培育区域创新文化环境。科技人才集聚过程中不同的科技人才进行知识方面的交流，获得很多前沿

的市场信息，帮助更多的科技人才创新创业，使市场充满活力，改善区域市场环境。

当前是知识信息时代，知识更新速度非常快，为防止盗版信息充斥市场，保护科技人才的利益，政府制定了相应的规章制度，贯彻实施知识产权法，促进知识正常有序的传播，改善了区域创新制度政策环境，同时有利于提高区域核心竞争力，增强区域创造力。

2）科技人才集聚效应角度

根据科技人才集聚对区域创新环境的贡献，将科技人才集聚经济效应划分为创新效应、协同效应、综合效应三个核心模块，每个模块又包含不同的科技人才集聚效应，如表 3-2 所列。

表 3-2　科技人才集聚效应

核心模块	科技人才集聚效应
创新效应	技术溢出效应、创新扩散效应、创新传承效应
协同效应	共赢效应、信息共享、集体学习效应
综合效应	激励效应、辐射效应、加速器效应

创新效应、协同效应、综合效应的发挥对区域创新环境的改善具有重要的反馈作用，具体分析如下。

① 创新效应对区域创新环境的反馈作用。创新效应是科技人才集聚效应的核心模块，是促进区域创新环境改善的集聚体现。科技人才的本质属性是创新精神，科技人才通过掌握已有技能，开展创新活动，进而提高区域创新环境水平。创新效应包括技术溢出效应、创新扩散效应、创新传承效应，如图 3-13 所示。

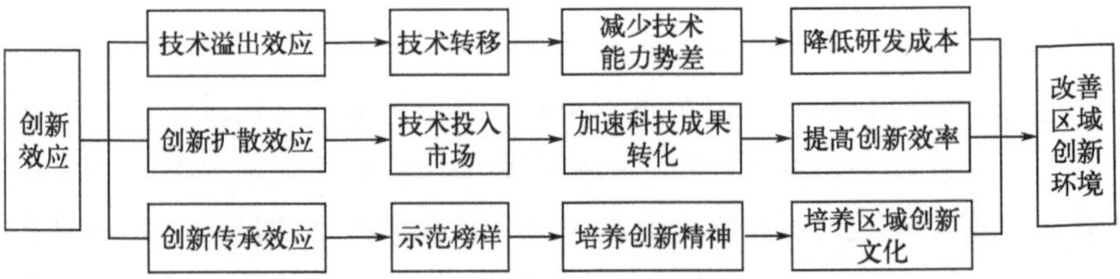

图 3-13　创新效应对区域创新环境的反馈作用

本书分别阐述上述三个效应对区域创新环境的反馈作用。

a. 技术溢出效应。技术溢出效应是通过人才流动、技术交流与技术转移方式实现的，技术溢出效应促使人才跨越区域边界，通过当面交流或远程指导实现技术有效的整合与转移。技术溢出效应加速了技术的传播与转移，产生了外部经济，增强了技术的应用能力；技术溢出有利于形成更有竞争力和更具活力的技术池，技术池实现各种技术重新组合和补充，减少区域技术能力势差，促进技术的吸收、整合与再创新，提高区域创新能力和创新绩效；技术溢出效应通过技术扩散降低了技术的研发成本和交易成本及创新不确定性，减少区域创新投入。

b. 创新扩散效应。创新扩散效应是技术溢出效应和知识溢出效应的进一步升华和应用，有利于将技术尽快投入市场，加快科技成果转化，促进生产力发展；创新扩散效应将会对区域内的高科技产业产生积极的影响，进而对区域内的高科技产业产生积极的影响。

c. 创新传承效应。创新传承性效应可以让创新团队的每一个成员都能起到向他人学习的模范作用，从而推动整个社会组织的整体效能提高，促进了科技人力资源的有效配置；科技人才在开发技术的过程中所产生的创新精神和技术品牌，在区域中被传承和发扬光大，构成了一种独特的区域文化，这对改善区域文化环境起到了很大的作用，从而形成了一种独特的区域创新文化氛围。由于后者具有较强的科研能力和较强的创新能力，因此，后者具有较强的创新能力和较强的创新能力。

② 协同效应对区域创新环境的反馈作用。科技人才集聚通过相互合作、相互交流实现“1+1>2”的协同效应。协同效应包括共赢效应、信息共享以及集体学习效应。协同效应对区域创新环境的反馈作用如图 3-14 所示。

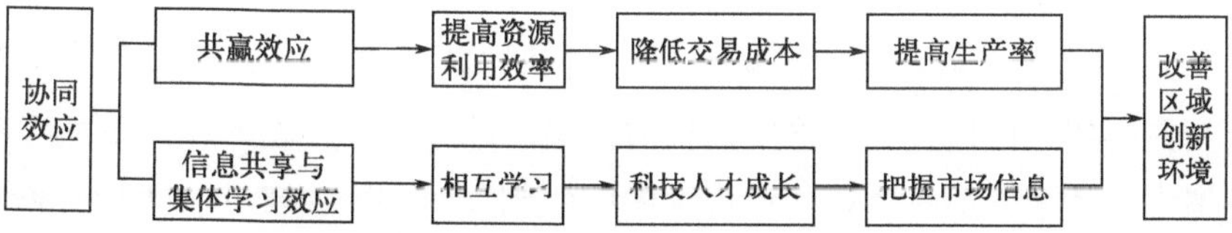

图 3-14　协同效应对区域创新环境的反馈作用

a. 共赢效应。科技人才相互合作达到共赢，使得资源达到最大程度利用，提高区域资源的利用效率；科技人才通过协作共赢、互相学习，实现知识和技术的共享，提高整个科技人才集聚子系统的学习能力，促进了区域技术创新和技术进步；共赢效应降低交易成本，包括技术研发费用、设备使用费用、经营费用等，共赢效应也可以完成科技人才个体难以完成的任务，促进区域生产效率的提高。

b. 信息共享与集体学习效应。科技人才集聚便利了集体学习和信息共享，通过学习交流使科技人才得到更多的成长和能力的提高，并使区域获得更大程度的开放和交互作用，有利于培育区域交流学习的文化氛围，改善区域人才环境；信息传递过程中有助于科技人才准确把握市场信息和知识信息，开展创新创业活动。

③ 综合效应对区域创新环境的反馈作用。当科技人才的集聚达到了一定的水平，就会不断地深化和发展，从技术效应到双赢效应，再到综合效应。综合效应主要包括激励效应、辐射效应、加速器效应，综合效应对区域创新环境的反馈作用如图 3-15 所示。

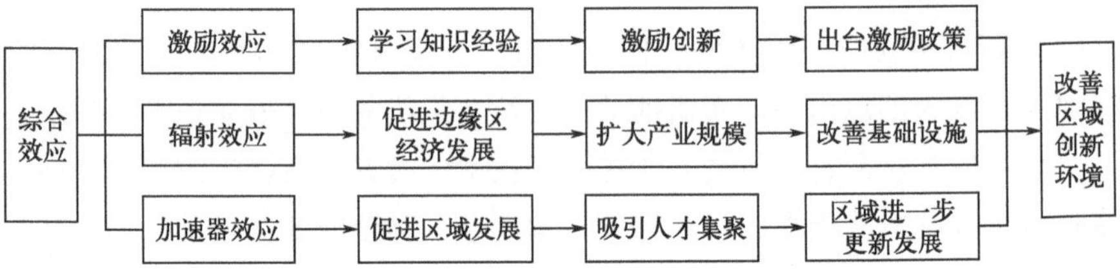

图 3-15　综合效应对区域创新环境的反馈作用

a. 激励效应。激励效应会促使科技人才不断学习先进知识和经验，不断提升自我，为区域经济发展提供良好的智力支持；适度的危机感会使科技人才不断保持创新的活力，有利于创新知识的加速更新，提高科技人才的适应能力，为产业集群发展提供人才支持；政府为奖励科技人才继续创新，保持知识更新，出台相应的激励政策，有助于改善区域政策环境。

b. 辐射效应。科技人才集聚由核心区域扩散到边缘区域，由于科技人才各自功能不同，因此，在集聚中发挥的作用不同，科技人才通过合作方式提高整体实力，带来外部经济，促进边缘区域产业发展、技术进步，进而带动边缘区域经济增长；科技人才集聚扩散至边缘区域，使得产业集聚辐射至边缘区域，产业利用边缘区域成本低廉的优势，扩大产业规模。为了与产业发展相配套，边缘区域的基础设施、网络环境逐渐得到改善，整体区域创新环境水平得到提高。

c. 加速器效应。科技人才的集聚加速了区域经济、科技、社会等各个方面的发展，区域各方面的发展会形成新的磁场，反过来吸引更多的科技人才集聚，为区域创新环境提供更多的智力支持。根据人力资源与经济发展适配理论，可知科技人才集聚的加速器效应会带来区域基础设施、文化环境、制度政策环境的改变。政府根据区域的发展情况不断完善法律，约束市场中企业、金融机构等主体的行为，从而使区域法律环境得到改善。

综上所述，促进区域内高素质的科技人才集聚，形成科技人才集聚效应，有利于促进区域创新环境各方面的改善。

① 科技人才集聚效应有利于增加区域内科技成果，改善区域创新潜力环境。科技人才集聚充分发挥各自才能，相互交流与学习，实现集体学习与信息共享效应，发挥技术溢出效应，通过不断交流催生创新的火花，增加更多的区域科技成果，产生外部经济，提高区域科技竞争力和创新能力。

② 科技人才集聚效应有助于形成良好的竞争激励机制，优化区域政策制度环境。一方面，科技人才集聚效应的产生最终会优化科技人才工作待遇和环境，更多的科技人才涌入，使得科技人才竞争更加激烈，科技人才竞争意识增强；另一方面，区域政府为激励更多的科技人才产生创新成果，制定相应的人才激励政策。

③ 科技人才集聚效应有助于培养区域创新文化氛围，改善区域创新文化环境。科技人才集聚形成的创新扩散效应、创新传承效应、共赢效应、辐射效应有助于培养区域内相互学习、创新意识、合作意识的文化氛围。

④ 科技人才集聚效应有助于刺激经济增长，改善区域经济基础环境。科技人才集聚形成的激励效应、加速器效应有助于科技人才不断激励自己为社会创造更多的价值，从而加速区域经济发展，促进经济增长。

⑤ 科技人才集聚效应有助于完善基础设施，改善区域创新环境。随着科技人才集聚程度不断加深，科技人才竞争合作程度增强，科技人才集聚形成的创新效应、协同效应、综合效应作用于区域环境，产生化学反应，区域基础设施将会不断完善，信息网络不断畅通，市场环境不断宽松，区域创新环境各方面不断完善。

(2) 科技人才集聚对区域创新环境的影响度

本书对科技人才集聚对区域创新环境的影响机制进行了研究，结果表明：科技人才集聚的内在效应对区域创新环境产生了影响；同时，科技人才集聚还具有外在效应，也就是对区域的创新环境产生影响。为此，本研究在此基础上，分别从人才集聚自身和人才集聚外在效应两个方面，对其如何影响区域创新环境进行实证研究。

1）科技人才集聚自身方面

通过对现有文献的分析，发现科技人才的集聚规模、结构、质量和潜力等因素都会对区域创新环境产生影响。区域创新环境的改变是科技人才集聚由量变到质变的发展过程，量变是质变的前提，科技人才规模是科技人才集聚数量的集中体现，对区域创新环境存在重要影响。质变是量变的目的，科技人才的结构是科技人才集聚质变的集中体现，科技人才结构包括科技人才的专业结构、科技人才的学历结构、科技人才的年龄结构等方面。科技人才集聚质量反映科技人才自身的质量和素质，已有研究通常从受教育年限、工作经验、获得知识能力大小等表示。科技人才集聚潜力反映区域引进人才的潜力，高等学校是科技人才的储备库，每年的招生人数在一定程度上反映了区域科技人才集聚的潜力和未来科技人才潜在构成成分。

区域创新环境的改善是科技人才集聚自身多种影响因素的结合体，科技人才集聚自身对区域创新环境的影响用函数表示为：

$$Q=f(q_1,q_2,q_3,q_4) \tag{3-23}$$

式中 Q——科技人才集聚自身对区域创新环境总的影响；

q_1——科技人才集聚规模；

q_2——科技人才集聚结构；

q_3——科技人才集聚质量；

q_4——科技人才集聚潜力。

2）科技人才集聚外在效应方面

通过分析可知科技人才集聚经济效应有利于促进区域创新环境的改善，对区域创新环境带来不同程度的贡献。当科技人才集聚带来经济效益的同时，如果科技人才集聚过度，会带来科技人才集聚非经济效应，在一定程度上阻碍科技人才集聚正向效应的发挥，不利于区域创新环境的改善。科技人才集聚负向效应主要表现为拥挤效应、非流动效应、同质效应。拥挤效应是指区域的科技人才集聚供给数量超过需求数量，造成科技人才恶性竞争，出现一些科技人才闲置，没有充分发挥科技人才集聚的效应；非流动效应是指区域内集聚众多科技人才，但是科技人才之间缺乏有效流动，没有发挥知识溢出、技术传播的功能，无法达到规模经济，在改善区域创新环境方面没有发挥应有的作用；同质效应是指在资本、基础设施等有限资源的约束下，同质的科技人才集聚可能出现科技成果类似、创新性减少、人际关系恶化等问题，不利于形成充满活力的区域创新文化环境。

科技人才集聚外在效应对区域创新环境的影响正是科技人才集聚经济效应与非经济效应的综合体。科技人才集聚净效应是经济效应与非经济效应的差值，通过科技人才集聚净效应的发挥影响区域创新环境，用公式表示为：

$$\begin{cases}S=S_1-S_2\\S_1=f(S_{11},S_{12},S_{13})\\S_2=f(S_{21},S_{22},S_{23})\end{cases}\tag{3-24}$$

式中　S——科技人才集聚净效应对区域创新环境的影响；

S_1——科技人才集聚经济效应对区域创新环境的影响；

S_2——科技人才集聚非经济效应对区域创新环境的影响；

S_{11}、S_{12}、S_{13}——分别表示科技人才集聚经济效应中的创新效应、协同效应以及综合效应；

S_{21}、S_{22}、S_{23}——分别表示科技人才集聚非经济效应中的拥挤效应、非流动效应以及同质效应。

综上所述，科技人才集聚对区域创新环境总的影响是由科技人才集聚自身对区域创新环境总的影响和科技人才集聚外在效应构成的，用公式表示为：

$$Z=Q+S\tag{3-25}$$

式中　Z——科技人才集聚对区域创新环境总的影响；

Q——科技人才集聚自身对区域创新环境总的影响；

S——科技人才集聚外在效应。

结合式(3-23）和式(3-24）得出：

$$Z=f(q_1,q_2,q_3,q_4)+f(S_{11},S_{12},S_{13})-f(S_{21},S_{22},S_{23})\tag{3-26}$$

第4章

TTA-RIE复合系统协同演化模型构建及仿真

4.1 TTA-RIE 复合系统协同演化模型构建

本书借鉴生态学中有限资源约束下种群增长规律的 Logistic 方程，构建具有 Allee 效应的科技人才集聚与区域创新环境互惠共生演化模型，探讨科技人才集聚子系统与区域创新环境子系统的协同演化规律。

4.1.1 Logistic 模型的适应性分析

Logistic 模型对解释研究对象演化具有广泛的应用性，在生物学领域方面，通常使用 Logistic 模型描述两个或多个不同生态种群的协同演化与成长机制，由于社会经济系统与生态系统的演化规律类似，Logistic 模型又被广泛应用于社会经济领域，用来探究其演化过程及规律。一方面，研究社会经济系统各个构成主体的演化规律，如产业生态系统演化特点、证券交易所与证券交易商报价系统之间的共生演化关系、矿产资源密集型区域经济系统运动轨迹、供应链企业知识共生演化模型、保险、信贷与股票金融复合系统动态共生演化模型；另一方面，研究社会经济系统的构成主体与环境之间的演化规律。如王仙雅和慕静分析物流产业与外部环境的共生演化规律，发现物流产业集群与外部环境的协同演化稳态不仅与协同系数有关，还和协同系数的概率有关。赵强强等研究区域科技人才与区域核心竞争力之间的相互作用关系，发现在不同发展时期，创新型科技人才与区域核心竞争力作为对方的推动者总是在不断更迭。

科技人才集聚是诸多科技人才由于某种原因而大批量集聚在某个区域的现象，有着自己独特的模式和运行方式。科技人才集聚过程中区域创新环境发挥重要作用，由本书前面内容可知区域创新环境包括区域创新硬环境与区域创新软环境，不同的科技人才集群对区域创新环境的需求是不同的，研发型科技人才集群更注重区域创新潜力环境以及区域创新市场环境。协同学理论中“有序态”认为系统与环境之间存在一种最佳状态，这种最佳状态区别于混乱状态，只有将系统外部环境的变化特征纳入系统内部，使系统内部与外部环境相适应，系统内部管理才有意义。因此，本书将科技人才集聚与区域创新环境纳入一个复合系统中，从系统视角出发，分析科技人才集聚与区域创新环境协同演化规律。

对于科技人才集聚而言，科技人才集群处在多变的区域创新环境之中，只有对区域创新环境作出及时的反应和演化，才能保证其顺利生存与发展；同时，区域创新环境由于科技人才的参与并对其进行不断地改变，促进其不断改善，从而使得两者频繁地进行信息交流与互动，产生协同效应。科技人才集聚与区域创新环境协同演化的特征与生态种群演化相类似，具有开放性、自适应性、自组织性等特征，因此，借助生态种群协同演化与成长的经典模型——Logistic 模型，分析科技人才集聚与区域创新环境的协同演化规律。科技人才集聚会促进区域经济增长、文化改善、创新能力提高，给区域创新环境带来各个方面综合性的改变，这种变化呈现出高度的复杂性和不确定性，运用传统的分析工具对于解释区域活动的波动变化存在一定的困难，而 Logistic 模型对于解释研究对象演化具有广泛的应用性，特别是在生态系统、计算机网络等领域。基于以上考虑，引入 Logistic 模型，解释 TTA-RIE 复合系统的协同演化，以期为促进区域更好地发展提供理论支持和现实依据。

4.1.2　TTA-RIE 复合系统协同演化模型

遵循演化经济的思想，将科技人才集聚与区域创新环境同时纳入思考，形成区域系统下的 TTA-RIE 复合系统，并构建科技人才集聚与区域创新环境互惠共生协同演化模型。考虑一个单种群的 Logistic 方程为：

$$\frac{\mathrm{d}X}{\mathrm{d}t}=rX\left(1-\frac{X}{K}\right) \tag{4-1}$$

式中　X——种群的数量；

r——种群的内禀增长率；

K——对环境系统固有属性的描述，表示种群所处环境所能承载种群的最大数量；

t——当种群为 X 数量时的时间。

事实上，考虑单种群的方程无法全面反映复合系统内部子系统间的作用，因此，在 Logistic 模型中引入参数 $\alpha_{ij}(i,j=1,2)$，即子系统 j 对子系统 i 的协作系数，形成 Lotka-Volterra 互惠模型，借助该模型设定复合系统的协同演化模型为：

$$\begin{cases} \dfrac{\mathrm{d}X(t)}{\mathrm{d}t}=r_1(t)X(t)\left(1-\dfrac{X(t)}{K_1}+\alpha_{12}\dfrac{Y(t)}{K_1}\right) \\ \dfrac{\mathrm{d}Y(t)}{\mathrm{d}t}=r_2(t)Y(t)\left(1-\dfrac{Y(t)}{K_2}+\alpha_{21}\dfrac{X(t)}{K_2}\right) \end{cases} \tag{4-2}$$

式中 $X(t)$——t 时刻科技人才集聚的效益；

$Y(t)$——表示 t 时刻区域创新环境的效益；

K_1，K_2——对环境系统 1，2 固有属性的描述，表示种群所处环境所能承载种群的最大数量；

$r_1(t)$——t 时刻科技人才集聚的效益平均增长率；

$r_2(t)$——t 时刻区域创新环境的效益平均增长率；

α_{12}——表示区域创新环境对科技人才集聚效益增长的共生系数；

α_{21}——表示科技人才集聚对区域创新环境效益增长的共生系数。

公式(4-2) 应该满足下列假设条件。

(1) 假设 1

把科技人才集聚与区域创新环境分别看成一个 Agent 主体，二者处于复合系统之中，各自为对方的水平提升都有促进作用，都会给对方带来效益。科技人才集聚的效益由科技人才集聚数量决定，区域创新环境的效益通过区域文化水平的提高、经济的增长、创新能力的提高等指标衡量。

(2) 假设 2

科技人才集聚效益 $X(t)$ 由 m 个可观测的变量 $X_1(t),X_2(t),\cdots,X_m(t)$ 线性表述，分别表示科技人才集聚规模、科技人才集聚结构、科技人才功能，上述三个变量数量越多，那么科技人才集聚效益值也就越大，这几个自变量与科技人才集聚效益变量是正相关关系，因此可以抽象地理解为线性相关关系，可以用公式表示为 $X(t)=\sigma_{11}X_1(t)+\sigma_{12}X_2(t)+\cdots+\sigma_{1m}X_m(t)$。其中，$\sigma_{11},\sigma_{12},\cdots,\sigma_{1m}$ 为常数，m 为可观测的变量个数。区域创新环境 $Y(t)$ 由 n 个

可观测的变量 $Y_1(t), Y_2(t), \cdots, Y_n(t)$ 线性表述，分别表示为经济基础环境、基础设施环境、信息网络环境、区域政策制度环境、区域市场环境、区域文化环境、区域创新潜力环境，用公式表示为 $Y(t)=\sigma_{21}Y_1(t)+\sigma_{22}Y_2(t)+\cdots+\sigma_{2n}Y_n(t)$，其中，$\sigma_{21}, \sigma_{22}, \cdots, \sigma_{2n}$ 为常数。

（3）假设 3

$r_1(r)$ 和 $r_2(r)$ 分别代表 t 时刻科技人才集聚与区域创新环境的效益平均增长率。假设科技人才集聚与区域创新环境效益在观察期内系统属性不变，自然增长率不变，数值均小于 1。

（4）假设 4

受区域资源因素的制约，在资源一定并且不发生竞争与合作的情况下，假设科技人才集聚与区域创新环境的最大效益值分别为 K_1 与 K_2，不包括共生效益。科技人才集聚与区域创新环境的效益与复合系统的规模相关，复合系统的规模越大，则 K_1 与 K_2 值越大。

（5）假设 5

科技人才集聚与区域创新环境之间相互影响，各自效益增长使对方效益增加，带来共生效益，相互作用系数称为共生系数。其中，α_{12} 表示区域创新环境对科技人才集聚效益增长的共生系数，α_{21} 表示科技人才集聚对区域创新环境效益增长的共生系数，公式(4-2) 为互惠模型，因此，假设 α_{12} 与 α_{21} 均大于 0 小于 1。

（6）假设 6

$1-\dfrac{X(t)}{K_1}+\alpha_{12}\dfrac{Y(t)}{K_1}$ 表示科技人才集聚因自身效益提高，表现出对自身增长率的阻滞作用，而对区域创新环境效益的提升具有促进作用。

$1-\dfrac{Y(t)}{K_2}+\alpha_{21}\dfrac{X(t)}{K_2}$ 表明区域创新环境因自身效益的提高，表现出对自身增长率的阻滞作用，而对科技人才集聚效益提升具有促进作用。

如果复合系统内部的科技人才集聚子系统与区域创新环境子系统的状态稳定，那么通过 r_1 和 r_2 可以阐述各子系统的自身属性，通过 α_{12} 与 α_{21} 可以阐述复合系统共生演化过程中子系统之间相互影响的机制，表明公式(4-2) 可以较好地描述 TTA-RIE 复合系统的发展脉络。所谓稳定是指观察的生态种群在生态学意义上已经具备一定的规模，种群内部的个体普遍具有较强的适应能力，即使在种群密度很低的情况下也能生存。

但是科技人才集聚与区域创新环境很难在初始条件下保持稳定，因为初始条件下科技人才集群规模较小，区域创新环境发展还不够完善，对于科技人才而言，获得的物质和精神等方面的收益较少，从这个角度来说，科技人才集聚收益不稳定。而对于区域创新环境而言，在短时期内科技人才集聚为区域创新环境带来的效益不明显，区域经济、文化程度、科技成果不会在短时间内提高，一般都是比较滞后的。随着区域发展不断成熟，又会有新的科技人才集群被吸引，难以判断科技人才集群为区域创新环境带来积极影响或消极影响，因此，在初始条件下区域创新环境效益是不稳定的。科技人才集聚过程中，对新的区域创新环境还未完全适应，在科技人才集聚没有形成一定的规模时，其获得的收益有可能存在 Allee 效应（自抑效应）。因此，有必要对公式(4-2) 进行进一步修正。

4.1.3 具有 Allee 效应的复合系统互惠共生协同演化模型

Allee 效应是自然界一种普遍存在的现象，这种效应的存在使得生物种群的增长数量受到限制，没有出现失去控制的增长，这样生物种群能够在自然界所能承受的范围内继续生存。为分析基于 Allee 效应的 TTA-RIE 复合系统互惠共生协同演化趋势，参考生态系统协同演化的研究成果，令公式(4-2) 中 $N=X/K_1$，$P=Y/K_2$，得到具有 Allee 效应的复合系统互惠共生协同演化模型为：

$$\begin{cases}\dfrac{\mathrm{d}N}{\mathrm{d}t}=r_1N(1-N)+c_1NP\\[2ex]\dfrac{\mathrm{d}P}{\mathrm{d}t}=r_2P(1-P)+c_2NP\end{cases}\tag{4-3}$$

其中

$$c_1=\alpha_{12}r_1K_2/K_1$$

$$c_2=\alpha_{21}r_2K_1/K_2$$

因此，公式(4-2) 和公式(4-3) 在无量纲下等价，本研究以公式(4-3) 为基础。Allee 效应最典型的种群模型为：

$$\frac{\mathrm{d}x}{\mathrm{d}t}=Rx(x-a)(b-x)\tag{4-4}$$

式中 x——物种的种群大小（密度）；

a——Allee 阈值；

b——稳定时的种群密度；

参数 R，a，b 均为正数，并且 $a<b$。将公式(4-3) 中科技人才集聚子系

统引入 Allee 效应，得到：

$$\begin{cases}\dfrac{\mathrm{d}N}{\mathrm{d}t}=f(N,P)=r_1N(1-N)(N-a_1)+c_1NP\\[2ex]\dfrac{\mathrm{d}P}{\mathrm{d}t}=g(N,P)=r_2P(1-P)+c_2NP\end{cases}\tag{4-5}$$

式中，参数 $0<a_1<1$ 为科技人才集聚子系统的 Allee 阈值，其值越大说明科技人才集聚受 Allee 效应作用越明显，表明科技人才集聚需要更大的初始规模才能获得收益。

4.2 TTA-RIE 复合系统协同演化模型稳定性分析

通过微分方程稳定性定理分析 TTA-RIE 复合系统的稳定性，并在此基础上分析 TTA-RIE 复合系统协同演化模型的平衡点及影响因素。

4.2.1 二阶微分方程稳定性定理

二阶微分方程通过两个一阶方程表示为：

$$\begin{cases}x(t)=f(x,y)\\y(t)=g(x,y)\end{cases}\tag{4-6}$$

式(4-6) 右端不显含 t，所以此方程为自治方程，令式(4-6) 右端等于 0，则实根 $x=x_0$，$y=y_0$ 为式(4-6) 的平衡点，记作 $P_0(x^0,y^0)$。

微分方程稳定性可以通过李雅普诺夫直接法和间接法讨论。本研究运用直接法讨论，具体步骤如下。

① 求出式(4-6) 的线性常系数方程为：

$$\begin{cases}x(t)=a_1x+a_2y\\y(t)=b_1x+b_2y\end{cases}\tag{4-7}$$

② 求出线性常系数方程 (4-7) 的系数矩阵为：

$$A=\begin{bmatrix}a_1 & a_2\\b_1 & b_2\end{bmatrix}\tag{4-8}$$

③ 根据特征值判定式(4-7) 的唯一平衡点 $P_0(0,0)$ 的稳定性。假定 A 的行列式 $\det A\neq0$，$P_0(0,0)$ 的稳定性由式(4-7) 的特征方程 $\det(A-\lambda I)=0$ 的特征根 λ 决定。特征方程也可以表示为：

$$\begin{cases}\lambda^2+p\lambda+q=0\\ p=-(a_1+b_2)\\ q=\det A\end{cases} \tag{4-9}$$

式(4-9) 的特征根记作 λ_1，λ_2，则求解为：

$$\lambda_1,\lambda_2=\frac{1}{2}(-p\pm\sqrt{p^2-4q}) \tag{4-10}$$

式(4-7) 一般解的形式可以表示为 $c_1e^{\lambda_1 t}+c_2e^{\lambda_2 t}(\lambda_1\neq\lambda_2)$ 或 $c_1e^{\lambda_1 t}+c_2te^{\lambda_2 t}(\lambda_1=\lambda_2)$，$c_1$ 与 c_2 均为任意常数。根据直接法定理，当 λ_1、λ_2 为负数时，$P_0(0,0)$ 是稳定平衡点；而当 λ_1、λ_2 有一个为正值时，$P_0(0,0)$ 不是稳定平衡点。在 $\det A\neq0$ 的条件下，λ_1、λ_2 不可能为零。

由微分方程的稳定性定理，将平衡点分为结点、焦点、鞍点、中心等多种类型，特征根 λ_1、λ_2 或相应的 p、q 的取值决定了每个平稳点的类型，由特征方程决定的平衡点的类型和稳定性如表 4-1 所列。

表 4-1　由特征方程决定的平衡点的类型和稳定性

λ_1、λ_2 范围	p、q 范围	平衡点类型	稳定性
$\lambda_1<\lambda_2<0$	$p>0,q>0,p^2>4q$	稳定结点	稳定
$\lambda_1>\lambda_2>0$	$p<0,q>0,p^2>4q$	不稳定结点	不稳定
$\lambda_1<0<\lambda_2$	$q<0$	鞍点	不稳定
$\lambda_1=\lambda_2<0$	$p>0,q>0,p^2=4q$	稳定退化结点	稳定
$\lambda_1=\lambda_2>0$	$p<0,q>0,p^2=4q$	不稳定退化结点	不稳定
$\lambda_{1,2}=\alpha+\beta i,\alpha<0$	$p>0,q>0,p^2<4q$	稳定焦点	稳定
$\lambda_{1,2}=\alpha+\beta i,\alpha>0$	$p<0,q>0,p^2<4q$	不稳定焦点	不稳定
$\lambda_{1,2}=\alpha+\beta i,\alpha=0$	$p=0,q>0$	中心	不稳定

由表 4-1 可知根据特征方程系数 p，q 的正负值容易判断平衡点的稳定性，具体为：如果 $p>0$，$q>0$ 则平衡点稳定；如果 $p<0$ 或 $q<0$ 则平衡点不稳定。

上述准则适用于判定线性方程 (4-7) 平衡点 $P_0(0,0)$ 稳定性的准则，对于一般非线性式(4-6) 可以用近似线性方程法判定其平衡点 $P_0(x^0,y^0)$ 的稳定性。在点 P_0 处将 $f(x,y)$ 和 $g(x,y)$ 作 Taylor 展开，只取一次项，得到式(4-6) 的近似线性方程为：

$$\begin{cases}x(t)=f_x(x^0,y^0)(x-y^0)+f_y(x^0,y^0)(y-y^0)\\ y(t)=g_x(x^0,y^0)(x-y^0)+g_y(x^0,y^0)(y-y^0)\end{cases} \tag{4-11}$$

其系数矩阵记作：

$$A=\begin{bmatrix} f_x & f_y \\ g_x & g_y \end{bmatrix}_{P_0(x^0,y^0)} \tag{4-12}$$

其特征系数为：

$$p=-(f_x+g_y)_{P_0},q=\det A \tag{4-13}$$

关于公式(4-11) 的稳定性可以根据表 4-1 进行判定。如果公式(4-11) 的特征根不为 0，则公式(4-6) 中点 P_0 的稳定性与近似公式(4-11) 中点 P_0 的稳定性相同。

4.2.2 TTA-RIE 复合系统的平衡点稳定性分析

平衡点的稳定性将决定系统的演化方向和趋势，根据平衡态稳定性理论，参数的微小改变都将导致系统稳定性及发展方向发生变化，因此，有必要分析系统的平衡点稳定性。系统的平衡点包括边界平衡点和内部平衡点，下面分别讨论两类平衡点的稳定性。

(1) 边界平衡点的稳定性分析

根据微分方程稳定性定理，分别令公式(4-5) 中的$\frac{\mathrm{d}N}{\mathrm{d}t}=0$，$\frac{\mathrm{d}P}{\mathrm{d}t}=0$，得到方程组：

$$\begin{cases} \frac{\mathrm{d}N}{\mathrm{d}t}=f(N,P)=r_1N(1-N)(N-a_1)+c_1NP=0 \\ \frac{\mathrm{d}P}{\mathrm{d}t}=g(N,P)=r_2P(1-P)+c_2NP=0 \end{cases} \tag{4-14}$$

通过求解公式(4-14)，得到该方程组的四个边界平衡点 $P_1(0,0)$，$P_2(a_1,0)$，$P_3(1,0)$，$P_4(0,1)$。

根据微分方程稳定性定理，在边界平衡点 $P_i(i=1,2,\cdots,4)$ 的雅克比矩阵为：

$$\begin{aligned} A &=\begin{bmatrix} f_N & f_P \\ g_N & g_P \end{bmatrix} \\ &=\begin{bmatrix} -3r_1N^2+2(r_1+a_1r_1)N+c_1P-a_1r_1 & c_1N \\ c_2P & -2r_2P+c_2N+r_1 \end{bmatrix}_{P_i} \end{aligned} \tag{4-15}$$

平衡点 $P_i(i=1,2,\cdots,4)$ 的特征系数计算公式为：

$$\begin{cases}p=-(f_N+g_P)|_{P_i}\\q=\det J=f_Ng_P-f_Pg_N|_{P_i}\end{cases}\tag{4-16}$$

根据式(4-16) 计算得出各平衡点的特征系数。

1) 在点 $P_1(0,0)$ 处，解得 p 和 q 值

$$\begin{cases}p=-(f_N+g_P)=-(-a_1r_1+r_2)=a_1r_1-r_2\\q=\det A=f_Ng_P-f_Pg_N=-a_1r_1r_2\end{cases}\tag{4-17}$$

由于 $0<a_1<1$，$r_1>0$，$r_2>0$，计算可知 $q<0$，所以 $P_1(0,0)$ 点是不稳定的鞍点。

2) 在点 $P_2(a_1,0)$ 处，解得 p 和 q 值

$$\begin{cases}p=-(f_N+g_P)=-[(-r_1a_1^2+a_1r_1)+(c_2a_1+r_2)]=r_1a_1^2-a_1r_1-c_2a_1-r_2\\q=\det A=f_Ng_P-f_Pg_N=(-r_1a_1^2+a_1r_1)(c_2a_1+r_2)-(c_1a_1\times 0)\\\quad=a_1r_1(1-a_1)(c_2a_1+r_2)\end{cases}\tag{4-18}$$

由此可知 $p<0$，$q>0$，所以 $P_2(a_1,0)$ 点是不稳定的结点。

3) 在点 $P_3(1,0)$ 处，解得 p 和 q 值

$$\begin{cases}p=-(f_N+g_P)=-[(a_1-1)r_1+(c_2+r_2)]=-(a_1-1)r_1-c_2-r_2\\q=\det A=f_Ng_P-f_Pg_N=(a_1r_1-r_1)(c_2+r_2)-(c_1\times 0)=r_1(a_1-1)(c_2+r_2)\end{cases}\tag{4-19}$$

由此可知 $p<0$，$q<0$，所以 $P_3(1,0)$ 点是不稳定的鞍点。

4) 在点 $P_4(0,1)$ 处，解得 p 和 q 值

$$\begin{cases}p=-(f_N+g_P)=-[(c_1-a_1r_1)+(-r_2)]=c_1+a_1r_1+r_2\\q=\det A=f_Ng_P-f_Pg_N=(c_1-a_1r_1)(-r_2)-(0\times c_2)=r_2(a_1r_1-c_1)\end{cases}\tag{4-20}$$

由此可知 $p>0$，当且仅当 $a_1r_1-c_1>0$ 时，即 $a_1>c_1/r_1$ 时，$q>0$，表明 $P_4(0,1)$ 是稳定的结点，否则为不稳定的鞍点。

(2) 系统内部平衡点的稳定性分析

系统除了边界平衡点之外，还包括内部平衡点，内部平衡点是系统的零等倾线在第一象限的交点，两个物种的种群密度均不等于 0。对于 TTA-RIE 复合系统协同演化模型而言，将公式(4-14) 的零等倾线分别用 L_1 和 L_2 表示为

$$\begin{cases}L_1: r_1(1-N)(N-a_1)+c_1P=0\\L_2: r_2(1-P)+c_2N=0\end{cases}\tag{4-21}$$

公式(4-14) 的内部平衡点是指曲线 L_1 与直线 L_2 在第一象限的交点。通

过计算可知公式(4-14) 的内部平衡点满足：

$$\begin{cases} N_2-[a_1+1+(c_1c_2)/(r_1r_2)]N+a_1-c_1/r_1=0 \\ P=1+(c_2/r_2)N \end{cases} \tag{4-22}$$

求解公式(4-22)，当 $a_1<c_1/r_1$ 时，方程有两个实根，表明复合系统有两个内部平衡点 $P_5(N_1^*,P_1^*)$，$P_6(N_2^*,P_2^*)$，用公式表示为：

$$\begin{cases} N_i^*=(a_1+1+(c_1c_2)/(r_1r_2)\pm\sqrt{\Delta})/2(i=1,2) \\ P_i^*=1+(c_2/r_2)N_i^* \end{cases} \tag{4-23}$$

$$N_1^*<N_2^*$$

$$\Delta=(a_1+1+(c_1c_2)/(r_1r_2))^2-4(a_1-c_1/r_1)$$

当 $a_1\geqslant c_1/r_1$ 时，式(4-23) 有一个实根，表明复合系统只有唯一的内部均衡点 $P_6(N_2^*,P_2^*)$。

根据微分方程稳定性定理讨论内部平衡点稳定性，在平衡点 $P_i(i=5,6)$ 处将 $f(N,P)$ 和 $g(N,P)$ 作 Taylor 展开，只取一次项，得到各平衡点 $P_i(i=5,6)$ 的雅克比矩阵为：

$$J=\begin{bmatrix} f_N & f_P \\ g_N & g_P \end{bmatrix}=\begin{bmatrix} r_1(a_1+1)N-2r_1N^2 & c_1N \\ c_2P & -r_2P \end{bmatrix}_{P_i} \tag{4-24}$$

平衡点 $P_i(i=5,6)$ 的特征系数为：

$$\begin{cases} p=-(f_N+g_P)|_{P_i} \\ q=\det J=f_Ng_P-f_Pg_N|_{P_i} \end{cases} \tag{4-25}$$

通过式(4-25) 计算各平衡点的特征系数。

1) 在点 $P_5(N_1^*,P_1^*)$处

$$\begin{cases} p=-(f_N+g_P)=N_1^*\left(\dfrac{c_1c_2}{r_2}-r_1\sqrt{\Delta}+r_2P_1^*\right) \\ q=\det J=f_Ng_P-f_Pg_N=N_1^*P_1^*r_1r_2(-\sqrt{\Delta}) \end{cases} \tag{4-26}$$

由此可知 $q<0$，所以 $P_5(N_1^*,P_1^*)$ 点是不稳定鞍点。

2) 在点 $P_6(N_2^*,P_2^*)$ 处

$$\begin{cases} p=-(f_N+g_P)=N_2^*\left(\dfrac{c_1c_2}{r_2}+r_1\sqrt{\Delta}+r_2P_2^*\right) \\ q=\det J=f_Ng_P-f_Pg_N=N_2^*P_2^*r_1r_2\sqrt{\Delta} \end{cases} \tag{4-27}$$

由此可知 $p>0$，$q>0$，所以 $P_6(N_2^*,P_2^*)$ 点是稳定的内部均衡结点。

通过计算内部与外部各个平衡点的特征系数值，根据微分方程稳定性定理，将各平衡点类型归纳，Allee 效应模型平衡点的类型如表 4-2 所列。

表 4-2 Allee 效应模型平衡点的类型

平衡点	p	q	稳定条件	平衡点类型
$P_1(0,0)$	$a_1r_1-r_2$	$-a_1r_1r_2$	不稳定	鞍点
$P_2(a_1,0)$	$r_1a_1^2-a_1r_1-c_2a_1-r_2$	$a_1r_1(1-a_1)(c_2a_1+r_2)$	不稳定	结点
$P_3(1,0)$	$-(a_1-1)r_1-c_2-r_2$	$r_1(a_1-1)(c_2+r_2)$	不稳定	鞍点
$P_4(0,1)$	$c_1+a_1r_1+r_2$	$r_2(a_1r_1-c_1)$	$a_1>c_1/r_1$	稳定结点
$P_4(0,1)$	$c_1+a_1r_1+r_2$	$r_2(a_1r_1-c_1)$	$a_1<c_1/r_1$	不稳定鞍点
$P_5(N_1^*,P_1^*)$	$N_1^*(c_1c_2/r_2-r_1\sqrt{\Delta}+r_2P_1^*)$	$-N_1^*P_1^*r_1r_2\sqrt{\Delta}$	不稳定	不稳定鞍点
$P_6(N_2^*,P_2^*)$	$N_2^*(c_1c_2/r_2+r_1\sqrt{\Delta}+r_2P_2^*)$	$N_2^*P_2^*r_1r_2\sqrt{\Delta}$	$a_1\leqslant c_1/r_1$	稳定结点

4.2.3 Allee 效应对 TTA-RIE 复合系统的影响

分析复合系统性质，需要分析复合系统的平衡点，由表 4-2 可知 P_1，P_2，P_3 虽然是复合系统的平衡点，但并不稳定，说明科技人才集聚子系统与区域创新环境子系统协同演化过程中，没有通过挤占对方收益，而实现自身发展水平的最大化目标，没有出现区域创新环境收益为 0 的极端情况，而是相互合作，达到互惠共赢，这与现实情况基本是相符的。复合系统在第一象限存在稳定点 P_6，该稳定结点具备科技人才集聚子系统与区域创新环境子系统互惠共赢、相互作用的性质，一方面科技人才集聚有利于区域创新环境改善，促进区域经济增长，文化水平提高；另一方面区域创新环境改善吸引更多的科技人才，二者在协同演化过程中共同发展，逐步趋向系统的稳定结点 P_6。

由上述分析可知，当科技人才集聚子系统受到 Allee 效应时，不会出现科技人才集聚数量无限增长的局面，说明 Allee 效应对具有互惠作用的科技人才集聚子系统与区域创新环境子系统收益值增长起到稳定化的作用。但 Allee 效应极大影响系统稳定性，对系统的稳定与共存是一个潜在的干扰因素。具体分析如下。

(1) Allee 效应较弱时

复合系统在 N-P 坐标系下的动态行为如图 4-1 所示。

当 Allee 效应的强度较小时（$a_1\leqslant c_1/r_1$），系统内部有两个平衡点，分别为 P_5 与 P_6，其中，P_6 为稳定点。当初始点位于第一象限的其他区域时，会

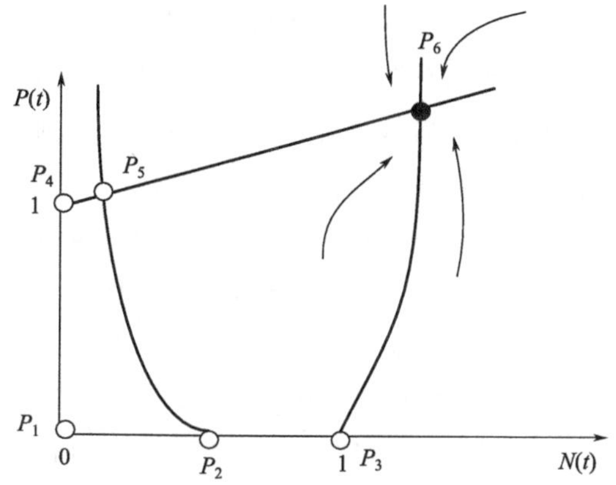

图 4-1　Allee 效应较弱时复合系统在 N-P 坐标系下的动态行为

逐渐趋向于点 P_6。图 4-1 中实心点表示局部稳定的平衡点，空心点表示不稳定的平衡点，直线表示零等倾线，带有箭头的曲线表示从各种初始值出发的轨线，箭头表示方向。由图 4-1 可知科技人才集聚与区域创新环境轨线图表明两者收益全局稳定共存，并且两者的互惠作用占据主导作用，表明 TTA-RIE 复合系统的稳定性受 Allee 效应的影响较小。

（2）Allee 效应较强时

复合系统在 N-P 坐标系下的动态行为如图 4-2 所示。

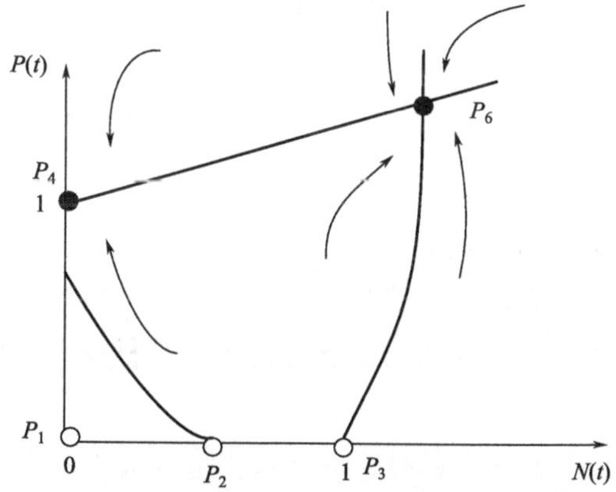

图 4-2　Allee 效应较强时复合系统在 N-P 坐标系下的动态行为

当 Allee 效应的强度较大时（$a_1>c_1/r_1$），$P_4(0,1)$ 以及 $P_6(N_2^*,P_2^*)$ 为系统的稳定点。图 4-2 中实心点表示局部稳定的平衡点，空心点表示不稳定的平衡点，直线表示零等倾线，带有箭头的曲线表示从各种初始值出发的轨线，箭头表示方向。由图 4-2 可知，当科技人才集聚子系统受到较强的 Allee 效应时，科技人才集聚子系统对初始人才规模数量依赖较大，初始科技人才规模存在临界值（Allee 阈值），当科技人才集聚初始密度较低时，会导致科技人才数量快速减少，科技人才逐渐退出区域创新环境，两者协同演化水平降低为 0。当初始科技人才集聚规模较高时，科技人才集聚子系统与区域创新环境子系统收益稳定共存，两者协同演化逐渐稳定，逐渐趋向于 P_6 点。

通过上述分析可得出如下结论。

① Allee 效应影响科技人才集聚与区域创新环境协同演化的稳定性，并且 Allee 效应强弱影响程度不同，当 Allee 效应较弱时，Allee 效应对两者协同演化稳定性影响较小，反之，当 Allee 效应较强时，Allee 效应对两者协同演化稳定性影响较大。

② 科技人才集聚过程中受到 Allee 效应影响时，科技人才集聚初始规模值影响科技人才集聚与区域创新环境协同演化，科技人才集聚初始规模不宜过小，必须超过一定临界值，否则科技人才会相继离开该区域，达不到科技人才集聚改善区域创新环境的目的。

③ 科技人才集聚与区域创新环境协同作用系数影响两者协同演化稳定性，互惠共生系统使科技人才集聚与区域创新环境在协同演化中均能收益，各自的效益值上限分别增大。并且当科技人才集聚对区域创新环境效益的协同系数较大时，科技人才集聚与区域创新环境的效益值都上升。

4.3 TTA-RIE 复合系统协同演化仿真分析

探究科技人才集聚与区域创新环境的协同演化过程及其规律需要几十年甚至更长时间的数据，这在现实中实现是非常困难的，因为现实中的实证分析缺乏大量时间序列数据，所以运用仿真软件仿真模拟科技人才集聚与区域创新环境的协同演化趋势较为可行。

为进一步揭示 Allee 效应强弱、科技人才集聚初始规模（N_0）、科技人才集聚与区域创新环境协同作用系数（α_{12}和 α_{21}）对 TTA-RIE 复合系统协同演化稳定性的影响，针对图 4-1 和图 4-2 的科技人才集聚与区域创新环境动态行为，在满足假设条件的前提下，并参考相关文献关于参数的设定，为互惠共生模型中的各个参数赋值，进行数值模拟，讨论 Allee 效应对模型协同演化稳定性的影响，进一步验证两者协同演化机理。

① 对科技人才集聚与区域创新环境复合系统互惠共生协同演化模型的时间赋值，假设时间 t 的初始值为 1，仿真周期为 500 个单位时间。

② 对 t 时刻科技人才集聚效益平均增长率（r_1）与区域创新环境的效益平均增长率（r_2）进行赋值，两者分别为 0.04 与 0.02。

③ 假设科技人才集聚（K_1）与区域创新环境（K_2）的最大效益值均为 1500 个单位。

以下分别讨论 Allee 效应（a_1）、科技人才集聚初始规模（N_0）、科技人才集聚与区域创新环境共生系数（α_{12}和 α_{21}）对科技人才集聚与区域创新环境复合系统稳定性的影响。

4.3.1 Allee 效应的强弱

为验证 Allee 效应的强弱对 TTA-RIE 复合系统稳定性的影响，改变 Allee 效应（a_1）的大小，设定三组参数进行对比分析。

① $c_1=0.012$，$c_2=0.002$，$N_0=0.15$，$P_0=0.3$。

② $a_1=0.25$，$c_1=0.012$，$c_2=0.002$，$N_0=0.15$，$P_0=0.3$。

③ $a_1=0.75$，$c_1=0.012$，$c_2=0.002$，$N_0=0.15$，$P_0=0.3$。

图 4-3 反映了不同强弱 Allee 效应影响下，科技人才集聚与区域创新环境效益值增长过程。

仿真结果表明 Allee 效应极大影响系统的稳定性，干扰了 TTA-RIE 复合系统的稳定与续存。具体分析如下。

（1）当 a_1 不存在时

TTA-RIE 复合系统不受 Allee 效应影响，此时对公式(4-3) 进行数值模拟，将①组数据代入公式(4-3) 中，其中，将 N_0 与 P_0 值代入变量 N 与 P 中，结果发现科技人才集聚与区域创新环境效益值经过一段时间可以达到稳定共存，如图 4-3(a) 所示。

（2）当 $a_1=0.25(a_1<c_1/r_1)$ 时

TTA-RIE 复合系统存在较弱的 Allee 效应，此时对公式(4-5) 进行数值模拟，将②组数据代入公式(4-5) 中，其中，将 N_0 与 P_0 值代入变量 N 与 P 中，结果发现此时科技人才集聚与区域创新环境效益值可以继续共存，但达到平衡态的弛豫时间（系统由不稳定状态趋于稳定状态所需要的时间）要比未受 Allee 效应影响长，前者在 $t>250$ 时达到平衡，后者在 $t>350$ 时达到平衡，如图 4-3(b) 所示。

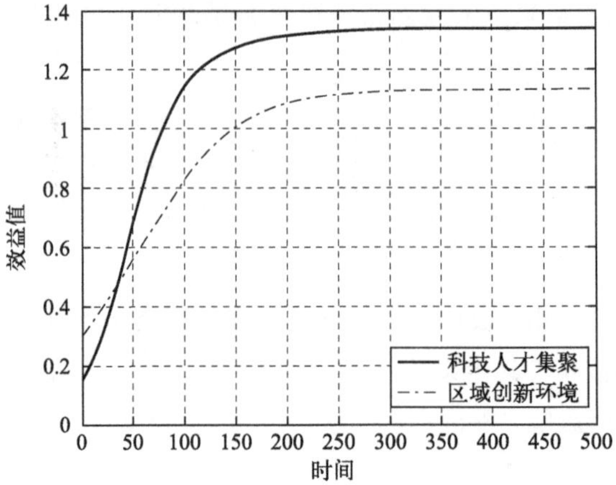

(a) a_1不存在时公式（4-14）协同演化趋势

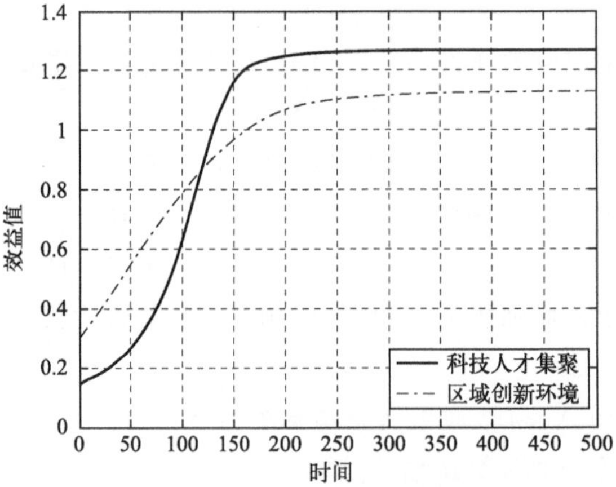

(b) a_1=0.25时公式（4-14）协同演化趋势

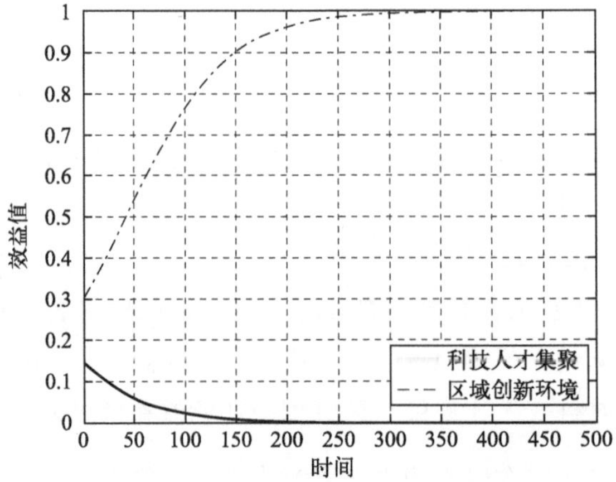

(c) a_1=0.75时公式（4-14）协同演化趋势

图 4-3　a_1 不同取值时公式(4-14) 协同演化趋势

(3) 当 $a_1=0.75(a_1>c_1/r_1)$ 时

TTA-RIE 复合系统存在较强的 Allee 效应，此时对公式(4-5) 进行数值模拟，将③组数据代入公式(4-5) 中。其中，将 N_0 与 P_0 值代入变量 N 与 P 中，结果发现此时科技人才集聚与区域创新环境不能稳定共存，科技人才集聚与区域创新环境效益值都将减少，经过一段时间之后，科技人才逐渐移出区域，科技人才集聚效益值降低为 0，如图 4-3(c) 所示。因此，Allee 效应影响了复合系统的稳定性，仿真结果验证了本书 4.2.2 与 4.2.3 部分的推演结果。

4.3.2 科技人才集聚初始规模

为探究科技人才集聚初始规模对 TTA-RIE 复合系统协同演化稳定性的影响，设定四组参数，令其他参数不变，改变 Allee 效应强弱（a_1）以及科技人才集聚初始规模（N_0）的大小，将以下四组数据分别代入公式(4-5) 中进行对比分析，其中，将 N_0 与 P_0 值代入变量 N 与 P 中。

① $a_1=0.25$，$c_1=0.012$，$c_2=0.002$，$N_0=0.15$，$P_0=0.3$。

② $a_1=0.25$，$c_1=0.012$，$c_2=0.002$，$N_0=0.45$，$P_0=0.3$。

③ $a_1=0.75$，$c_1=0.012$，$c_2=0.002$，$N_0=0.15$，$P_0=0.3$。

④ $a_1=0.75$，$c_1=0.012$，$c_2=0.002$，$N_0=0.45$，$P_0=0.3$。

图 4-4 反映了不同 Allee 效应影响下，科技人才集聚初始规模对科技人才集聚与区域创新环境效益值的影响。

仿真结果表明，科技人才集聚初始规模影响较强 Allee 效应的 TTA-RIE 复合系统的稳定性，而对较弱 Allee 效应的 TTA-RIE 复合系统稳定性影响不明显。具体分析如下。

(1) 当 $a_1<c_1/r_1$ 时

复合系统存在较弱的 Allee 效应（$a_1=0.25$），TTA-RIE 复合系统协同演化过程中，系统的稳定性不依赖于科技人才集聚与区域创新环境的效益初始值，两者经过一段时间之后达到平衡态，当初始值分别为 0.15 和 0.3 时，在 $t>300$ 时达到稳定状态，如图 4-4(a) 所示。当初始值分别为 0.45 和 0.3 时，在 $t>300$ 时达到稳定状态，如图 4-4(b) 所示。表明当 Allee 效应较小时，科技人才集聚与区域创新环境效益值稳定共存，两者之间的协同作用占主导，复合系统的协同演化不受科技人才集聚初始值的影响。

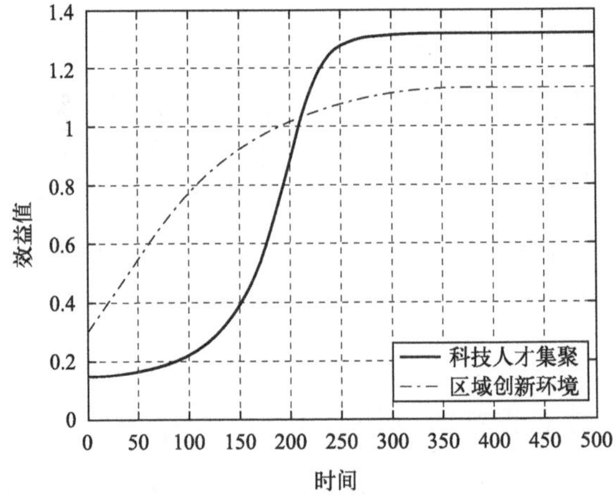

(a) a_1=0.25，N_0=0.15时公式(4-14) 协同演化趋势

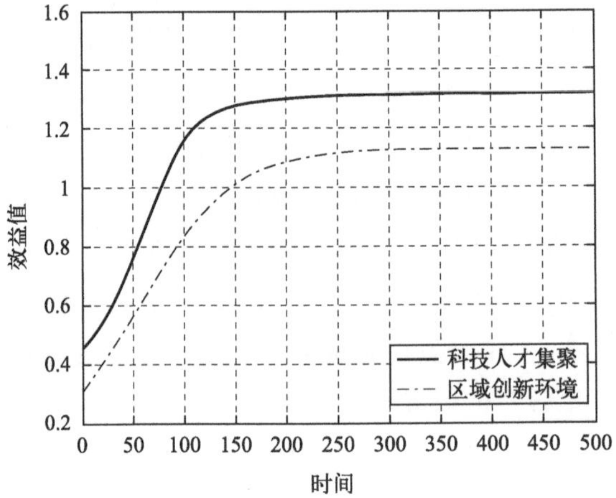

(b) a_1=0.25，N_0=0.45时公式(4-14) 协同演化趋势

图 4-4　当 $a_1 < c_1/r_1$ 时，a_1 和 N_0 不同取值时公式(4-14) 协同演化趋势

(2) 当 $a_1 > c_1/r_1$ 时

TTA-RIE 复合系统存在较强的 Allee 效应（$a_1 = 0.75$），TTA-RIE 复合系统的稳定性依赖科技人才集聚效益值初始值，即存在一个临界值会导致大量科技人才移出该区域，科技人才集聚效益值变少直至降低为 0，如图 4-5(a) 所示。当科技人才集聚效益值高于该临界值时，科技人才集聚与区域创新环境相互促进，经过一段时间两者达到平衡态，处于稳定共存状态。由于科技人才集聚受到 Allee 效应影响较强，在其初始值较低时，科技人才集聚与区域创新环境协同演化过程中，其效益值有减少的趋势，但区域创新环境对科技人才集

聚的协同作用使科技人才集聚效益值增大并趋于稳定，如图 4-5(b) 所示。仿真结果验证了本书 4.2.2 与 4.2.3 部分的推演结果。

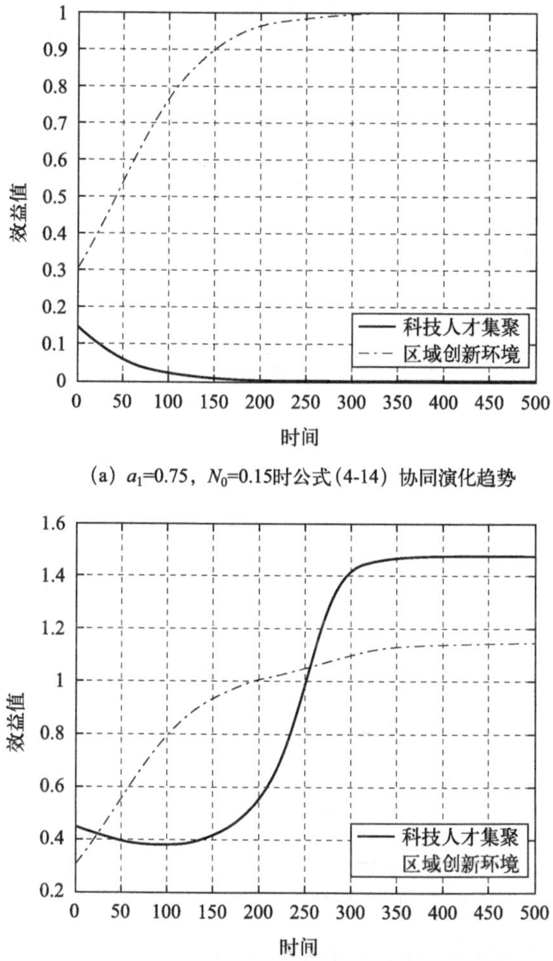

(a) a_1=0.75，N_0=0.15时公式(4-14) 协同演化趋势

(b) a_1=0.75，N_0=0.45时公式(4-14) 协同演化趋势

图 4-5　当 $a_1 > c_1/r_1$ 时，a_1 和 N_0 不同取值时公式(4-14) 协同演化趋势

4.3.3　科技人才集聚与区域创新环境协同作用系数

不同的科技人才集聚与区域创新环境协同作用系数（α_{12} 和 α_{21}）影响 c_1 和 c_2 值，进而影响两者的协同演化稳定状态。本书通过设定参数 c_1 和 c_2 值并观察其变化值，分析科技人才集聚与区域创新环境协同作用系数对两者协同演化的影响。由于 Allee 效应分为强效应与弱效应两种状态，设定其他参数不

变，改变 Allee 效应强弱（a_1）以及科技人才集聚与区域创新环境协同作用系数（α_{12}和 α_{21}）的大小，将以下各组数据分别代入公式(4-5）中，对复合系统协同演化结果进行对比分析，其中，将 N_0 与 P_0 值代入变量 N 与 P 中。

当科技人才集聚效益值受 Allee 效应较弱时，设定三组参数如下。

① $a_1=0.25$，$c_1=0.012$，$c_2=0.002$，$N_0=0.45$，$P_0=0.3$（$0<\alpha_{12}<1$，$0<\alpha_{21}<1$）。

② $a_1=0.25$，$c_1=0.012$，$c_2=0.06$，$N_0=0.45$，$P_0=0.3$（$0<\alpha_{12}<1$，$\alpha_{21}>1$）。

③ $a_1=0.25$，$c_1=0.12$，$c_2=0.002$，$N_0=0.45$，$P_0=0.3$（$\alpha_{12}>1$，$0<\alpha_{21}<1$）。

当科技人才集聚效益值受 Allee 效应较强时，设定三组参数如下。

① $a_1=0.75$，$c_1=0.012$，$c_2=0.002$，$N_0=0.45$，$P_0=0.3$（$0<\alpha_{12}<1$，$0<\alpha_{21}<1$）。

② $a_1=0.75$，$c_1=0.012$，$c_2=0.06$，$N_0=0.45$，$P_0=0.3$（$0<\alpha_{12}<1$，$\alpha_{21}>1$）。

③ $a_1=0.75$，$c_1=0.12$，$c_2=0.002$，$N_0=0.45$，$P_0=0.3$（$\alpha_{12}>1$，$0<\alpha_{21}<1$）。

图 4-6 反映了当科技人才集聚效益值受到较弱的 Allee 效应时，α_{12}与 α_{21} 对科技人才集聚与区域创新环境效益值的影响。

图 4-7 反映了当科技人才集聚效益值受到较强的 Allee 效应时，α_{12}与 α_{21} 对科技人才集聚与区域创新环境效益值的影响。

仿真结果显示，当科技人才集聚受到 Allee 效应时，无论强弱，科技人才集聚与区域创新环境协同作用系数均影响复合系统的协同演化，并且当科技人才集聚对区域创新环境的协同作用系数（α_{21}）大于区域创新环境对科技人才集聚的协同作用系数（α_{12}）时，科技人才集聚与区域创新环境效益值最多。具体分析如下。

(1) 当 $a_1<c_1/r_1$ 时

TTA-RIE 复合系统存在较弱的 Allee 效应（$a_1=0.25$），不同的科技人才集聚与区域创新环境协同作用系数影响两者的效益增长值。当科技人才集聚与区域创新环境的协同作用系数均小于 1 时（$0<\alpha_{12}<1$，$0<\alpha_{21}<1$），协同演化模型中两者协同作用能够促使双方受益，使两者效益规模不断扩大，在 $t>205$ 时达到稳定，趋向于不同的上限，前者达到 1.35，后者达到 1.1，

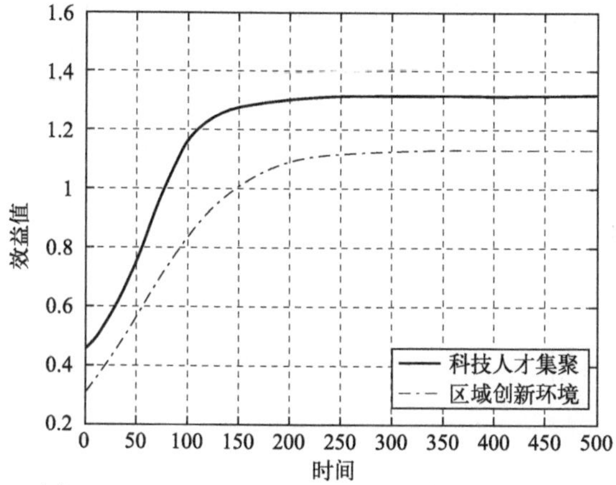

(a) a_1=0.25，c_1=0.012，c_2=0.002时公式（4-14）协同演化趋势

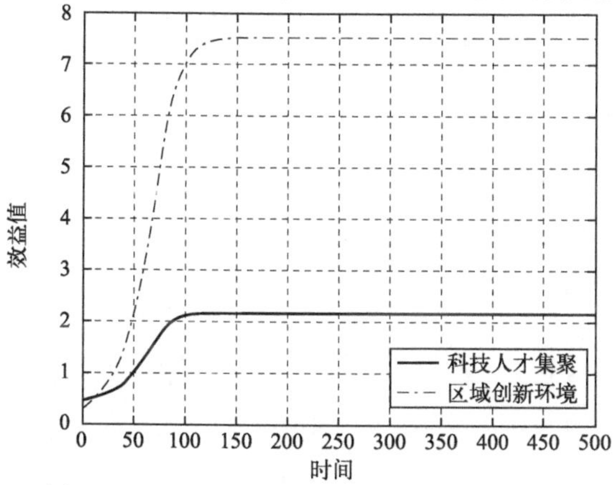

(b) a_1=0.25，c_1=0.012，c_2=0.06时公式（4-14）协同演化趋势

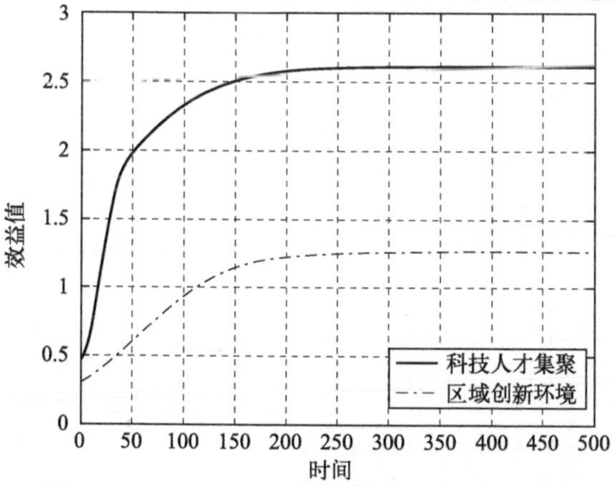

(c) a_1=0.25，c_1=0.12，c_2=0.002时公式（4-14）协同演化趋势

图 4-6　当 $a_1 < c_1/r_1$ 时，a_1、c_1、c_2 不同取值时，公式(4-14) 协同演化趋势

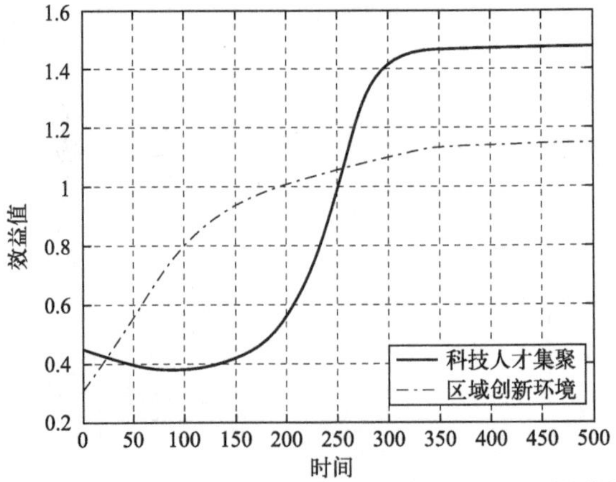

(a) a_1=0.75，c_1=0.012，c_2=0.002时公式（4-14）协同演化趋势

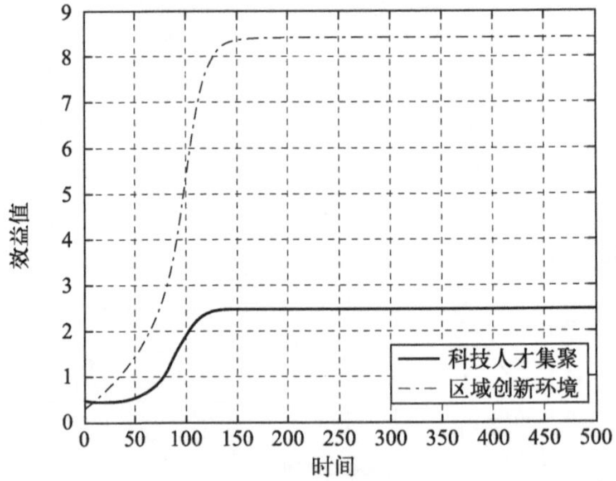

(b) a_1=0.75，c_1=0.012，c_2=0.06时公式（4-14）协同演化趋势

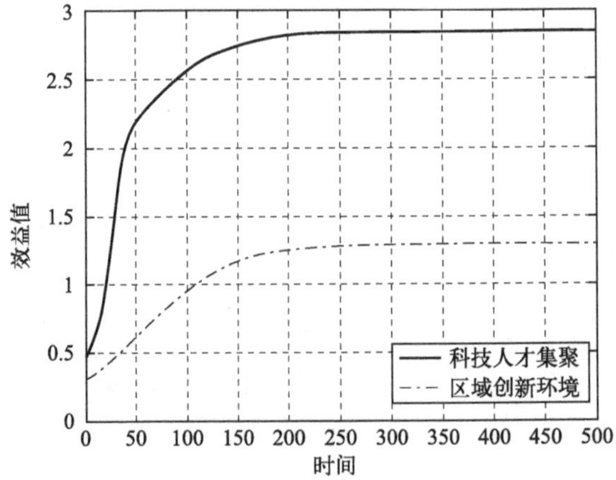

(c) a_1=0.75，c_1=0.12，c_2=0.002时公式（4-14）协同演化趋势

图 4-7　当 $a_1 > c_1/r_1$ 时，a_1、c_1、c_2 不同取值时，公式(4-14) 协同演化趋势

如图 4-6(a) 所示；当区域创新环境对科技人才集聚的协同作用系数较小，而科技人才集聚对区域创新环境协同作用系数较大时（$0<\alpha_{12}<1$，$\alpha_{21}>1$），科技人才集聚与区域创新环境的效益值均上升，并且区域创新环境效益值增长较快，在 $t>150$ 时达到稳定，并且趋于不同的上限，前者达到 2.2，后者达到 7.5，并且高于 $0<\alpha_{12}<1$，$0<\alpha_{21}<1$ 时的情况，如图 4-6(b) 所示；当区域创新环境对科技人才集聚的协同作用系数较大，而科技人才集聚对区域创新环境协同作用系数较小时（$\alpha_{12}>1$，$0<\alpha_{21}<1$），科技人才集聚与区域创新环境的效益值均上升，并且科技人才集聚效益值增长较快，在 $t>250$ 时达到稳定，并且趋于不同的上限，前者达到 2.7，后者达到 1.3，如图 4-6(c) 所示。

(2) 当 $a_1>c_1/r_1$ 时

TTA-RIE 复合系统存在较强的 Allee 效应（$a_1=0.75$），不同的科技人才集聚与区域创新环境协同作用系数影响两者的效益增长值。当科技人才集聚与区域创新环境的协同作用系数均小于 1 时（$0<\alpha_{12}<1$，$0<\alpha_{21}<1$），协同演化模型中两者协同作用能够促使双方受益，使两者效益规模不断扩大，在 $t>350$ 时达到稳定，趋向于不同的上限，前者达到 1.45，后者达到 1.17，如图 4-7(a) 所示；当区域创新环境对科技人才集聚的协同作用系数较小，而科技人才集聚对区域创新环境协同作用系数较大时（$0<\alpha_{12}<1$，$\alpha_{21}>1$），科技人才集聚与区域创新环境的效益值均上升，并且区域创新环境效益值增长较快，在 $t>150$ 时达到稳定，并且趋于不同的上限，前者达到 2.5，后者达到 8.5，并且高于 $0<\alpha_{12}<1$，$0<\alpha_{21}<1$ 时的情况，如图 4-7(b) 所示；当区域创新环境对科技人才集聚的协同作用系数较大，而科技人才集聚对区域创新环境协同作用系数较小时（$\alpha_{12}>1$，$0<\alpha_{21}<1$），科技人才集聚与区域创新环境的效益值均上升，并且科技人才集聚效益值增长较快，在 $t>250$ 时达到稳定，并且趋于不同的上限，前者达到 2.8，后者达到 1.3，如图 4-7(c) 所示。

4.4　科技人才集聚与区域创新环境互惠共生协同演化策略

通过科技人才集聚与区域创新环境互惠共生协同演化的仿真，得出如下结论。

① Allee 效应极大影响系统的稳定性，对科技人才集聚与区域创新环境复合系统的稳定与续存是一个潜在的干扰因素。

② 科技人才集聚初始规模对两者共生演化稳定性具有重大影响，系统的平衡态会随着科技人才集聚初始规模变化而改变。

③ 科技人才集聚与区域创新环境协作系数对复合系统稳定性具有重要的影响，当科技人才集聚对区域创新环境的协作系数较大时，有助于提高科技人才集聚与区域创新环境效益值。

因此，科技人才集聚与区域创新环境协同演化过程中应注重以下策略选择。

（1）减少 Allee 效应对科技人才集聚的扰动

Allee 效应对高端型科技人才而言，技术难度系数较高，科技人才数量稀缺，培养接班科技人才难度比较大，Allee 效应的存在可能会增加科技人才流失的风险。因此，要减少 Allee 效应对科技人才的影响，让科技人才的发展不依赖于群体的数量，而依靠群体的质量和周围的环境。

1）努力提高科技人才自身的创新能力

应该全面落实中长期科技、教育、人才发展规划，加强实施科教兴国战略以及人才强国战略，加强创新型国家建设；高校应深化教育体制改革，创新人才培养模式，加大对人才创新创业项目的资助力度；企业应加大对科技人才创新的奖励力度，提高科技成果转化能力，调动科技人才创新的积极性。

2）积极改善区域创新环境，创造优越的人才吸引环境

应该提供优质配套设施环境，建设独具特色的产业平台、实验中心、创新孵化器、科研工作站等；创造优惠政策环境，制定优惠的住房补贴、税收、养老等优惠政策，加强选拔人才、使用人才、评价人才的公平机制；营造爱才惜才的环境氛围，加强人事体制改革，打破原有体制的壁垒。

通过上述举措对科技人才能够产生强大的吸引力，同时提高科技人才自身的创新能力，从而降低科技人才集群的 Allee 效应，减少科技人才流失率，确保科技人才集群朝着健康方向发展，避免科技人才集聚子系统过早夭折。

（2）确保科技人才数量的适度增长

一个区域的科技人才数量不能超过区域创新环境的限制，过多的科技人才集聚容易造成科技人才浪费，产生拥挤效应，过少的科技人才集聚不利于促进经济增长及区域发展，因此，需要寻求区域最佳的科技人才规模，因地制宜确保各区域科技人才数量的适度增长。

① 要加大对不发达地区各项政策的扶持力度，吸引科技人才。优化科技人才激励政策，尽快出台有关科技体制改革、科技成果转化、科技环境改善等

相关规定，提高科技人才稳定性收入比例，调动科技人才开展科研工作的积极性；提高财政政策倾斜力度，加强资金资助，建设和完善各项配套设施，例如实验室、博物馆、图书馆等，为集聚科技人才提供必要的硬件设施；加强与发达地区科技人才的交流与沟通，构建虚拟大学，吸引国内外优秀大学生加入，达到人才不为所有但为所用目的。

② 建立发达地区的科技人才供求调控机制，观测科技人才数量，促进科技人才均衡分布，避免科技人才扎堆现象，缩小区域之间的发展差距。以人才队伍建设为依托，以人才市场需求为导向，通过观测经济发展形势，制定相应政策，调控各类科技人才的供求情况；建立就业信息预警机制，通过大数据、云计算等技术手段预测未来的就业形势，构建与市场信息对称的平台；此外，注重精神激励和价值引导，培养青年人才的投入和奉献精神，鼓励青年科技人才前往不发达地区贡献自身才能。

(3) 注重科技人才集聚对区域创新环境的协同效应

当科技人才集聚对区域创新环境的协作系数较大时，有助于提高两者的效益值，为此，可以通过改善科技人才集聚自身方面以及发挥科技人才集聚的各类效应，促进区域创新环境的改善。

① 努力改善科技人才集聚规模、科技人才集聚结构、科技人才集聚质量。

② 充分发挥科技人才集聚的各类效应影响区域创新环境，包括信息共享效应、激励效应、集体学习效应、时间效应、知识溢出效应、创新效应、规模效应以及区域效应。搭建人才多边交融互助平台，推动双创示范基地建设，增加科技人才的交流机会，让各类科技人才尽显其能，发光放彩；举办各类创业创新竞赛，为科技人才创新创业提供各类机会，并对创新创业的科技人才给予资金和办公场地的资助；提供各种人才服务，帮助科技人才解读各类人才政策以及申请流程，引导科技人才申报各类人才项目、科技项目。

第5章

TTA-RIE复合系统协同演化综合效度评价及实证分析

5.1 TTA-RIE 复合系统协同演化综合效度评价原则

区域创新环境能否集聚科技人才，科技人才集聚能否给予区域创新环境的反馈作用，科技人才集聚与区域创新环境能否互惠互利，需要进行协同效果的评价。评价的目的是发现各区域中科技人才集聚与创新环境不匹配的现象，根据评价结果分析区域创新环境与科技人才集聚不协同的原因，从而为各个区域的有关政府部门提供相应的对策建议，最终能够促进区域的科技人才集聚和改善区域创新环境。TTA-RIE 复合系统协同演化综合效度的评价要遵循一定的原则，并选取适当的方法。

(1) 合理及可行性原则

TTA-RIE 复合系统协同演化综合效度评价方法要科学合理，具有较强的可操作性，能够通过实证分析对所选的方法以及构建的模型进行验证，这样评价效果才能得到认可。所选取的方法或构建的模型用到的数据具有可获得性，这样方法才具有可操作性。

(2) 系统性与重点性原则

TTA-RIE 复合系统的协同演化综合效度评价要综合考虑子系统内各个要素的影响。在指标选取上要充分考虑区域创新环境对科技人才集聚的吸引要素，同时考虑科技人才集聚对区域创新环境反馈作用，在此基础上选取重点指标。

(3) 静态与动态结合原则

对科技人才集聚与区域创新环境协同演化综合效度的评价要注重静态和动态结合评价原则。一方面，利用时间序列数据评价区域内各时刻科技人才集聚与区域创新环境的协同度；另一方面，对跨时间段的科技人才集聚与区域创新环境的协同度做动态比较，通过协同度的波动变化，比较科技人才集聚与区域创新环境协同演化情况。

在坚持上述评价原则的基础上，按照如下思路评价 TTA-RIE 复合系统协同演化综合效度：构建 TTA-RIE 复合系统协同度评价模型，确定科技人才集聚子系统与区域创新环境子系统的序参量指标体系，并进行信度和效度检验。

5.2 TTA-RIE 复合系统协同演化综合效度评价模型构建

学者们从系统的角度出发运用协同学方法计算科技人才集聚与区域创新环境的协同度，并运用容量耦合方法、耦合协调度基于序参量的复合系统协同度模型等方法进行实证分析。相关方法的运用进一步拓展和丰富了科技人才集聚与区域创新环境协同理论，为实证分析提供了广泛的思路，然而上述方法主要侧重于截面数据的静态计算，对于动态计算及评价只是对截面静态数据进行简单的平均，通过对比不同时序的截面数据来实现。可见上述协同测度模型没有充分考虑不同时序系统协同演化的速度特征，因此，本书参考刘薇薇等关于动态评价的研究，构建基于速度特征的 TTA-RIE 复合系统协同演化的综合效度模型。基本思路为：①计算 TTA-RIE 复合系统的协同度；②在此基础上，借鉴牛顿第二定律计算 TTA-RIE 复合系统协同演化的综合效度。

5.2.1 协同度模型构建

TTA-RIE 复合系统是由科技人才集聚子系统和区域创新环境子系统构成，其子系统集合为 $S_i=(S_1,S_2)$。其中，S_1 代表科技人才集聚子系统，S_2 代表区域创新环境子系统。TTA-RIE 复合系统协同度计算流程如图 5-1 所示。

(1) 序参量的有序度

序参量是用来描述系统宏观秩序的参量，提取序参量的目的是把握系统整

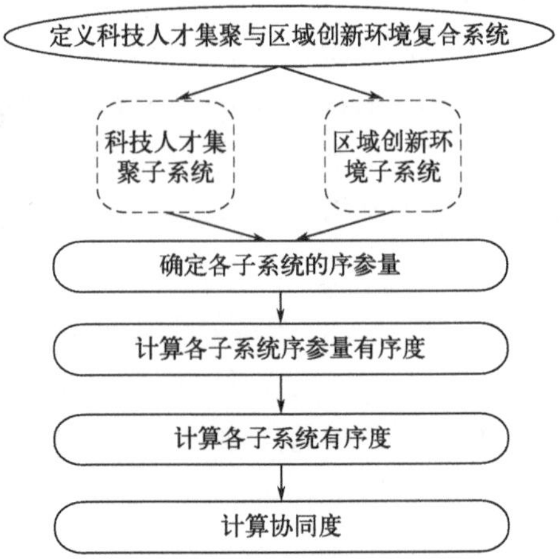

图 5-1　协同度计算流程

体运行状态，例如在一条两端固定的弦中，只需要掌握弦运动宏观秩序中的振幅和波长这两个主要的参量，就可以把握这条弦的运动方式，而不需要必须掌握微观秩序中弦的质点排列方式，如时间、空间、速度、能量等参量。序参量在系统整体运行中居于主导地位，决定着系统中内外部之间的相互作用以及整个系统的行为。一方面序参量支配着系统宏观方面的有序性、结构性以及有序度的变化；另一方面支配着系统微观层面各个变量的行为，系统在序参量的指导下有组织有规则的运行着。

假设子系统的序参量为 $e_i(e_{i1},e_{i2},\cdots,e_{in})$，其中，$n\geqslant1$，$U_{ij}\leqslant e_{ij}\leqslant T_{ij}$，$i=1,2$，$j\in[1,n]$。根据序参量对系统的有序度影响，可以将序参量分为两种类型，一种是正效能序参量，另外一种是负效能序参量。正效能序参量值即 $e_i(e_{i1},e_{i2},\cdots,e_{in})$的数值越大，则系统的有序度越高，反之越低；负效能序参量值即 $e_i(e_{i1},e_{i2},\cdots,e_{in})$的数值越大，系统的有序度越低，反之则越高。对于实际产生的序参量指标数据需要作标准化处理，消除量纲的影响。

有序度是指复合系统内子系统的发展协调程度，反映系统由旧结构向新结构的变化程度，有序度是建立在序参量原理和役使原理基础上的。参考复合系统协同度的研究，将序参量 e_{ij} 对子系统 S_i 的有序度定义为：

$$\mu_i(e_{ij})\begin{cases}\dfrac{e_{ij}-U_{ij}}{T_{ij}-U_{ij}},\ j\in[1,m_1],e_{ij}(+)\\[2ex]\dfrac{T_{ij}-e_{ij}}{T_{ij}-U_{ij}},\ j\in[m_1+1,n],e_{ij}(-)\end{cases}\tag{5-1}$$

式中　$e_{ij}(+)$——正效能序参量；

$e_{ij}(-)$——负效能序参量；

$\mu_i(e_{ij})$——序参量指标 e_{ij} 对子系统的有序度；

U_{ij}——序参量指标 e_{ij} 的下限；

T_{ij}——序参量指标 e_{ij} 的上限。

为了避免 $\mu_i(e_{ij})$ 出现 0 和 1 这样的极值，一般尽可能地增大时间序列的长度，根据宏观趋势和现有数据的历史波动幅度极限值，来确定上下限值，参考范厚明等有关序参量范围的研究，分别将时间序列最大最小值的 1.1 倍作为序参量的上限和下限值。

(2) 子系统的有序度

子系统的有序度实际是序参量 e_i 对子系统 S_i 有序程度的总贡献，可以通过几何平均法或线性加权和法进行集成，通过两种方法计算的子系统有序度的公式分别为：

$$\mu_i(e_i)=\sqrt[n]{\prod_{j=1}^{n}\mu_i(e_{ij})},\ i=1,2 \tag{5-2}$$

$$\mu_i(e_i)=\sum_{j=1}^{n}\lambda_j\mu_i(e_{ij}),\ \lambda_i\geqslant 0,\ \sum_{j=1}^{n}\lambda_j=1 \tag{5-3}$$

式中　$\mu_i(e_i)$——子系统 S_i 的有序度；

λ_j——序参量 e_i 的权重。

$\mu_i(e_i)$值越大，表明序参量对子系统的贡献越大，子系统的有序程度就越高；反之，$\mu_i(e_i)$值越小，表明序参量对子系统的贡献越小，子系统的有序程度就越低。显然，子系统的有序度 $\mu_i(e_i)$取值范围在 [0,1] 区间，通过线性加权和法计算子系统的有序度时，权系数 λ 的确定需要考虑子系统实际运行情况，并且能够完成子系统的运行目标。由于各子系统序参量指标在子系统运行中所起的作用或所处的地位不同，因此，采用线性加权和法集成计算子系统的有序度。

(3) 复合系统的协同度

TTA-RIE 复合系统的协同度反映了创新环境发展能否满足科技人才集聚的需要的协同状况，同时决定了整个复合系统由无序走向有序的趋势与程度。设子系统在基期时刻 t_0 的有序度为 $\mu_i^0(e_i)$，在 $t_h(h=1,2,\cdots,k)$时刻子系统有序度为 $\mu_i^k(e_i)$，则各子系统在 t_h 时刻复合系统的协同度 C_k 计算公式为：

$$C_k=\theta^2\sqrt{\left|\prod_{i=1}^{2}[\mu_i^k(e_i)-\mu_i^0(e_i)]\right|},\ k\geqslant 1 \tag{5-4}$$

$$\theta=\frac{\min\limits_i[\mu_i^k(e_i)-\mu_i^0(e_i)\neq 0]}{\left|\min\limits_i[\mu_i^k(e_i)-\mu_i^0(e_i)\neq 0]\right|},\ i=1,2 \tag{5-5}$$

复合系统协同度 C_k 的取值范围在 [-1,1] 区间，其数值与复合系统协同度成正比，即 C_k 的值越大表明科技人才集聚子系统与区域创新环境子系统的协同度越高，反之，则表明两者的协同度越低。

参数 θ 的作用在于判定复合系统协同度 C_k 的正负，当且仅当 $\mu_i^h(e_i)-\mu_i^0(e_i)>0$ 时，C_k 的数值落在 [0,1] 区间，表明科技人才集聚子系统与区域创新环境子系统的一致性较高；反之，C_k 的数值落在 [-1,0] 区间，表明两者的一致性较低。

C_k 反映了不同时刻的系统协同状态，展现了科技人才集聚子系统与区域创新环境子系统协同度计算的静态结果，为进一步反映 TTA-RIE 复合系统在一段时期内协同演化的综合情况，对原有复合系统协同度模型进一步扩展，计算两者协同演化的综合效度。

5.2.2 协同演化综合效度模型构建

复合系统协同度模型的本质是在时间序列上对多个子系统协同发展有关的序参量的变化趋势进行统筹分析，计算的是子系统有序度在不同时期的协同度，结果只能反映序参量指标在不同时间序列的波动及静态的复合系统协同演化规律。虽然也有学者根据灰色聚类法、二象对偶理论评价不同领域的系统动态协同度。但是这些方法没有考虑速度特征，无法给出某个时序内整体的综合效度值，无法综合反映系统内在演化的质量。此外，灰色聚类方法只适合样本较小的模糊数据，对于较长时间序列的样本不能有效进行评价；二象对偶理论只适用于系统存在状态子系统与过程子系统的研究，应用比较受限制。

因此，参考已有动态综合评价的研究，构建具有速度特征的复合系统协同演化的综合效度模型，综合效度是从信息集结的角度出发，融合了协同度演化的速度状态与速度趋势，其本质是对 TTA-RIE 复合系统协同度的演化速度进行评价，从而实现对科技人才集聚与区域创新环境协同演化趋势的动态评价。该方法在样本数据、适用条件等方面限制更少，应用更为广泛。具有速度特征的 TTA-RIE 复合系统协同演化综合效度测算流程如图 5-2 所示。

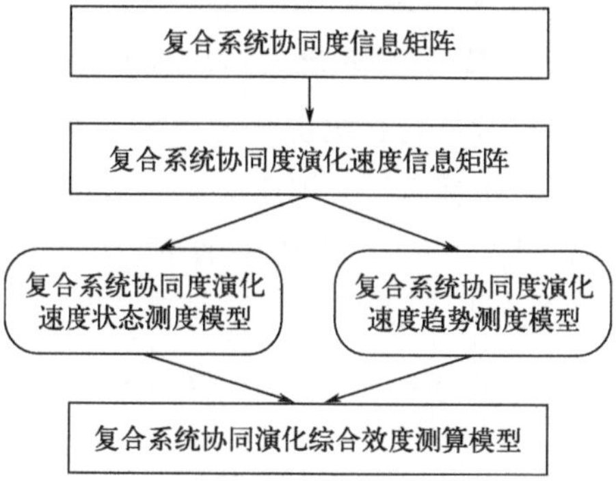

图 5-2　TTA-RIE 复合系统协同演化综合效度测算流程

(1) TTA-RIE 复合系统协同度演化速度信息矩阵

假设需要计算 m 个区域 $R_i=(R_1,R_2,\cdots,R_m)$，$i=1,2,\cdots,m$，在连续 $h+1$个时期（时期间隔相同）$t=(t_1,t_2,\cdots,t_h)$内的 TTA-RIE 复合系统协同度，根据式 5-4 计算出所有区域在不同时间序列的复合系统协同度矩阵为：

$$C=[C_{ik}]_{m(h+1)}=\begin{bmatrix} C_{11} & C_{12} & \cdots & C_{1(h+1)} \\ C_{21} & C_{22} & \cdots & C_{2(h+1)} \\ \cdots & \cdots & \cdots & \cdots \\ C_{m1} & C_{m2} & \cdots & C_{m(h+1)} \end{bmatrix} \tag{5-6}$$

其中，$i=1,2,\cdots,m$ 表示计算的区域，$k=1,2,\cdots,h,h+1$ 表示时间序列。

设 TTA-RIE 复合系统协同度在$[t_k,t_{k+1}]$时间区间内的演化速度为 V_{ik}，$(i=1,2,\cdots,m;k=1,2,\cdots,h)$，得到其协同度演化速度时序信息矩阵为：

$$V=[V_{ik}]_{mh}=\begin{bmatrix} V_{11} & V_{12} & \cdots & V_{1m} \\ V_{21} & V_{22} & \cdots & V_{2m} \\ \cdots & \cdots & \cdots & \cdots \\ V_{m1} & V_{m2} & \cdots & V_{mh} \end{bmatrix} \tag{5-7}$$

$$V_{ik}=(C_{i,k+1}-C_{ik})/(t_{k+1}-t_k)$$

当区域R_iTTA-RIE复合系统协同度处于增长状态时，V_{ik}为正值；反之，当区域R_iTTA-RIE复合系统协同度处于下降状态时，V_{ik}为负值；当区域R_iTTA-RIE复合系统协同度不变时，V_{ik}为0。

(2) TTA-RIE复合系统协同度演化速度状态值

假设区域R_i的TTA-RIE复合系统的协同度在某时段内演化速度是均匀变动的，则会形成TTA-RIE复合系统协同度演化速度状态多时段信息集结模型。在$[t_k, t_{k+1}]$时段内，如果TTA-RIE复合系统协同度演化速度为正值，则V_{ik}位于横轴的上方；反之，V_{ik}位于横轴的下方；TTA-RIE复合系统协同度演化速度与横轴有一个交点，将两个相邻时段内($[t_k, t_{k+1}]$，$k=1,2,\cdots,h-1$）的V_{ik}与$V_{i,k+1}$连接起来。TTA-RIE复合系统协同度演化速度运动轨迹如图5-3所示。

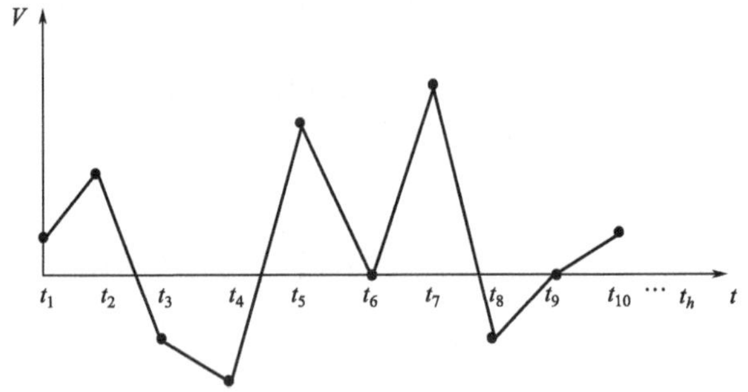

图5-3　TTA-RIE复合系统协同度演化速度运动轨迹

t_k，V_{ik}，$V_{i,k+1}$，t_{k+1}与时间t轴所围成的面积反映了TTA-RIE复合系统协同度演化速度状态的总体情况，用$R_i^v(t_k, t_{k+1})$来表示，其计算公式可以表示为积分形式：

$$R_i^v(t_k, t_{k+1}) = \int_{t_k}^{t_{k+1}} \left[V_{ik} + (t - t_k) \times \frac{V_{i,k+1} - V_{ik}}{t_{k+1} - t_k} \right] \mathrm{d}t \tag{5-8}$$

(3) TTA-RIE复合系统协同度演化速度趋势值

由式(5-7)求出$V_i(t_k)$和$V_i(t_{k+1})$。$V_i(t_k)$表示在第t_k时刻区域R_iTTA-RIE复合系统协同度演化速度值，$V_i(t_{k+1})$表示第t_{k+1}时刻区域R_iTTA-RIE复合系统协同度演化速度值。设a_{ik}为区域R_iTTA-RIE复合系统协同度演化速度在$[t_k, t_{k+1}]$内线性增长速率（即斜率），用公式表示为：

$$a_{ik}=\begin{cases}0, t_{k+1}=1\\ \dfrac{V_{i,k+1}-V_{ik}}{t_{k+1}-t_k}, t_{k+1}>1,\ i=1,2,\cdots,m;\ k=1,2,\cdots,h-1\end{cases} \tag{5-9}$$

假设 δ 是关于 a_{ik} 的函数，表示复合系统演化速度趋势值，用公式表示为：

$$\delta(a_{ik})=\frac{\xi}{1+e^{-a_{ik}}} \tag{5-10}$$

$\delta(a_{ik})$ 为单调递增函数。当 $a_{ik}\to+\infty$时，$\delta(a_{ik})\to\xi$；当 $a_{ik}\to-\infty$时，$\delta(a_{ik})\to 0$。由此可知 $\delta(a_{ik})$ 存在一个拐点，在拐点之前，$\delta(a_{ik})$ 增长速度越来越快，在拐点之后，$\delta(a_{ik})$ 增长速度越来越慢。由于 $\delta(a_{ik})$ 具备以上优良品质，所以 $\delta(a_{ik})$ 适用于描述区域 R_i TTA-RIE 复合系统协同度速度激励的要求。$\delta(a_{ik})$ 的参数 ξ 根据特值法求解，设定当 $a_{ik}=0$，$\delta(a_{ik})=1$ 时，表示 TTA-RIE 复合系统协同度演化速度在没有变化的阶段不进行趋势激励，求得 $\xi=2$。

基于公式(5-9) 和公式(5-10) 获得 3 种 TTA-RIE 复合系统协同度演化速度趋势对其演化速度状态的激励和惩罚情况。

1）当 $a_{ik}=0$，$\delta(a_{ik})=1$ 时

将 $R_i^v(t_k,t_{k+1})$乘 1，表明对呈平稳变化趋势的 TTA-RIE 复合系统协同度的演化速度不做处理。

2）当 $a_{ik}>0$，$\delta(a_{ik})>1$ 时

将 $R_i^v(t_k,t_{k+1})$乘大于 1 的系数，即对 TTA-RIE 复合系统协同度呈增长演化速度趋势的速度状态进行激励。

3）当 $a_{ik}<0$，$\delta(a_{ik})<1$ 时

将 $R_i^v(t_k,t_{k+1})$乘小于 1 的系数，表明对 TTA-RIE 复合系统协同度呈递减演化速度趋势的速度状态进行惩罚。

（4）TTA-RIE 复合系统协同演化的综合效度

在综合评价区域 R_i TTA-RIE 复合系统协同度的演化速度时，需要同时把协同度的演化速度状态和趋势考虑在内，从而计算 t_k 时刻的综合效度 Y_{kv}，用公式表示为：

$$Y_{kv}=R_i^v(t_k,t_{k+1})\times\delta(a_{ik}) \tag{5-11}$$

经典力学中牛顿第二定律的公式为$\sum F=\kappa ma$，其中，F、m、a 分别表示力、质量、加速度，κ 表示系数，$\sum$表示力的总和。综合关于 TTA-RIE 复合系统协同度的激励、惩罚结果以及牛顿第二定律的原理，可以得到 TTA-

RIE 复合系统协同演化的综合效度公式为：

$$Y_{kv}=\kappa_k R_i^v(t_k,t_{k+1})\times\delta(a_{ik}),\ k=1,2,\cdots,h-1 \tag{5-12}$$

$R_i^v(t_k,t_{k+1})$相当于 TTA-RIE 复合系统协同度演化速度的质量，即演化速度状态；$\delta(a_{ik})$ 为 TTA-RIE 复合系统协同度演化加速度的函数，即演化速度趋势；κ_k 表示系数，设定 $\kappa_k=1$。Y_{kv} 相当于牛顿第二定律中的 F，$R_i^v(t_k,t_{k+1})$相当于牛顿第二定律中的 m，$\delta(a_{ik})$ 相当于牛顿第二定律中的 a。$R_i^v(t_k,t_{k+1})$和 $\delta(a_{ik})$ 两种速度特征共同驱动了区域 R_i 在$[t_k,t_{k+1}]$期间，TTA-RIE 复合系统协同演化趋势。进一步将牛顿第二定律应用于 TTA-RIE 复合系统协同度演化的动态综合评价中，获得 R_i 在$[t_1,t_h]$跨时期内 TTA-RIE 复合系统协同演化的综合效度值 Y_i^*，用公式表示为：

$$Y_i^*=\sum_{k}^{h-1}[R_i^v(t_k,t_{k+1})\delta(a_{ik})] \tag{5-13}$$

当 Y_i^* 时，说明 R_i 在$[t_1,t_h]$时期内 TTA-RIE 复合系统协同演化综合效度处于良好上升趋势；当 $Y_i^*<0$ 时，说明 R_i 在$[t_1,t_h]$时期内 TTA-RIE 复合系统协同演化综合效度处于恶化下降趋势；当 $Y_i^*=0$ 时，说明 R_i 在$[t_1,t_h]$时期内 TTA-RIE 复合系统协同演化综合效度处于平稳变化趋势。

5.3 TTA-RIE 复合系统协同演化综合效度评价指标体系

为有效计算 TTA-RIE 复合系统的协同演化综合效度，需要构建科技人才集聚子系统与区域创新环境子系统各序参量指标体系。协同理论认为序参量是用来描述系统宏观秩序的参量，提取序参量的目的是把握系统整体运行状态。序参量在系统整体运行中居于主导地位，决定系统中内部和外部的相互作用以及整个系统的行为，因此，选取系统的序参量十分关键。系统序参量主要根据系统本身确定，需要结合系统的内涵、要素属性。除此之外，还要考虑序参量指标数据的可获得性、保密性、可操作性原则。

5.3.1 科技人才集聚子系统的序参量

关于科技人才集聚子系统结构以及属性解析并未形成统一观点，这给科技人才集聚子系统序参量的选择带来一定困难。从区域角度看，科技人才在特定区域集聚的规模、结构以及功能为科技人才集聚子系统的重要属性，决定了区域创新系统运行的效率和该区域核心竞争力的强弱。科技人才集聚规模反映科技人才集聚的实力，突出表现为科技人才集聚的人力和财力；科技人才集聚结构是科技人才集聚质变的集中体现，科技人才结构包括科技人才的专业结构、学历结构、年龄结构等方面；科技人才集聚功能是指科技人才集聚为区域发展带来的效应和功能。本着充分反映科技人才集聚子系统属性原则，并参考关于科技人才集聚评价指标体系的研究，将科技人才集聚子系统的序参量分为科技人才集聚规模、科技人才集聚结构以及科技人才集聚功能三个维度，并确定相应的指标体系。科技人才集聚子系统序参量指标体系如表 5-1 所列。

表 5-1　科技人才集聚子系统序参量指标体系

序参量	指标	代码	单位
科技人才集聚规模	R&D 人员经费内部支出	e_1	亿元
	R&D 人员全时当量	e_2	人/年
	有 R&D 活动企业数	e_3	个
科技人才集聚结构	拥有大专及以上学历人数	e_4	人
	R&D 人员中博士毕业人数	e_5	人
科技人才集聚功能	技术市场成交额	e_6	亿元
	新产品销售收入	e_7	亿元
	第三产业占 GDP 比重	e_8	%

（1）科技人才集聚规模序参量

科技人才集聚的实力水平通过科技人才集聚规模来反映，突出表现为科技人才集聚的人力水平和财力水平。R&D 人员经费内部支出是科技人才集聚财力规模的体现，支出越多，表明对 R&D 人员越重视；R&D 人员全时当量反映了参与科研活动的科技人才数量，相对 R&D 人员数量更加准确，能够充分反映 R&D 人员工作效率；企业是科技人才集聚的主要载体，有 R&D 活动企业数在一定程度上反映了科技人才集聚的规模，有 R&D 活动的企业容易汇聚科技人才。因此，选取这三个变量作为科技人才集聚规模序参量指标。

（2）科技人才集聚结构序参量

由于科技人才的专业结构以及年龄结构数据缺失，科技人才集聚结构序参量指标主要通过科技人才的学历结构体现，学历越高在一定程度上表明科技人才的能力越高，科技人才学历结构表征为拥有大专及以上学历人数、R&D 人员中博士毕业人数。因此，选取这两个变量为科技人才集聚结构的序参量指标。

(3) 科技人才集聚功能序参量

科技人才集聚功能是指科技人才集聚为区域发展带来的效应和功能，技术市场成交额反映了技术市场发展程度，是科技人才集聚技术溢出效应的集中体现；新产品销售收入反映科研成果转化的能力，是科技人才集聚知识溢出效应的集中体现；第三产业占 GDP 比重反映了科技人才集聚促进区域经济发展程度，反映了科技人才集聚的区域效应。

5.3.2 区域创新环境子系统的序参量

由区域创新环境的构成和分类，将区域创新环境的序参量分为七个维度，分别是经济基础环境、基础设施环境、信息网络环境、区域市场环境、区域政策制度环境、区域文化环境以及区域创新潜力环境。在分析区域创新环境构成的基础上，采用文献分析法和重要性指标筛选法，确定区域创新环境各序参量指标体系。具体做法如下。

(1) 运用文献法初选指标

关于区域创新环境各序参量指标研究较为成熟，参考相关文献初步提取出 22 个序参量指标。

(2) 对各指标打分

为进一步提高序参量指标体系的可操作性与代表性，通过向科技人才发放调查问卷，借助重要性指标筛选法对序参量指标进行二次筛选，考虑到不同组织机构的科技人才具有相对的差异性的问题，并且调查对象应具有权威性和代表性，选取京津冀的企业、高校、科研机构 55 名精英人才填写九分制评分调查问卷，共收到有效问卷为 48 份，有效问卷达到比例为 87.27%，计算各序参量指标的重要性平均分。

(3) 运用重要性指标删法确定指标

求出区域创新环境各维度下序参量指标得分之和 E，再按照从大到小的顺序将序参量指标得分累加，求得最小的 m，使 $\sum_{j=1}^{m} e_j / E \geqslant a$，一般来说，取重要性常数 $a=0.7$，由此得出 $m=13$。删去第 13 名之后的指标，最终得到区域创新环境子系统序参量指标体系如表 5-2 所列。

表 5-2 区域创新环境子系统序参量指标体系

序参量	指标	代码	平均分
经济基础环境	人均 GDP/元	e_{21}	6.00
	人均可支配收入*/元	—	5.00
	规模以上企业利润总额/亿元	e_{22}	8.33
	城镇登记失业率*/%	—	3.33
基础设施环境	每万人拥有卫生技术人员数/(人/万人)	e_{23}	7.33
	客运周转量*/(人/千米)	—	3.33
	每万人拥有公路里程数/(千米/万人)	e_{24}	7.33
信息网络环境	每百人固定电话数*/(部/百人)	—	2.67
	每万人互联网宽带接入端口数/(个/万人)	e_{25}	6.33
	每百万人移动手机拥有量*/(部/百万人)	—	2.67
区域市场环境	全社会固定资产投资总额/亿元	e_{26}	6.00
	区域居民存款储蓄年底余额与区域 GDP 比重*/%	—	4.33
	社会消费品零售总额/亿元	e_{27}	5.67
区域政策制度环境	外商投资企业投资总额/百万美元	e_{28}	6.33
	失业保险人数/万人	e_{29}	8.00
	国家创新基金获得资金*/万元	—	4.00
区域文化环境	教育预算支出占财政支出预算比重/%	e_{210}	8.67
	博物馆数量*/个	—	2.67
	人均拥有公共图书馆藏量/(册/人)	e_{211}	6.67
区域创新潜力环境	专利申请授权数/项	e_{212}	6.33
	专利申请总数*/项	—	3.67
	科学技术支出占财政支出预算比重/%	e_{213}	8.33

注：标*的指标为删去的指标。

5.3.3 序参量指标体系的信度检验

在进行实证分析之前必须对指标体系进行信度效度检验，以判断指标体系是否符合要求，为下一步实证研究提供保障。选取比较常用的克朗巴哈 α 系数法进行信度检验，通过判断 α 系数的大小判定评价体系内部的一致性，用数学公式表示为：

$$\alpha=\frac{k\bar{r}}{1+(k-1)\bar{r}} \tag{5-14}$$

式中　k——评估项目数；

$\bar{r}$——k 个项目相关系数的均值。

克朗巴哈 α 系数取值范围在 0～1 之间，$0.9<\alpha\leqslant 0.94$，表明设计的评价指标体系内在一致性较好；$0.8<\alpha\leqslant 0.9$，表明设计的评价指标体系内在一致性可以接受；$0.7<\alpha\leqslant 0.79$，表明设计的评价指标体系出现某些问题，但仍可以接受；$\alpha<0.7$，则表明误差太大，评价指标体系应该重新设计。

根据科技人才集聚子系统序参量指标体系（表 5-1）与区域创新环境子系统序参量指标体系（表 5-2），选取 2008～2016 年全国各地区相关数据，并将样本数据进行标准化处理，通过 SPSS22.0 软件对其进行信度分析，复合系统信度系数如表 5-3 所列。

表 5-3　复合系统信度系数

复合系统	克朗巴哈 α 系数	项数
科技人才集聚子系统	0.96	8
区域创新环境子系统	0.939	13

从表 5-3 中可以看出科技人才集聚子系统与区域创新环境子系统的克朗巴哈 α 系数均在 0.9 以上，表明所构建的科技人才集聚子系统与区域创新环境子系统指标体系具有良好的信度。

5.3.4　序参量指标体系的效度检验

信度是构建的指标体系能够准确描述准则层反映的内容，效度是指测量的结果能够反映想要考察内容的程度，测量结果与要考察的内容越吻合，则效度越高；反之，则效度越低。效度是指本研究所构建的序参量指标体系是否能够准确反映序参量想要囊括的内容。一般来说，通过观测 Kaiser-Meyee-Olkin (KMO) 值和 Bartlett 球形检验值，判断是否通过效度检验。KMO 值通常以 0.6 作为标准，有时也以 0.5 作为判断标准。Bartlett 球形值对应的 P 值小于 0.05，则说明通过效度检验。

根据科技人才集聚子系统序参量指标体系（表 5-1）以及区域创新环境子系统序参量指标体系（表 5-2），选取 2008～2016 年中国各省市相关数据样本，并将样本数据进行标准化处理，通过 SPSS22.0 软件对其进行效度分析，复合系统 KMO 值与 Bartlett 球形值结果如表 5-4 所列。

表 5-4　复合系统 KMO 值与 Bartlett 球形值结果

科技人才集聚子系统	KMO 统计量		0.915
	Bartlett 球形检验	Approx. Chi-Square	2742.122
		df	28
		Sig.	0.000
区域创新环境子系统	KMO 统计量		0.922
	Bartlett 球形检验	Approx. Chi-Square	5107.262
		df	78
		Sig.	0.000

从表 5-4 中可以看出，科技人才集聚子系统与区域创新环境子系统的 KMO 统计量值分别为 0.915 和 0.922，大于 0.5，表明复合系统效果很好；Bartlett 球形检验统计量分别为 28 和 78，对应的概率值均为 0.000，表明可以拒绝零假设，相关系数矩阵不是一个单位矩阵，认为两个指标之间具有一定的相关性，构建的指标体系效度可以接受。

5.4　TTA-RIE 复合系统协同演化综合效度评价实证分析

中国各地区科技人才集聚与区域创新环境协同发展存在较大差异，本章运用第 4 章构建的 TTA-RIE 复合系统协同演化测度模型，分析中国各地区 2008～2016 年两者协同演化趋势，为中国各地区科技人才集聚与区域创新环境协同发展路径的改进与选择提供参考依据。

5.4.1　数据来源与数据处理

(1) 数据来源

结合数据的非保密性、时效性以及权威性原则，选取 2008～2016 年中国各地区（港澳台、西藏除外）相关数据进行实证分析。选取 2008 年起始，是因为 2008 年世界金融危机爆发，导致中国经济衰退，出现经济增长速度下降、失业人数增加、外商投资减少、进出口贸易额下降等问题。另外，国家以及地方政府加大创新投入力度，加快产业结构调整，区域创新环境逐渐发生变化。基础数据来源于历年《中国统计年鉴》《中国科技统计年鉴》《中国财政统计年鉴》以及中国统计局网站。

(2) 数据说明

① 对于某些序参量指标，历年统计年鉴中统计口径不一致时，为便于计算，将对序参量指标数据进行处理。如科技人才集聚子系统序参量中拥有大专及以上学历人数指标在2015年为人口抽样比为1%，其他年份则为0.1%，为统一口径，将2015年相应指标数据按照0.1%的抽样比计算；关于R&D活动企业数指标，在2010年的统计口径为大中型企业拥有R&D活动企业数，而其他年份均为规模以上企业统计口径，为保持统计口径一致，根据增长率推算出2010年的数值；2008年统计口径为规模以上科技活动的企业数，范围大于R&D活动，与其他年份R&D活动企业数统计口径不同，因此，统一为R&D活动企业数，根据其他年份增长率推算出结果。

② 对于某些序参量指标，统计年鉴不能直接得出，通过统计方法计算得出。如区域创新环境子系统序参量指标中每万人拥有公路里程数为公路密度，计算公式为每万人拥有公路里程数=公路里程数/年末常住人口数；每万人互联网宽带接入端口数反映互联网普及率，计算公式为每万人互联网宽带接入端口数=互联网宽带接入端口数/年末常住人口数；财政教育预算支出占财政支出预算比重反映政府对教育的重视程度，计算公式为财政教育预算支出占财政支出预算比重=财政教育预算支出/地方财政预算支出；人均拥有公共图书馆藏量=公共图书馆总藏量/年末常住人口数；财政科学技术预算支出占财政支出预算的比重=财政科学技术预算支出/地方财政预算支出。

③ 对于某些序参量指标统计年鉴个别年份存在缺失现象，通过统计方法进行补全，如R&D人员中博士毕业人数在2008年缺失，通过均值法补全。

(3) 数据处理

收集各序参量指标数据之后，为消除序参量指标之间的量纲关系，使数据具有可比性，需要对数据进行无量纲化处理，从而使各序参量指标都处于同一个数量级别上，进而计算TTA-RIE复合系统协同度。使用应用范围最广的Zscore函数进行数据无量纲化处理。Zscore函数又被称为均值-标准化方法，实际是把数据进行标准化处理，使数据呈正态分布，具体计算方法为令原始值减去均值，再除以标准差。

以北京 TTA-RIE 复合系统序参量指标数据为例，通过 SPSS 22.0 进行数据标准化处理，北京科技人才集聚子系统原始数据整理结果及标准化处理结果如表 5-5 和表 5-6 所列，北京创新环境子系统原始数据整理结果及标准化处理结果如表 5-7 和表 5-8 所列。

表 5-5 北京科技人才集聚子系统原始数据整理结果

年份	e_{11} /亿元	e_{12} /(人/年)	e_{13} /个	e_{14} /人	e_{15} /人	e_{16} /亿元	e_{17} /亿元	e_{18} /%
2016	1484.58	253337	1155	7729	67867	3940.98	4085.86	80.23
2015	1384.02	245728	1141	7112	70448	3453.89	3564.04	79.65
2014	1268.80	245384	1140	6420	65373	3137.19	4247.00	77.95
2013	1185.05	242175	1059	6859	60068	2851.72	3672.77	77.52
2012	1063.36	235493	984	6143	57048	2458.50	3317.63	76.46
2011	936.64	217255	931	5597	52111	1890.28	3480.33	76.07
2010	821.82	193718	881	5015	45505	1579.54	2495.53	75.11
2009	668.64	191779	1114	4433	37609	1236.25	2831.50	75.53
2008	550.35	189551	1054	3986	41557	1027.22	3058.91	75.36

表 5-6 北京科技人才集聚子系统标准化处理结果

年份	e_{11}	e_{12}	e_{13}	e_{14}	e_{15}	e_{16}	e_{17}	e_{18}
2016	1.3825	1.1318	1.0488	1.4317	1.0619	1.5058	1.1829	1.6706
2015	1.0696	0.8400	0.9076	0.9430	1.2798	1.0307	0.2600	1.3613
2014	0.7110	0.8268	0.8975	0.3948	0.8514	0.7217	1.4679	0.4546
2013	0.4503	0.7037	0.0807	0.7426	0.4036	0.4433	0.4523	0.2252
2012	0.0716	0.4475	−0.6757	0.1754	0.1486	0.0597	−0.1759	−0.3402
2011	−0.3228	−0.2519	−1.2101	−0.2571	−0.2681	−0.4946	0.1119	−0.5482
2010	−0.6802	−1.1546	−1.7143	−0.7181	−0.8258	−0.7977	−1.6299	−1.0602
2009	−1.1569	−1.2289	0.6353	−1.1791	−1.4924	−1.1325	−1.0357	−0.8362
2008	−1.5251	−1.3144	0.0303	−1.5332	−1.1591	−1.3364	−0.6335	−0.9269

表 5-7 北京区域创新环境子系统原始数据整理结果

年份	e_{21} /(元/人)	e_{22} /亿元	e_{23} /人	e_{24} /(千米/万人)	e_{25} /(个/万人)	e_{26} /亿元	e_{27} /亿元	e_{28} /百万美元	e_{29} /万元	e_{210} /%	e_{211} /(册/人)	e_{212} /项	e_{213} /%
2016	118198	1608.26	108	10.14	8210	7943.89	11005.1	427371	616935.72	13.85	1.19	100578	4.46
2015	106497	1597.71	104	10.08	7280	7495.99	10338	380963	427811.83	14.91	1.12	94031	5.02
2014	99995	1515.75	99	10.15	5390	6924.23	9638	201027	359471.45	16.40	1.03	74661	6.25
2013	94648	1254.78	155	10.25	5611	6847.06	8872.1	177105	321093.65	16.32	0.98	62671	5.62
2012	87475	1267.89	95	10.39	5204	6112.4	8123.5	149355	289397.57	17.06	1.01	50511	5.43
2011	81658	1129.50	142	10.57	3971	5578.93	7222.2	134364	276841.58	16.03	0.95	40888	5.64
2010	73856	1028.34	136	10.76	3228	5402.95	6340.3	119206	251000	16.57	0.87	33511	6.58
2009	66940	742.92	129	11.16	3028	4616.92	5309.9	106600	178264.87	15.77	0.85	22921	5.45
2008	64491	557.00	122	11.49	2571	3814.73	4645.5	98295	134805.04	16.14	0.79	17747	5.73

表 5-8 北京区域创新环境子系统标准化处理结果

年份	e_{21}	e_{22}	e_{23}	e_{24}	e_{25}	e_{26}	e_{27}	e_{28}	e_{29}	e_{210}	e_{211}	e_{212}	e_{213}
2016	1.6397	1.1366	−0.6264	−0.8363	1.6859	1.3707	1.3729	1.8819	2.0977	−2.1123	1.6545	1.5159	−1.7968
2015	1.0002	1.1080	−0.8175	−0.9574	1.2059	1.0410	1.0737	1.4989	0.7737	−1.0171	1.1117	1.2968	−0.8948
2014	0.6449	0.8857	−1.0564	−0.8161	0.2304	0.6201	0.7598	0.0137	0.2953	0.5223	0.4136	0.6486	1.0863
2013	0.3526	0.1780	1.6191	−0.6144	0.3445	0.5633	0.4163	−0.1837	0.0266	0.4397	0.0259	0.2473	0.0716
2012	−0.0394	0.2136	−1.2475	−0.3318	0.1344	0.0225	0.0806	−0.4128	−0.1953	1.2042	0.2585	−0.1596	−0.2344
2011	−0.3573	−0.1617	0.9980	0.0314	−0.5020	−0.3703	−0.3236	−0.5365	−0.2832	0.1401	−0.2068	−0.4816	0.1038
2010	−0.7837	−0.4360	0.7113	0.4148	−0.8855	−0.4998	−0.7191	−0.6616	−0.4641	0.6980	−0.8273	−0.7285	1.6178
2009	−1.1616	−1.2100	0.3769	1.2220	−0.9888	−1.0784	−1.1812	−0.7657	−0.9733	−0.1286	−0.9824	−1.0829	−0.2022
2008	−1.2955	−1.7142	0.0425	1.8879	−1.2247	−1.6690	−1.4792	−0.8342	−1.2775	0.2537	−1.4477	−1.2560	0.2488

5.4.2 序参量指标数据的权重设定

不同子系统序参量对系统的整体影响程度不同，因此需要对不同的指标赋予权重。权重赋值的方法有主观赋权方法和客观赋权方法。主观赋权方法具有主观意识，容易受到人为意志影响。客观赋权方法评价较为客观，主要包括基于指标相关性的指标（criteria importance through intercriteria correlation，CRITIC）赋权法和熵权法。CRITIC 赋权法是由狄克莱基（Diakoulaki）提出的客观赋权方法，通过对比强度和评价指标之间的冲突性确定指标权重。对比强度通过标准差表示，标准差越大说明各方案之间的取值差距越大。评价指标之间的冲突性通过指标之间的相关系数表示，如果指标之间正相关性较强，说明两个指标冲突性较低，反之，说明冲突性较高。CRITIC 赋权法与熵权法相比，注重指标变化大小对权重的影响，考量各指标之间的冲突性，评价更加全面与客观。因此，选取 CRITIC 赋权法确定各序参量指标权重。计算公式为：

$$C_j=\sigma_j\sum_{t=1}^{n}(1-r_{tj}),\ t,\ j=1,2,\cdots,n \tag{5-15}$$

式中 C_j——第 t 个序参量指标对整个序参量的影响程度；

σ_j——第 j 个序参量指标的标准差；

$\sum(1-r_{tj})$——第 j 个指标与其他指标冲突性的量化指标；

r_{tj}——序参量指标 t 与序参量指标 j 的相关系数。

C_j 越大表明第 j 个指标包含的信息量越大，该指标的相对重要性越大，因此，第 j 个指标权重用公式表示为：

$$w_j=C_j/\sum_{j=1}^{n}C_j,\ j=1,2,\cdots,n \tag{5-16}$$

将 2008～2016 年中国各地区标准化处理的序参量指标数据（共计 5670 个数据）按照 CRITIC 赋权法的计算公式，得出各子系统各序参量指标的权重如表 5-9 所列。

表 5-9 各子系统序参量指标权重

科技人才集聚子系统	e_{11}	e_{12}	e_{13}	e_{14}	e_{15}
权重值	0.0843	0.1348	0.1091	0.1285	0.0843
科技人才集聚子系统	e_{16}	e_{17}	e_{18}	—	—
权重值	0.1498	0.1473	0.1618	—	—

续表

区域创新环境子系统	e_{21}	e_{22}	e_{23}	e_{24}	e_{25}
权重值	0.0491	0.1015	0.0670	0.0659	0.0528
区域创新环境子系统	e_{26}	e_{27}	e_{28}	e_{29}	e_{210}
权重值	0.0510	0.0479	0.0574	0.0766	0.1686
区域创新环境子系统	e_{211}	e_{212}	e_{213}	—	—
权重值	0.0578	0.0513	0.1530	—	—

5.4.3 实证结果分析

使用本书第 4 章构建的 TTA-RIE 复合系统协同演化测度数学模型，计算全国各省 TTA-RIE 复合系统协同度以及协同演化综合效度。具体步骤如下。

① 由于全国省份较多，以北京为例计算 TTA-RIE 复合系统协同度，按照北京计算步骤，计算出全国其他省份相关结果。

② 在计算协同度基础之上，计算全国各省份 TTA-RIE 复合系统协同度的演化速度值和演化速度状态值，通过两者的乘积计算出全国各省份 TTA-RIE 复合系统协同演化的综合效度。

③ 将全国各省份的 TTA-RIE 复合系统协同度及协同演化综合效度，生成象限对比图进行对比分析。

(1) 协同度结果分析

以北京为例计算科技人才集聚子系统与区域创新环境子系统的协同度。

① 计算各子系统序参量的有序度。将表 5-6 和表 5-8 数据代入式(5-1)中，通过 Matlab 软件求出北京各子系统序参量的有序度，北京科技人才集聚子系统序参量有序度如表 5-10 所列，北京区域创新环境子系统序参量有序度如表 5-11 所列。

表 5-10 北京科技人才集聚子系统序参量有序度

年份	$\mu(e_{11})$	$\mu(e_{12})$	$\mu(e_{13})$	$\mu(e_{14})$	$\mu(e_{15})$	$\mu(e_{16})$	$\mu(e_{17})$	$\mu(e_{18})$
2016	0.9568	0.9579	0.9655	0.9561	0.8866	0.9518	0.8733	0.9444
2015	0.8589	0.8495	0.9190	0.8062	0.9580	0.7999	0.6024	0.8414
2014	0.7468	0.8446	0.9157	0.6382	0.8175	0.7011	0.9569	0.5396
2013	0.6653	0.7989	0.6470	0.7448	0.6707	0.6120	0.6589	0.4632
2012	0.5469	0.7036	0.3981	0.5709	0.5871	0.4893	0.4745	0.2750
2011	0.4236	0.4437	0.2223	0.4383	0.4504	0.3120	0.5590	0.2058
2010	0.3119	0.1082	0.0564	0.2969	0.2675	0.2151	0.0478	0.0353
2009	0.1628	0.0806	0.8295	0.1556	0.0489	0.1080	0.2222	0.1099
2008	0.0477	0.0488	0.6304	0.0470	0.1582	0.0427	0.3403	0.0797

表 5-11　北京区域创新环境子系统序参量有序度

年份	$\mu(e_{21})$	$\mu(e_{22})$	$\mu(e_{23})$	$\mu(e_{24})$	$\mu(e_{25})$	$\mu(e_{26})$	$\mu(e_{27})$	$\mu(e_{28})$	$\mu(e_{29})$	$\mu(e_{210})$	$\mu(e_{211})$	$\mu(e_{212})$	$\mu(e_{213})$
2016	0.9492	0.9638	0.2365	0.0693	0.9473	0.9590	0.9562	0.9370	0.9435	0.0579	0.9515	0.9503	0.0478
2015	0.7512	0.9546	0.1759	0.0306	0.7974	0.8604	0.8609	0.8088	0.5869	0.3581	0.7924	0.8784	0.2880
2014	0.6411	0.8838	0.1002	0.0757	0.4927	0.7345	0.7608	0.3117	0.4580	0.7801	0.5879	0.6658	0.8154
2013	0.5506	0.6581	0.9487	0.1402	0.5283	0.7175	0.6513	0.2456	0.3857	0.7574	0.4742	0.5342	0.5453
2012	0.4292	0.6694	0.0396	0.2305	0.4627	0.5558	0.5443	0.1690	0.3259	0.9670	0.5424	0.4008	0.4638
2011	0.3307	0.5497	0.7517	0.3465	0.2640	0.4383	0.4155	0.1276	0.3022	0.6753	0.4061	0.2952	0.5538
2010	0.1986	0.4623	0.6608	0.4690	0.1442	0.3996	0.2894	0.0857	0.2535	0.8282	0.2242	0.2142	0.9569
2009	0.0816	0.2154	0.5547	0.7269	0.1119	0.2265	0.1421	0.0509	0.1164	0.6017	0.1788	0.0980	0.4724
2008	0.0401	0.0547	0.4487	0.9397	0.0383	0.0499	0.0471	0.0279	0.0344	0.7064	0.0424	0.0412	0.5924

② 计算各子系统有序度。计算出北京各子系统序参量的有序度之后，将表 5-10 和表 5-11 中数据代入公式(5-3)，通过 Matlab 软件计算得到各子系统的有序度，如表 5-12 所列。

表 5-12 北京各子系统有序度及复合系统协同度

年份	科技人才集聚子系统	区域创新环境子系统	协同度
	$\mu_1(e_1)$	$\mu_2(e_2)$	C
2008	0.1682	0.3249	—
2009	0.2059	0.3361	0.0206
2010	0.1527	0.5080	−0.0532
2011	0.3764	0.4691	0.1733
2012	0.4949	0.5063	0.2435
2013	0.6503	0.5719	0.3451
2014	0.7609	0.6102	0.4112
2015	0.8162	0.5615	0.3916
2016	0.9367	0.5565	0.4219

③ 计算 TTA-RIE 复合系统的协同度。以 2008 年为基期，将各子系统有序度的数据代入公式(5-4)，得到北京 2008～2016 年 TTA-RIE 复合系统的协同度，如表 5-12 所列。

按照计算北京 TTA-RIE 复合系统协同度的步骤，通过 Matlab 软件计算得出其他省市相关结果，各地区 TTA-RIE 复合系统协同度如表 5-13 所列。

表 5-13 各地区 TTA-RIE 复合系统协同度

地区	2009	2010	2011	2012	2013	2014	2015	2016	平均值
北京	0.0206	−0.0532	0.1733	0.2435	0.3451	0.4112	0.3916	0.4219	0.2442
天津	0.0196	0.1408	0.2797	0.3876	0.5050	0.6109	0.6904	0.6702	0.4130
河北	−0.0194	0.0563	0.1186	0.3316	0.3495	0.4147	0.4609	0.7201	0.3040
山西	0.0761	0.0622	0.2037	0.3483	0.5026	0.4615	0.4569	0.5348	0.3308
内蒙古	−0.0695	0.1216	0.1502	0.1686	0.1925	0.2135	0.3217	0.4281	0.1908
辽宁	0.0564	0.1001	0.2096	0.3939	0.4408	0.4303	0.3856	0.4424	0.3074
吉林	0.1300	0.0758	0.1449	0.2782	0.3253	0.3923	0.4788	0.6480	0.3092
黑龙江	−0.1975	−0.0690	0.0232	0.3600	0.3142	0.2827	0.2494	0.3229	0.1607
上海	0.1424	0.1846	0.2598	0.3729	0.4593	0.5005	0.5201	0.6600	0.3875

续表

地区	2009	2010	2011	2012	2013	2014	2015	2016	平均值
江苏	−0.0434	0.1632	0.3173	0.4881	0.5568	0.6101	0.7071	0.8225	0.4527
浙江	−0.0693	−0.0217	0.1508	0.3660	0.4655	0.4983	0.5056	0.6358	0.3164
安徽	−0.0395	0.0523	0.1714	0.3536	0.3959	0.4660	0.6208	0.7369	0.3447
福建	−0.1173	−0.0880	−0.0979	0.2923	0.2824	0.3855	0.4738	0.5609	0.2115
江西	0.0317	0.1081	0.2091	0.3176	0.4353	0.4825	0.6526	0.7983	0.3794
山东	−0.0669	0.1004	0.2986	0.4275	0.5219	0.5341	0.6074	0.7048	0.3910
河南	−0.0775	0.0852	0.2488	0.3487	0.4742	0.5255	0.5229	0.6750	0.3504
湖北	0.0245	0.0840	0.1631	0.2521	0.3936	0.5944	0.6906	0.8399	0.3803
湖南	−0.1018	0.0335	0.0899	0.2174	0.2634	0.3464	0.4618	0.5658	0.2345
广东	0.0625	0.1294	0.2048	0.3005	0.4338	0.4274	0.5450	0.7689	0.3591
广西	−0.1067	0.0682	0.1395	0.3624	0.4333	0.5056	0.5568	0.6788	0.3297
海南	−0.0421	0.1787	0.2481	0.3529	0.4641	0.3705	0.4332	0.5053	0.3138
重庆	−0.0259	−0.0799	−0.1504	0.1723	0.2543	0.3765	0.4979	0.6562	0.2126
四川	0.0725	0.0358	0.1808	0.3726	0.4679	0.5774	0.7287	0.8030	0.4048
贵州	−0.0760	−0.1018	−0.0917	0.2310	0.3182	0.3819	0.4971	0.6063	0.2206
云南	−0.0548	0.0608	0.1575	0.2911	0.3291	0.3284	0.5518	0.6125	0.2845
陕西	−0.0588	0.1113	0.1471	0.2905	0.4130	0.3683	0.5545	0.6719	0.3122
甘肃	−0.0755	−0.0923	−0.1023	0.2405	0.2698	0.3090	0.4804	0.5060	0.1920
青海	−0.0596	−0.1104	−0.0271	0.1321	−0.0526	0.1737	0.2935	0.4088	0.0948
宁夏	−0.1283	−0.0396	0.1472	0.0614	0.2095	0.3397	0.5331	0.5921	0.2144
新疆	−0.0800	0.0379	0.0878	0.1978	0.2548	0.2943	0.3117	0.3143	0.1773

从表 5-13 中看出，总体来说，中国各地区 TTA-RIE 复合系统协同度较高，表明各地区科技人才集聚子系统与区域创新环境子系统协同度较高，能够相互配合，各地区不断改善创新环境吸引相关科技人才，同时科技人才集聚促进区域创新环境发展。具体来说，在 2009～2016 年期间，以天津、上海、江苏、广东为代表的东部发达地区科技人才集聚与区域创新环境复合系统的协同度普遍较高，2009～2016 年平均值均超过 0.3，在 2009～2013 年呈增长趋势，尤其是 2013 年之后增长较快，在 2016 年上述省份达到最高值，天津为 0.6702，上海为 0.66，江苏为 0.8225，广东为 0.7689，江苏达到最高值，这

与近年来江苏科学引导企业，营造创新环境有着密不可分的关系。以内蒙古、黑龙江、青海、新疆为代表的中西部欠发达地区科技人才集聚子系统与区域创新环境子系统协同度相对较低，这些省份2009～2016年科技人才集聚与区域创新环境复合系统协同度平均值大部分为0.3以下，2009～2016年增长较为缓慢，有的省份甚至在2009年为负值，如2009年内蒙古为－0.0695，黑龙江为－0.1975，青海为－0.0596，新疆为－0.08。这与中国区域发展水平东高西低、人才集聚东多西少情况相吻合。

(2) 协同演化综合效度结果分析

为进一步展现各区域TTA-RIE复合系统协同演化的综合情况，在计算协同度基础之上，计算TTA-RIE复合系统协同演化的综合效度。

① 计算TTA-RIE复合系统协同度的演化速度。将表5-13数据代入式(5-7)中，通过Matlab编程计算得到中国各地区TTA-RIE复合系统协同度演化速度结果如表5-14所列。

表5-14 各地区科技人才集聚与区域创新环境协同度演化速度

地区	2010	2011	2012	2013	2014	2015	2016
北京	－0.0738	0.2265	0.0702	0.1016	0.0661	－0.0197	0.0303
天津	0.1213	0.1389	0.1080	0.1174	0.1059	0.0794	－0.0202
河北	0.0756	0.0623	0.2130	0.0179	0.0652	0.0462	0.2592
山西	－0.0139	0.1415	0.1446	0.1544	－0.0412	－0.0046	0.0779
内蒙古	0.1911	0.0286	0.0183	0.0239	0.0210	0.1082	0.1064
辽宁	0.0437	0.1094	0.1843	0.0469	－0.0105	－0.0447	0.0567
吉林	－0.0542	0.0691	0.1332	0.0471	0.0670	0.0865	0.1692
黑龙江	0.1285	0.0921	0.3368	－0.0458	－0.0315	－0.0333	0.0735
上海	0.0422	0.0752	0.1131	0.0864	0.0412	0.0196	0.1399
江苏	0.2065	0.1541	0.1708	0.0688	0.0533	0.0970	0.1154
浙江	0.0476	0.1724	0.2152	0.0995	0.0328	0.0073	0.1301
安徽	0.0918	0.1191	0.1823	0.0423	0.0701	0.1549	0.1161
福建	0.0293	－0.0099	0.3902	－0.0099	0.1031	0.0883	0.0871
江西	0.0764	0.1010	0.1085	0.1177	0.0473	0.1701	0.1456
山东	0.1673	0.1982	0.1289	0.0944	0.0122	0.0733	0.0974
河南	0.1627	0.1635	0.0999	0.1255	0.0513	－0.0025	0.1521
湖北	0.0595	0.0791	0.0890	0.1415	0.2008	0.0962	0.1493
湖南	0.1353	0.0564	0.1275	0.0460	0.0830	0.1153	0.1040

续表

地区	2010	2011	2012	2013	2014	2015	2016
广东	0.0668	0.0754	0.0957	0.1333	−0.0064	0.1176	0.2239
广西	0.1748	0.0714	0.2228	0.0709	0.0724	0.0511	0.1220
海南	0.2208	0.0694	0.1047	0.1112	−0.0936	0.0628	0.0721
重庆	−0.0539	−0.0706	0.3228	0.0820	0.1222	0.1214	0.1583
四川	−0.0368	0.1450	0.1919	0.0952	0.1095	0.1513	0.0744
贵州	−0.0258	0.0101	0.3227	0.0872	0.0637	0.1151	0.1092
云南	0.1156	0.0967	0.1337	0.0380	−0.0007	0.2234	0.0607
陕西	0.1700	0.0358	0.1434	0.1225	−0.0447	0.1863	0.1173
甘肃	−0.0168	−0.0099	0.3428	0.0293	0.0393	0.1714	0.0255
青海	−0.0508	0.0832	0.1592	−0.1847	0.2264	0.1197	0.1153
宁夏	0.0887	0.1868	−0.0858	0.1481	0.1302	0.1934	0.0590
新疆	0.1179	0.0498	0.1101	0.0570	0.0395	0.0174	0.0026

从表 5-14 中看出，各地区 TTA-RIE 复合系统协同度演化速度结果有正值和负值，表明各地区 2010～2016 年科技人才集聚子系统与区域创新环境子系统协同度演化速度存在增长与减慢并存的特征，尤其是 2015～2016 年各地区科技人才集聚子系统与区域创新环境子系统协同度增速较快，河北高达 0.2592，广东高达 0.2239，只有天津出现负值，其他地区均为正值。整体来说，表明 2015～2016 年全国各地区科技人才集聚与区域创新环境协同发展的趋势较为良好。

② 计算 TTA-RIE 复合系统协同度的演化速度状态值。在表 5-14 的基础上，根据公式(5-8) 通过 Matlab 软件计算得到全国各地区 TTA-RIE 复合系统协同度的演化速度状态值如表 5-15 所列。

表 5-15　各地区科技人才集聚与区域创新环境协同度演化速度状态值

地区	2010～2011	2011～2012	2012～2013	2013～2014	2014～2015	2015～2016
北京	0.0764	0.1483	0.0859	0.0839	0.0232	0.0053
天津	0.1301	0.1234	0.1127	0.1117	0.0927	0.0296
河北	0.0690	0.1377	0.1154	0.0415	0.0557	0.1527
山西	0.0638	0.1430	0.1495	0.0566	−0.0229	0.0366
内蒙古	0.1099	0.0235	0.0211	0.0225	0.0646	0.1073
辽宁	0.0766	0.1469	0.1156	0.0182	−0.0276	0.0060
吉林	0.0075	0.1012	0.0902	0.0571	0.0768	0.1278

续表

地区	2010～2011	2011～2012	2012～2013	2013～2014	2014～2015	2015～2016
黑龙江	0.1103	0.2145	0.1455	−0.0386	−0.0324	0.0201
上海	0.0587	0.0941	0.0998	0.0638	0.0304	0.0798
江苏	0.1803	0.1624	0.1198	0.0610	0.0751	0.1062
浙江	0.1100	0.1938	0.1573	0.0662	0.0201	0.0687
安徽	0.1054	0.1507	0.1123	0.0562	0.1125	0.1355
福建	0.0097	0.1901	0.1901	0.0466	0.0957	0.0877
江西	0.0887	0.1047	0.1131	0.0825	0.1087	0.1579
山东	0.1827	0.1635	0.1116	0.0533	0.0428	0.0853
河南	0.1631	0.1317	0.1127	0.0884	0.0244	0.0748
湖北	0.0693	0.0841	0.1152	0.1711	0.1485	0.1227
湖南	0.0959	0.0920	0.0867	0.0645	0.0992	0.1097
广东	0.0711	0.0856	0.1145	0.0635	0.0556	0.1707
广西	0.1231	0.1471	0.1469	0.0716	0.0617	0.0866
海南	0.1451	0.0871	0.1080	0.0088	−0.0154	0.0674
重庆	−0.0623	0.1261	0.2024	0.1021	0.1218	0.1398
四川	0.0541	0.1684	0.1436	0.1024	0.1304	0.1128
贵州	−0.0079	0.1664	0.2050	0.0755	0.0894	0.1122
云南	0.1061	0.1152	0.0858	0.0186	0.1113	0.1420
陕西	0.1029	0.0896	0.1330	0.0389	0.0708	0.1518
甘肃	−0.0134	0.1664	0.1860	0.0343	0.1053	0.0985
青海	0.0162	0.1212	−0.0128	0.0208	0.1730	0.1175
宁夏	0.1377	0.0505	0.0312	0.1392	0.1618	0.1262
新疆	0.0839	0.0800	0.0835	0.0482	0.0284	0.0100

从表5-15中看出各地区在不同时段科技人才集聚子系统与区域创新环境子系统协同度演化速度状态存在正值和负值，但是大部分为正值，部分地区出现负值，如东部地区中辽宁在2014～2015年为−0.0276，广东在2014～2015年为−0.0154；中部地区中山西在2014～2015年为−0.0229，黑龙江在2013～2014年和2014～2015年分别为−0.0386和−0.0324；西部地区中重庆在2010～2011年为−0.0623，贵州在2010～2011年为−0.0079，甘肃在2010～2011年为−0.0134，青海在2012～2013年为−0.0128，表明在早期东部地区科技人才集聚与区域创新环境复合系统协同度状态值优于中西部地区。

但是随着中西部经济的不断发展，经济社会不断进步，区域创新环境越来越好，科技人才集聚程度比以前有所好转，后期状态值呈正值。

③ 计算 TTA-RIE 复合系统协同度演化速度趋势值。在表 5-14 计算结果的基础上，根据公式(5-9) 以及公式(5-10) 通过 Matlab 软件计算出全国各地区 TTA-RIE 复合系统协同度的演化速度趋势值如表 5-16 所列。

表 5-16 各地区科技人才集聚与区域创新环境协同度演化速度趋势值

地区	2010～2011	2011～2012	2012～2013	2013～2014	2014～2015	2015～2016
北京	1.1490	0.9220	1.0157	0.9823	0.9571	1.0250
天津	1.0088	0.9846	1.0047	0.9943	0.9868	0.9502
河北	0.9933	1.0752	0.9027	1.0237	0.9905	1.1061
山西	1.0775	1.0016	1.0049	0.9025	1.0183	1.0412
内蒙古	0.9190	0.9948	1.0028	0.9986	1.0436	0.9991
辽宁	1.0329	1.0374	0.9314	0.9713	0.9829	1.0507
吉林	1.0616	1.0321	0.9570	1.0100	1.0097	1.0413
黑龙江	0.9818	1.1217	0.8110	1.0071	0.9991	1.0533
上海	1.0165	1.0190	0.9867	0.9774	0.9892	1.0601
江苏	0.9738	1.0084	0.9490	0.9922	1.0219	1.0092
浙江	1.0623	1.0214	0.9422	0.9667	0.9872	1.0613
安徽	1.0137	1.0316	0.9301	1.0139	1.0424	0.9806
福建	0.9804	1.1974	0.8026	1.0565	0.9926	0.9994
江西	1.0123	1.0038	1.0046	0.9648	1.0613	0.9878
山东	1.0155	0.9654	0.9828	0.9589	1.0305	1.0120
河南	1.0004	0.9682	1.0128	0.9629	0.9731	1.0772
湖北	1.0098	1.0049	1.0262	1.0297	0.9477	1.0265
湖南	0.9606	1.0355	0.9593	1.0185	1.0161	0.9944
广东	1.0043	1.0102	1.0188	0.9303	1.0619	1.0531
广西	0.9483	1.0756	0.9242	1.0007	0.9894	1.0354
海南	0.9245	1.0176	1.0032	0.8980	1.0780	1.0047
重庆	0.9917	1.1942	0.8802	1.0201	0.9996	1.0185
四川	1.0906	1.0234	0.9517	1.0071	1.0209	0.9616
贵州	1.0179	1.1551	0.8828	0.9882	1.0257	0.9971
云南	0.9906	1.0185	0.9522	0.9807	1.1116	0.9188
陕西	0.9330	1.0538	0.9895	0.9166	1.1150	0.9655

续表

地区	2010～2011	2011～2012	2012～2013	2013～2014	2014～2015	2015～2016
甘肃	1.0035	1.1745	0.8445	1.0050	1.0660	0.9272
青海	1.0669	1.0380	0.8297	1.2027	0.9467	0.9978
宁夏	1.0490	0.8646	1.1164	0.9910	1.0316	0.9329
新疆	0.9660	1.0301	0.9735	0.9912	0.9889	0.9926

④ 计算 TTA-RIE 复合系统协同演化综合效度值。在计算得出表 5-15 和表 5-16 的基础上，根据公式(5-11) 至公式(5-13) 通过 Matlab 软件计算得出各地区 TTA-RIE 复合系统协同演化综合效度值如表 5-17 所列。

表 5-17　各地区科技人才集聚与区域创新环境协同演化综合效度值

地区	综合效度值	地区	综合效度值	地区	综合效度值
北京	0.4219	浙江	0.6198	海南	0.3901
天津	0.5965	安徽	0.6738	重庆	0.6353
河北	0.5874	福建	0.6216	四川	0.7128
山西	0.4281	江西	0.6594	贵州	0.6433
内蒙古	0.3426	山东	0.6347	云南	0.5767
辽宁	0.3361	河南	0.5943	陕西	0.5831
吉林	0.4669	湖北	0.7157	甘肃	0.5771
黑龙江	0.4168	湖南	0.5461	青海	0.4387
上海	0.4310	广东	0.5724	宁夏	0.6455
江苏	0.6976	广西	0.6331	新疆	0.3306

由表 5-17 可知各地区 2008～2016 年科技人才集聚子系统与区域创新环境子系统协同演化的综合效度均为正值，表明全国各地区科技人才集聚与区域创新环境之间的协同度总体变化情况呈上升发展态势。但不同地区具有较大差异，相比较而言，北京、上海、山西、吉林等地区的综合效度较低，低至 0.5 以下，表明该地区科技人才集聚与区域创新环境的协同度总体变化情况呈疲软态势，协同度增速呈下降趋势；湖北、四川、江苏、宁夏、安徽、重庆等地区的综合效度值较高，高至 0.6 以上，表明这类地区科技人才集聚与区域创新环境的协同度处于良好的上升发展态势。

(3) 协同度与综合效度对比分析

为进一步展现各地区历年 TTA-RIE 复合系统协同度及协同演化综合效度情况，将各地区的协同度与综合效度进行对比分析。具体做法如下。

将表 5-13 中各地区历年科技人才集聚子系统与区域创新环境子系统的协同度进行平均，计算各地区两者历年协同度的平均值，并与综合效度值进行比较，生成象限对比图如图 5-4 所示。其中，横坐标为各地区科技人才集聚子系统与区域创新环境子系统协同演化的综合效度值，纵坐标为各地区历年两者协同度的平均值。

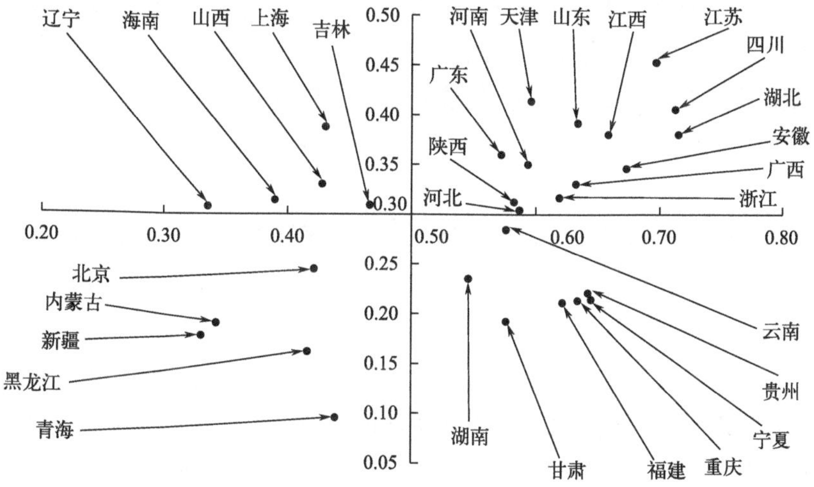

图 5-4　协同度平均值与综合效度象限对比图

基于象限聚类的视角，根据科技人才集聚子系统与区域创新环境子系统的协同度以及综合效度高低匹配情况，将这些省市归纳为 4 种类型。

1）双高型

第一象限中各地区科技人才集聚子系统与区域创新环境子系统的协同度平均值较高，而且综合效度值高，主要包括河北、陕西、广东、河南、天津、山东、江西、江苏、四川、湖北、安徽、广西以及浙江。表明这类地区在 2008～2016 年期间科技人才集聚与区域创新环境协同性较好，良好的区域创新环境能够吸引科技人才集聚，同时科技人才集聚有利于促进区域创新环境改善，而且这种态势呈上升发展趋势，TTA-RIE 复合系统协同度有可能进一步增长。

2）高低型

第二象限中各地区科技人才集聚子系统与区域创新环境子系统协同度平均值高，但综合效度值低，主要包括吉林、上海、山西、海南以及辽宁。表明这类地区在 2008～2016 年期间科技人才集聚与创新环境协同性好，区域创新环境与科技人才集聚匹配程度较高，但综合效度值较低，表明这些地区科技人才集聚与创新环境协同演化的发展状态呈疲软下降态势。

3）双低型

第三象限中各地区科技人才集聚子系统与区域创新环境子系统协同度平均值和综合效度都低，包括北京、内蒙古、新疆、黑龙江、青海。表明这类地区在2008～2016年期间区域创新环境与科技人才集聚匹配程度较低，在吸引科技人才方面能力较弱。科技人才集聚子系统与区域创新环境子系统的协同演化综合效度值较低，表明上述地区科技人才集聚与创新环境协同演化整体态势呈滞后甚至下降趋势。

4）低高型

第四象限中各地区科技人才集聚子系统与区域创新环境子系统协同度平均值低，但是综合效度高，包括云南、贵州、宁夏、重庆、福建、甘肃、湖南。表明这类地区在2008～2016年期间虽然创新环境与科技人才集聚协同性较差，在科技人才吸引以及创新环境改善方面发展的不够好，但其综合效度较高，暗示科技人才集聚与创新环境复合系统协同演变的整体发展态势发展强劲，正在向良好的方向发展。

由此可以看出，中国各地区科技人才集聚与区域创新环境的协同度及其协同演化的综合效度情况各不相同。总体来说，东部经济发达地区在2008～2016年期间，科技人才集聚与区域创新环境协同度表现较高，但是东部地区动态演变态势呈现疲软状态甚至下降趋势，尤其是北京科技人才集聚与区域创新环境协同度和综合效度均较低；中西部经济不发达地区在2008～2016年期间，科技人才集聚与区域创新环境协同度较低，但其协同演化态势呈上升趋势，表明中西部地区在科技人才吸引以及区域创新环境改善方面存在巨大的增长空间和潜力。如根据2023年数据，中西部地区GDP增速大多都超过了国家平均线。

5.5 成因分析

各区域科技人才集聚子系统与区域创新环境子系统协同度及动态演化趋势具有较大差异，主要是由区域创新环境发展差异、统计指标、宏观经济形势以及国家战略等原因造成的。具体分析如下。

(1) 各地区创新环境差异较大

东部地区经济发达，交通便利，市场环境较好，科技发展潜力大，区域创新环境较好，吸引大量科技人才，使得科技人才集聚规模以及科技人才集聚质量方面保持较高的位势，因此，东部地区科技人才集聚与区域创新环境协同度较高。随着东部地区经济发展渐趋成熟，由于科技资源以及空间有限，一些科技人才集聚出现拥挤效应，科技人才集聚增长速度出现减慢的态势。

中西部地区经济发展基础较为薄弱，科技投入与产出较低，市场环境与信息环境较差，没有形成大规模的科技人才集聚现象，但是近年来随着东部地区高新技术产业和资本密集型产业向中西部转移，大数据、云计算、物联网等高新技术的运用，使中西部地区产业结构有所调整，有效促进中西部地区 TTA-RIE 复合系统的协调发展。

(2) 各地区科技统计指标增长速度不同

通过分析《中国统计年鉴》相关数据发现，北京和广东两地在 2013～2016 年期间，R&D 人员全时当量指标平均增长率分别为 1.85%和 1.17%，远低于两地在 2010～2013 年期间增长速度值（分别为 6.1%和 15.61%）。北京和广东在 2013～2016 年技术市场成交额平均增长率分别为 12.55%和 24.47%，而 2010～2013 年期间的平均增长速度分别高达 23.37%和 33.08%，由此可见，北京和广东关于这些指标的增长速度放缓。其他指标如专利申请授权数、R&D 经费内部支出等增长态势逐渐减缓，造成各子系统有序发展以及子系统间协同的演化速度状态和趋势呈现放缓状态。

根据统计数据分析情况显示，2013～2016 年江西、重庆、贵州、云南等中西部地区 R&D 经费内部支出与东部地区相比，虽然起点低，但平均增长速度均超过 15%；2013～2016 年江西、河南、重庆等省市的新产品销售收入平均增长速度均超过 20%，远快于东部地区。由此可见，随着经济快速发展，中西部地区科技人才经费投入力度逐渐增大、区域创新环境不断发展，各子系统有序度增进效应显著，表 5-13 和表 5-14 数据结果显示中西部地区各子系统间协同演化速度呈现递增效应。

(3) 宏观经济形势以及国家战略的影响

2008 年的全球经济危机对东部沿海地区产生重要的影响，而且这种影响具有时序性，消极影响持续很长一段时间。部分省市的人才面临失业，区域经济环境恶化，导致原有的科技人才集聚与区域创新环境协调发展状态被打破，东部发达地区的科技人才随着产业转移到别的地区。通过表5-13可以看出，在2008～2016年期间上海、海南、辽宁等沿海地区复合系统协同度的演化速度均呈现明显的递减趋势，导致东部地区科技人才集聚子系统与区域创新环境子系统协同演化呈现恶化趋势，造成协同演化综合效度较低的结果。

中央政府实施“西部大开发”“中部崛起”“一带一路”“长江经济带”等发展战略，加大对中西部地区政策的支持与倾斜，不仅促进了中西部地区经济的发展和科技的进步，增强了中西部地区科技产出能力，同时有利于大量科技人才集聚，推动了中西部地区创新环境的良好改善，从而使贵州、云南、重庆、湖北等地区近年来在科技人才集聚与区域创新环境协同演化中表现出显著的增长态势，复合系统协同演化综合效度较高。

第6章

TTA-RIE复合系统协同演化应用案例

6.1 深圳科技园

6.1.1 深圳科技园简介

(1) 深圳科技园的发展历程

深圳科技园的前身是深圳科技工业园，1985 年由深圳市政府和中国科学院共同创办，为加快科技成果转化，促进高新技术发展成立的大陆地区首个科技工业园区。园区最初面积只有 3.2 平方千米，依靠 200 万元资金起步，通过艰苦创业逐渐发展壮大。1996 年 9 月，在深圳科技园的基础上，成立深圳市高新技术产业园区即深圳科技园，面积扩大至 11.5 平方千米。经过 30 多年的发展，深圳科技园已经成为科技实力雄厚、投资环境优越、高新技术企业众多的高新技术产业开发区。

(2) 深圳科技园的地理区位优势

深圳科技园位于深圳经济特区的西部，具有便利的交通位置，东部与沙河华侨城相邻，北靠货运公路（北环路），南部与香港地区远邻隔海相望，与市中心有一定的距离，距离深圳国际机场较近，只有 18 千米的路程。深圳科技园交通区位优势明显，海陆空三种交通方式都较为方便。深圳科技园充分利用毗邻香港地区的地理位置优势，可以大力发展高新技术产业。深圳科技园西部紧邻深圳大学，有利于借助大学，发挥人才优势，发展高新技术产业。深圳科技园远离闹市区，环境较为安静，适合科技人才开展创新活动。

(3) 深圳科技园的发展目标

深圳科技园是我国大陆第一个高科技园区，为推动我国高新技术产业蓬勃发展发挥引领示范作用，因此，深圳科技园自成立以来就力争建成国内一流、国际水平的高新技术产业园区。为此，深圳科技园一直以来都是在政府的领导下，在市场的推动下，将自己的优势产业聚焦在了电脑网络与通信、集成电路、软件、光电、生物工程、新材料、光机电一体化，这些领域都成为一个具有一定规模的产业集群，力争将深圳科技园区建设成为区域性高科技研发、孵化、产业化、外销、国际经济技术合作、高端人才培训的基地，并向周边区域辐射。

(4) 深圳科技园 TTA-RIE 复合系统的特征

深圳科技园依靠科技人才的技术、知识水平，不断发展壮大，同时极大地改善了创新环境。深圳科技园已经成为深圳市创新升级的领头羊，深圳科技园内科技人才集聚与区域创新环境已经形成一个复合系统，具有明确的目标，两者相互影响，并处于不断发展变化中，充分体现出复合系统的目标性、复合性、耦合性以及动态性特征。该复合系统以互惠共生模式共演，表现为园区内大批科技人才依靠自己的知识和能力，通过技术溢出效应、创新扩散效应、规模效应、辐射效应、加速器效应等科技人才集聚效应影响科技园区创新环境改变，并且辐射到深圳地区，促进深圳地区经济基础环境、基础设施环境、创新潜力环境、信息网络环境、市场环境、政策制度环境、文化环境等方面的改善。

6.1.2 深圳科技园 TTA-RIE 复合系统的构成

深圳科技园经过多年的发展，已经成为国际化人才高地，汇聚了众多海归人员、国内科研院所和高校科技人才、国有企业以及民营企业研发人员。深圳科技园创新环境不断改善，吸引更多的科技人才以及高新技术企业入驻科技园，科技园内国家高新技术企业数量逐年增多，科技人才数量逐年增加，而且越来越年轻化。据调查，年龄在 30 岁以下的深圳市高新技术人才数量占总数的 64.21%。深圳科技园 TTA-RIE 复合系统由科技人才集聚子系统与区域创新环境子系统构成。

(1) 深圳科技园科技人才集聚子系统的主体类型和组织机构

深圳特区主要是依靠外来人才发展起来的，深圳科技园成立之初，主要发展电子信息产业、生物医药产业、装备制造业，只有少数科技人才集聚园区，这些科技人才负责各个产业的工程设计、技术开发、科技服务、科技管理等环节，促进知识的转化与扩散。随着时代的变迁，技术的进步，深圳科技园的经济增长方式逐渐以劳动密集型为主向以资本密集型为主转变，科技园区主要集聚高新技术产业人才，具体包括新能源产业人才、互联网产业人才、人工智能产业人才、生命健康、海洋、航空航天等未来产业人才。

深圳科技园的各个组织机构是集聚科技人才的必要条件，为吸引不同行业的科技人才发挥了不同的作用，大学、企业、中介机构、政府发挥的作用表现为如下几个方面。

1）大学成为科技人才的培养基地

一方面，深圳大学为科技园区输送人才；另一方面，兴建虚拟大学园，包括我国的清华大学、北京大学、上海交通大学、复旦大学，以及俄罗斯波罗的海技术大学、新西伯利亚国立技术大学、英国的利兹大学等 40 多所国内外著名高校，大学机构在科技人才培养与科技成果转化方面发挥了重大作用。

2）高科技企业成为科技人才的汇聚基地

深圳科技园从成立之初，重点加强高科技企业的入驻，很多企业都在深圳科技园选址建厂，形成了以核心产业为龙头，各个配套产业蓬勃发展的产业集群。深圳科技园科技人才就是以这些企业为主要载体，以企业发展需求为导向，组成的工程设计、技术开发、科技服务、科技管理等各类型人才。

3）政府成为科技人才的主要管理机构

深圳科技园历来采取的是“管委会”的领导方式，即由深圳市、中科院的主要领导以及出资方的主要负责人共同组成管委会。2001 年 4 月，在管理委员会的号召和倡导下，科技园区按公司治理结构组建了董事会、监事会，实行企业经营模式。管委会为吸引国内外知名企业和科研机构入驻深圳科技园提供全方位的服务，充分发挥政府职能，协助入园企业办理深圳市高新技术项目的认定，协助办理人才引进手续，协助企业办理各项科研成果的申报和鉴定工作。

（2）深圳科技园区域创新环境子系统的主体类型

深圳科技园自成立以来，不断完善区域创新环境，吸引众多科技人才以及高新技术企业入驻深圳科技园，主要表现为良好的区域创新硬环境和区域创新软环境。其中创新硬环境包括经济基础环境、基础设施环境、信息网络环境；创新软环境包括创新潜力环境、市场环境、政策制度环境、文化环境。

1）良好的经济基础环境

深圳经济发展势头强劲，高新技术产业增加值快速提升，我国高科技行业的增加值在2017年度达到7359.69亿元，同比增长12.2%。2022年，我国新一代信息技术、高端装备、新能源汽车等战略性新兴产业增加值占国内生产总值比重超过13%。深圳科技园内的高科技产业持续成长，产业种类日益丰富，形成了从移动通信、程控交换，到光通信终端和网络设备的通信产业集群；电脑产业集团从零配件到整机；软件产业集群从集成电路设计到嵌入式软件，再到系统集成软件；从检测试剂、基因疫苗、基因药物到医疗器械的医药产业群。除此之外，电子信息产业、光机电一体化产业、新材料产业发展较快。

2）健全的基础设施与信息网络环境

健全的基础设施与信息网络为科技人才集聚科技园开拓事业，提供完善的硬环境。1996年以来，深圳政府对深圳科技园累计投入数十亿，用于改善深圳科技园的供水、供电、网络信息、道路、交通等基础设施。园区内配有健全的基础设施，集工作、居住、休闲、娱乐为一体，包括软件广场、科技中心、健身场馆、公寓等。科技园科技环境配置较高，满足科技人才创新创业的要求，园区内配置许多信息数字设施如监控系统、视频会议系统以及网络系统。

3）无限的创新潜力环境

深圳科技园是自主创新的重要基地，科研经费支出与科技产出众多，具备无限的创新潜力。深圳科技园拥有一大批具有高素质的创新企业，如中兴、腾讯、迈瑞、朗科、大族等，是深圳最重要的研发基地，具备强大的自主创新能力和研发能力。深圳科研经费和科技产出众多，2021年深圳R&D经费支出1682.15亿元，比上年增长11.34%，PCT国际专利申请量为17443件，说明深圳科技创新潜力较大。除此之外，深圳科研工作人员众多，2021年R&D人员44.36万人，为开展创新活动提供了强大的人才基础。

4）活跃的市场环境与文化环境

深圳科技园具备活跃的市场环境与宽容的文化环境，对于吸引科技人才发挥重大作用。深圳深化“放管服”改革，市场营商环境不断优化，市场主体不断壮大，市场活力和社会创造力不断提高。同时，市场准入退出进一步畅通，出台知名企业字号保护等政府规范性文件，推出商事登记移动认证“掌上办”，拓展电子营业执照和电子印章综合应用，首创公共资源交易“一照通办”，率先放宽港澳企业在深圳直接从事生产经营活动限制。深圳出台一系列支持文化产业发展政策，文化产业实现爆发式增长，2022 年 6 月，深圳被国务院认定为文化产业和旅游产业发展势头良好、文化和旅游企业服务体系建设完善、消费质量水平高的地方。据统计，2021 年深圳市文化产业增加值为 2566 亿元，年均增速超过同期全市 GDP 增速，占全市 GDP 的比重提高到 8.37%。除此之外，深圳建设文化创意园，为营造科技、现代、包容、时尚的文化环境氛围提供一个良好的平台。

5）完善的政策制度环境

深圳科技园为支持科技人才及高新技术企业开展创新活动，制定了一系列优惠政策。在深圳科技园成立初期，为吸引科技人才入驻科技园，中国科学院和深圳市政府各投资 1000 万元，深圳市政府给予入驻深圳科技园的科技人才在户口、调动、出国考察、学术研修、住房、子女入学、税收等方面的优惠政策。深圳市政府为鼓励创新创业，通过供给侧结构性改革和创新，进一步简政放权、优化服务，完善相关法规、扶持政策和激励措施，营造公平竞争环境，消除不利于创新创业发展的各种制度束缚。为支持创新，增加配套奖励政策，设立国家最高科学技术奖、国家科技进步奖等奖励。

6.1.3　深圳科技园 TTA-RIE 复合系统的功能

深圳科技园充分利用深圳特区改革开放的综合环境优势和毗邻香港地区的地理优势，支持科技人才开展创新创业活动，主要发挥如下功能。

（1）发展高新技术产业

深圳科技园借助中国科学院的技术优势和人才优势，加强深圳科技园同知名高校的合作与联系，建立高科技联合研发中心、测试中心、开放实验室、虚拟研究所以及技术成果交易展示中心，将科技园变成一个高科技研发基地，并将其作为一个应用科技的公共平台。与此同时，还持续地对高科技产业创新服务系统进行完善，为高科技产业群的形成提供支撑，从而促进高科技产业发展。深圳科技园帮助高科技企业“走出去”，已帮助众多企业到国外成立了公司或者研究开发机构，并帮助中兴公司在法国的维埃纳省投资了 20 亿元，建立了研究开发中心。

（2）成为科技人才的集聚地

深圳科技园经过多年的发展，产生了一大批懂技术并擅长经营管理的科技型企业家，为促进深圳经济发展做出了应有的贡献。同时，深圳科技园借助香港地区高等教育密集、金融业发达、高端科技人才集聚的优势，大力推进“深圳-香港创新人才圈”的建设，加强深圳同香港与澳门地区科研机构的合作，促进深圳同香港与澳门地区科技、人才、金融等创新要素的流通，使深圳成为科技人才的集聚地。国内许多科技人才集聚深圳，深圳全市 2022 年末常住人口 1766.18 万人，常住非户籍人口 1182.71 万人，占比达 67.0%。

(3) 产生良好的外部效益

一方面，深圳科技园大力发展高新技术产业，高新技术产值占整个园区的绝大多数比例，出口创汇强劲增长，每年都有所增加，深圳科技园对深圳的经济贡献也逐渐增大，税收同比增长；另一方面，随着深圳科园的不断发展，逐渐带动园区周边城镇的发展，促进园区与周边城镇在生态、经济、政治、文化、法律等方面的融合，积极营造良好的投资环境与营商环境，吸引了更多海外人才入驻科技园，使科技人才集聚与区域创新环境互惠互利，形成了一个良性循环；同时，深圳科技园内众多高新技术产业集聚，有利于企业展开技术交流，科技人才分享经验，稳定市场供求关系，更好地推动产品研发和市场营销。

6.2 中关村科技园

6.2.1 中关村科技园简介

(1) 中关村科技园的发展历程

中关村科技园是中国高新技术产业聚集区，1988 年 5 月经国务院批准成立。中关村科技园起源于 20 世纪 80 年代初的中关村电子一条街，前身为北京市高新技术产业开发试验区，现已成为覆盖北京市 16 个区县的跨行政区域的高端产业功能区。

1988 年，中关村试验区只有 100 平方千米。1999 年，中关村进入了一区多园的扩展时期。在 1988～1999 年，中关村丰台园、昌平园、电子城、亦庄先后并入中关村空间格局。在 1999～2009 年，中关村科技园总面积达到 23000 多公顷。

(2) 中关村科技园的地理区位优势

中关村科技园北至永定新河，南至京津高速延长线，西至塘汉快速路，东至渤海湾。中关村科技园是中国第一个国家级高新技术产业开发区、第一个国家自主创新示范区、第一个国家级人才特区，也是京津石高新技术产业带的核心园区，被誉为“中国硅谷”。北京大学与中关村隔四环相望，清华大学、北京航空航天大学等一众知名学府，以及中国科学院的若干研究所散落周边。得天独厚的地理优势使得中关村在中国高科技产业的发展历程中，成为一个路标一样的存在。2012 年 10 月，国务院印发《国务院关于同意调整中关村国家自主创新示范区空间规模和布局的批复》，调整后，中关村示范区空间规模扩展为 488 平方千米，形成了包括海淀园、昌平园、顺义园、大兴-亦庄园、房山园、通州园、东城园、西城园、朝阳园、丰台园、石景山园、门头沟园、平谷园、怀柔园、密云园、延庆园 16 园的“一区多园”发展格局。

(3) 中关村科技园的发展目标

到 2025 年，建成世界一流的科技园区和创新高地，为北京建设全国科技创新中心提供有力支撑；到 2030 年，建成世界领先的科技园区和创新高地，为我国进入创新型国家前列提供强大支撑；到 2035 年，建成全球科技创新的主要引擎和关键枢纽，为我国建设世界科技强国提供战略支撑。

(4) 中关村国家自主创新示范区技术创新成果

2020 年，中关村示范区企业研究开发费用 3785.4 亿元，约是“十二五”末的 2 倍。企业有效发明专利拥有量突破 14 万件，年度获得专利授权 7.2 万件，相比“十二五”末分别增长 198.7%、105.5%。累计主导创制的国际标准数达到 505 项，约是“十二五”末的 1.5 倍，并首次推出中关村标准 42 项。诞生了国内首款通用 CPU、国际领先的人工智能芯片、全球首个 FPD-EDA 全流程解决方案、新冠肺炎灭活疫苗等一批重大创新成果。

形成新一代信息技术、生物健康、智能制造与新材料、生态环境与新能源、现代交通、现代服务业等六大新兴产业集群，涌现出金融科技、无人驾驶、智慧物流、新零售等跨界融合新业态。新一代信息技术产业规模近 3 万亿元，大数据、信息安全市场占有率位居国内第一，集成电路设计收入占全国的三分之一，生物健康产业在生物医药产业园区竞争力排行榜中位列第一。“十三五”期间，中关村示范区企业总收入保持 2 位数增长，2020 年达 7.2 万亿元，是“十二五”末的 1.8 倍，对全市经济增长贡献率近 40%。

截至 2020 年底，中关村示范区独角兽企业约 90 家，占全国的 40%以上；高新技术企业 2.7 万家，国高新企业占国家高新区总数的 25%以上；上市企业、新三板挂牌企业分别达到 406 家、1073 家，相比“十二五”末增长 60.6%、37.3%；本土《财富》世界 500 强企业 9 家，领军企业国际影响力日益增强。中关村示范区企业充分发挥创新优势，在新冠肺炎病毒快速检测、抗体与疫苗研发、治疗药物研发、无接触诊疗等方面作出了重要贡献。

截至2020年底，中关村示范区拥有200多家创业孵化机构、近600家联盟协会和民非组织，以及上千家法律、会计、知识产权服务机构，中关村创业大街、智造大街等创业生态圈优化升级，市场化创新创业服务体系不断完善。人才、资本等高端要素进一步集聚，2020年中关村示范区本科及以上从业人员占比62.2%，比“十二五”末提高10.1个百分点。风险投资高度活跃。2020年，新创办科技型企业达2.6万家，创新创业活力持续迸发。

6.2.2 中关村科技园TTA-RIE复合系统的构成

中关村科技园是中国科技发展的代表之一，中关村国家自主创新示范区最具特点的就是科技创业氛围浓厚，科技企业资源非常丰富，形成了完整的针对科创企业的政策、园区、人才、服务等体系。至今，北京科技创新资源丰富，拥有众多科研院所、高等学校、高新技术企业以及各类新型科研机构和平台。北京高等教育资源丰厚，截至2021年，以北京大学、清华大学为代表的高等学校共90多所，以中国科学院、中国工程院所属院所为代表的国家（市）科研院所1000多家，国家级重点实验室128个，近3万家国家高新技术企业。2022年，北京拥有独角兽企业102家，居全球第三，是2015年首次统计时的2.6倍。万人发明专利拥有量218件，居全国第一。中关村科技园TTA-RIE复合系统由科技人才集聚子系统与区域创新环境子系统构成。

(1) 中关村科技园区科技人才集聚子系统的主体类型和组织机构

北京作为首都，天然具有吸引全国顶尖人才集聚的影响力，中关村科技园成立之初由“中关村电子一条街”发展而来，现以新一代信息技术产业、生物技术与健康产业两大主导产业引领发展，支持先进制造、现代交通、绿色能源与节能环保、新材料等四大重点产业高端发展，持续推动现代服务业创新发展，打造以科技创新为特色的现代服务业，重点发展研发服务、创业孵化服务、科技咨询服务等专业科技服务和综合科技服务，大力发展金融科技、文化科技、消费科技、城市科技等新业态新模式，带动传统产业转型升级。

中关村科技园的各个组织机构是集聚科技人才的必要条件，为吸引不同行业的科技人才发挥不同的作用高等学校、科研院所、创新型企业、政府发挥的作用表现为如下几个方面。

① 北京高等教育资源丰厚，拥有高等学校92所，其中本科院校67所，专科院校25所。在2021年GDP排名top50的内地城市中拥有高校数量位于前列。北京地区高等学校的总体办学和科研水平较高，2022年教育部、财政部、国家发展改革委印发的《关于公布第二轮“双一流”建设高校及建设学科名单的通知》中，公布了147所世界一流大学建设高校和331个建设学科。其中，北京双一流建设高校32所，占总数的21.77%，分别是清华大学、北京大学、中国人民大学、北京师范大学、中国农业大学、北京交通大学等。高等学校作为创新研究主力军、重大科技突破策源地、创新人才培养主阵地，为中关村科技园不断输送新鲜血液。

② 北京拥有众多国家级科研院所，如国务院发展研究中心、中国科学院、中国环境科学研究院、中国科学技术信息研究所等。2023年6月正式公布的“2023自然指数年度榜单”指出中国科学院位列该榜单全球十大科研机构首位。至此，中国科学院已连续11年位列自然指数全球首位。自然指数年度排行榜每年统计全球各高校、国家科研院所在国际上影响力较强的研究型学术期刊上发表论文数量，并建立数据库进行研究机构综合研究能力分析。“中关村指数2023”发布2022年中关村新设科技型企业3.2万家，平均每天新设科技型企业90家。2019年，科技部印发《关于促进新型研发机构发展的指导意见》，支持北京生命科学研究院、北京协同创新研究院、国家蛋白质科学中心（北京）等新型科技创新平台发展，依托这些平台吸引和培养领域高端科技人才。

③ 科技人才作为促进科技创新的主体，对于具有创新需求的高新技术企业而言，是推动企业发展的核心力量。北京市的高新技术企业数量全国领先，对经济增长的贡献显著。根据北京科学技术委员会官方数据显示，2022年技术合同成交额7947.5亿元，是2015年的2.3倍，实现成交额翻番，其中57%以上输出到国内其他省区市的350个城市或出口。

④ 政府相关政策是吸引人才集聚的保障。依据“十四五”规划和2035年远景目标，明确未来发展方向，北京市应整体把握科技人才发展脉络与规律，全方位保障科技人才发展与配套措施，加强人才发展的政府投入与市场机制融合，激发科技人才创新活力，以创新引领智慧经济，提升创新能力和生态构建。中关村应依托市级层面政策，更加精准细化对科技人才不同领域和层次的需求，夯实技术创新底座，聚焦高精尖产业与新兴产业前沿技术，推进高端人才创业基地建设，营造区域创新创业环境，提升中关村在数字经济领域技术引

领、产业引领、应用引领、集群引领、生态引领和规则引领地位，与市级政策形成良性互动，提升原始创新策源能力，实现重点领域关键核心技术突破，加快实现国家科技自强自立。

(2) 中关村科技园区域创新环境子系统的主体类型

区域创新是国家创新体系的重要战略支柱，国家高新区、国家自主创新示范区、国家创新型城市以及全面创新改革试验区是区域创新体系中的重要组成部分。中关村国家自主创新示范区自 1988 年成立以来，已经成为中国创新发展的一面旗帜。中关村发展至今不断优化创新环境，包括以经济发展环境和社会管理环境等为代表的创新硬环境和以文化教育环境和人才生态环境为代表的创新软环境。

1）经济发展基础

近年来，中关村经济发展韧性不断彰显。2020 年，中关村实现增加值 1.13 万亿元，同比增长 8.4%，占北京全市地区生产总值的 31.3%；实现总收入 7.2 万亿元，同比增长 8.8%，占全国高新区总收入的 1/6；收入结构持续优化，实现技术收入 1.6 万亿元，对总收入增长贡献率达到 44.0%。随着中关村不断发展，“高精尖”产业集群不断壮大。新一代信息技术产业引领支撑作用强劲，2020 年实现总收入 3.5 万亿元，占中关村总收入的 48.6%，同比增长 17.8%；生物健康产业竞争优势凸显，2020 年实现总收入 2937.1 亿元，同比增长 6.3%；获批上市的一类新药、创新医疗器械数量处于全国领先位置；人工智能、机器人、新材料、绿色能源与节能环保等新赛道亮点纷呈。可见，中关村高质量、绿色经济发展的态势，不仅为科技人才集聚提供了巨大市场需求，也为科技人才充分实现自我价值提供了广阔舞台。

2）社会管理环境

中关村科技人才集聚受北京社会管理环境的影响，其主要体现在北京社会安定程度、社会保障和基础设施的完备程度上，主要包括治安环境、交通设施、住房保障、医疗保障、公共设施等。北京社会科学院北京公共服务创新发展研究组的《北京公共服务发展报告（2022—2023）》的研究表明，北京社会保障水平进一步提高，养老待遇保障增加，人均养老金月入增多；教育投入也不断扩大，新增义务教育学位 3 万多个，学校数量也在增加；基础设施同比增长 5.2%，注重文化建设，相关活动举办较多。并且结合北京“四个中心”城市战略定位，逐步规划解决区域发展不平衡、供给与需求不匹配、市场化改革不充分、数字化转型缓慢、智慧化水平不高等问题，打造优质、安全、高质量的生活。以上相关基础设施为园区人才提供基础保障，为吸引人才打下了坚实基础。

3）文化教育环境

北京科技人才集聚的文化教育环境主要是指北京的文化底蕴、公众价值观、科技创新认可和容错度以及教育资源环境等。中关村科技园不断加强创新文化建设，为科技创新人才提供理念、精神和价值观等方面的源动力。一般而言，科技创新离不开创新的文化氛围。北京作为辽、金、元、明、清五朝古都，有丰富的中华传统文化底蕴。北京作为新中国的首都和全国文化中心，是中国传统文化和外来文化的汇聚地，沉淀深厚的创新文化传统。中关村将文化传承与园区创新发展有机结合，丰富社会主义新时代先进文化的时代内涵，为中关村科技园科技人才集聚文化环境建设奠定了良好基础。

4）人才生态环境

作为全国第一个国家级人才特区和国家自主创新示范区，中关村的建设集中央、北京和各区级政府共同力量和资源。不仅如此，在人才政策环境方面，中关村还积极进行人才制度创新和人才体制机制创新，发挥企业、社会组织、科技人才等多个创新主体的能动性。而且，中关村由于集聚了北京 40%左右的高校与科研院所，科研环境乃至整个人才生态环境都较为完善，成为全国其他科技创新示范区的榜样和标杆，并逐步成长为全球科技创新中心的重要区域。

6.2.3　中关村科技园 TTA-RIE 复合系统协同演化内容

中关村科技产业园 TTA-RIE 复合系统协同演化过程贯穿中关村从成立之初到发展至今。随着时间的不断推进，科技人才在集聚的过程中与区域创新环境相互依赖、相互影响。

基于生命周期理论划分不同结构形式和功能的系统演化阶段，已经被广泛应用于各种领域，因此，将中关村科技园科技人才集聚子系统与区域创新环境子系统的协同演化阶段分为以下 4 个阶段。

（1）初步协同阶段（1980～1988 年）

1980 年中关村率先创办了第一个民办科技机构，形成了第一个高技术企业的雏形。此后中关村民营科技企业先后建立。到 1986 年底中关村各类开发性公司已近 100 家，逐渐形成了以开发、经营电子产品的民营科技企业群体，即中关村电子一条街。

随着国务院进一步推进科技体制改革决定的发布和各级政府的支持，中关村电子一条街迅速发展。在随后的2年中，中关村的高技术企业发展到了400多家，并在实践中走向成熟，逐步形成了独特的技工贸一体化的发展模式，中关村地区的经济增长模式也随之逐步发生了变化，民营科技企业成为新的经济增长点。在这期间，科技人才凭借中国改革开放的政策和中关村地区科研院所和高等学校集聚的优势，成立了一批民营科技企业，显示出强大的生命力。本阶段的产业大环境与政策导致科技人才不断涌入，但此时科技人才集聚子系统与区域创新环境子系统的相互作用程度还不深入，属于初步协同阶段。

（2）强化协同阶段（1988～1998年）

在经过不断发展后，本阶段国家对中关村提出系统规划。1988年初，中央办公厅组织联合调查组，对中关村电子一条街进行了全面的调查与总结，肯定了中关村高技术企业的方向并提出了兴办中关村新技术开发试验区的建议。1988年5月，国务院正式批准发布《北京市新技术产业开发试验区暂行条例》，北京市政府正式批准在清河北上地村周围设立上地信息产业基地，从而标志着政府开始从宏观上有意识地组织和引导科技产业的发展，并采取一定的优惠政策措施直接地参与开发区的建设，特别是在土地、规划、建设等政府审批程序上采取了许多简化措施。

上地信息产业基地是我国的一个以电子信息产业为主导的综合性高科技工业园，一期占地面积1.81平方千米，总规划建筑面积在160万平方米以上。1993年底，试验区技工贸总收入突破100亿元。经过多年建设已经成为一个以电子信息产业为主导，集科研、开发、生产、经营、培训、服务、生活配套为一体的综合性高科技工业园。随着园区政策优惠引导不断增强，产业群不断扩大，不断吸引科技人才进入园区。科技人才的不断集聚发挥出更高的知识效益、创新效益、规模效益，这些效益为区域创新环境提供正向影响。在此阶段科技人才集聚与区域创新环境的相互影响越来越深，相互间协同演化交织程度不断加强。

（3）深度协同阶段（1998～2004年）

经过上一阶段的积累，中关村科技园区发展逐渐进入成熟阶段。1999年6月，国务院正式批复科学技术部和北京市政府《关于实施科教兴国战略加快建设中关村科技园区的请示》，原则同意中关村科技园的规划。北京新技术产业开发试验区正式更名为中关村科技园区，确定中关村科技园以科技园为主的“一区五园”的空间结构。1999年底北京市政府组织成立了中关村科技园管理委员会；2000年，北京市城市规划设计研究院编制完成《中关村科技园区总体规划》；2001年中关村软件园、中关村生命科学园、永丰产业基地等项目陆续完成规划并开工建设。

随着政府对相关规划不断展开，产业园科技公司数量不断增加，科技人才集聚规模不断扩大，园区可分配资源紧张，竞争加剧，水平较高的科技人才逐步取代跟不上园区发展的科技人才，优胜劣汰，完成人才体系的更新，在原有人才基础上形成新的人才集聚高地，优化园区创新氛围，新一轮科技人才集聚与区域创新环境交织程度不断加强。

(4) 分化协同阶段 (2004年之后)

中关村科技园经过近20年的发展蓄积了巨大的市场与技术创新能量。知识经济、IT产业、网络技术、生物技术带来的机遇和挑战促使中关村科技园主动地进一步调整其产业规划与建设规划以促进高科技产业链的形成，充分发挥科技园区科技产业集聚与扩散效应。此外，中关村科技园充分发挥中关村地区大学与科研机构密集、人才流动频繁的优势，集中政府的政策与财政资源优先支持，提高园区核心竞争力科技产业的研发、创新和成果转化。

本阶段，中关村科技园行业发展受国家宏观政策、行业与时俱进发展程度的影响，但是经过之前的积累，相关企业大量涌入，集聚于此，企业竞争加剧，科技竞争人才竞争愈发激烈，生活难度加大，人才集聚吸引力下降。基于此情况的发生，科技人才集聚子系统与区域创新环境子系统出现分化协同趋势。在近些年中，由于中关村科技园及时根据最新国家发展形势调整产业结构，形成新的科技人才集聚规模，因此发展迎来新的契机。

6.3 张江高科技园

6.3.1 张江高科技园简介

(1) 张江高科技园的发展历程

1992年张江高科技园开园。从浦东最初的一片农田，到现在拥有千余家研发机构、百余家公共服务平台、数万家科技创新型企业、从业人员几百万人。在30多年的发展中，张江高科技园从高新区转型为科学城，从发展高新技术到致力科技创新，走出了一条不断迭代升级的发展道路。

(2) 张江高科技园区地理优势

张江高科技园规划面积25平方千米，可建设用地约17.1平方千米，已建用地总面积约12.3平方千米，占可开发建设用地的72%；已建成各类建筑1350万平方米，其中，办公、研发、商业等公共建筑430万平方米，工业建筑440万平方米，居住建筑450万平方米。张江创新园在浦东新区核心地带，毗邻上海迪士尼乐园，交通便利，便于员工及客户的到达。周边还有多个高校和科研机构，提供了丰富的人才资源。

(3) 张江高科技园区发展与目标

张江创新园位于张江高科技园，作为上海高科技产业的重要组成部分，未来的发展前景非常广阔。在国家政策等推动下，园区将继续推进产业升级和创新创业，努力打造成为全球科技创新的引领地和人才集聚地。园区还有智慧园区、绿色园区、人才园区和文化园区等多元化服务，让创新园成为真正具有世界影响力的创新驱动型园区。到2025年，张江高新区科技创新策源功能将全面增强，高端产业引领功能持续提升，全球创新要素配置功能更加凸显，创新创业环境更加优化，创新体制改革全面深化，将涌现一批具有全球影响力的基础研究和应用基础研究原创成果，突破一批关键核心技术，推出一批高端产品，形成一批中国标准和国际标准，创建一批创新型特色园区（基地），培育一批具有国际竞争力的创新型企业和世界级产业集群，使其成为本市高新技术产业和战略性新兴产业的核心载体、深化改革的试验田，作为支撑上海科技创新中心建设的主战场，率先成为全国创新驱动发展示范区和高质量发展先行区，基本建成具有全球重要影响力的高科技园区。到2035年，创新策源将成为引领高质量发展的主引擎，主要产业进入全球价值链高端，全面建成具有全球重要影响力的高科技园区。

(4) 张江高科技园 TTA-RIE 复合系统的特征

张江高科技园30多年来完成从高科技园区到张江示范区的转型，实现从地理名词到科创地标的蜕变，如今，张江示范区创新型企业形成了巨大的集群效应，吸引全球各地人才。在企业内部营造良好的创新环境，提高企业的创新效率，从而提高企业的知名度和影响力，较高的企业知名度和企业影响力所产生的品牌效应进一步吸引大量科技人才集聚在园区内。张江高科技园科人才与区域创新环境已经形成一个复合系统，两者相互影响，并处于不断发展变化中，充分体现出复合系统的目标性、复合性、耦合性以及动态性特征。

6.3.2　张江高科技园 TTA-RIE 复合系统的构成

创新是张江创新园的生命力，也是它最为重要的竞争力，而人才是第一资源、战略性资源、最宝贵资源。张江高科技园持续提升人才工作水平，深化人才发展机制改革、全方位培养引进用好人才、优化区域创新环境，让各类人才汇聚张江、扎根张江、干事创业、实现价值，开创人才工作新局面，大量科技人才集聚为张江高科技园的创新环境发挥了极大的改善作用。张江高科技园 TTA-RIE 复合系统由科技人才集聚子系统与区域创新环境子系统构成。

(1) 张江高科技园科技人才集聚子系统的主体类型和组织机构

张江高科技园是全国首批高新技术产业园区之一，目前，该园区已成为国内外知名的东亚科技新城之一，涵盖了生命科学、信息技术、先进制造、新材料等多个领域的产业，是中国创新药物研发和新材料制造的主要基地之一。这片创新创业的热土集聚了超过 2.4 万家企业、49.9 万名从业人员，包括诺贝尔奖获得者、海外院士、中国两院院士、海外高层次人才以及产业领军人才等一批高端人才。这些科技人才构成了张江高科技园科技人才集聚子系统的主体。

张江高科技园的各个组织机构是集聚科技人才的必要条件，各组织加强实施人才优先发展，助推“双招双引”增强创新创业动能，为吸引不同行业的科技人才发挥不同的作用，“基地＋研究院”“项目＋企业”“政策＋补贴”三大组织的作用表现为如下几个方面。

1)“基地＋研究院”的培养

以中国科学院上海高等研究院以及浦东科技园、中国人民解放军军事医学科学院研发中心、国家人类基因组南方研究中心、上海科技大学、北京大学、上海微电子研究院等为代表的一批重量级的顶级国家科研院所和高等学校，在科技人才培养与科技成果转化方面发挥重大作用。

2)“项目＋企业”的汇聚

以人才平台的能级提升人才集聚的量级，加快构建集科技研发、技术熟化、产业孵化、企业对接、成果落地为一体的完整机制。依靠国家级项目，引进全国一流科研机构、名牌理工科研究生院和大学，吸引大量企业前来发展，诞生了超百家上市公司，其中一半是代表硬科技的科创板公司，而这批企业及相关项目汇聚了大量的科技人才，为张江高科技园的科技人才集聚发挥了重要作用。

3）“政策＋补贴”的助力

张江高科技园不断完善人才引进和培养激励机制，强化人才服务保障，吸引一批在国内具有较强影响力的高层次创新创业人才和团队来张江高科技园发展；加快落实海外高层次人才引进计划，实施“引才伯乐”机制，支持以重点科研单位、重点企业为引才主体，加快集聚一批世界顶尖科学家，吸引和培育一批具有国际影响力的顶尖人才、领军人才和创新团队，开展前沿科学研究和创新创业；构建多层次创新人才队伍；建设一批强基人才培养高地，加大对重点产业优秀青年科学家、青年英才等人才的支持力度；加强重点领域产业人才引育，建立重点产业人才培养基地；加快培养紧缺急需的工匠型高技能人才，建设高技能人才培养基地。

(2) 张江高科技园区域创新环境子系统的主体类型

张江高科技园自成立以来，不断完善区域创新环境，表现为良好的区域创新硬环境和区域创新软环境。以下根据区域硬环境和区域创新软环境的构成方面，对张江高科技园进行分析。

1）良好的经济基础环境

张江科学城的前身是张江科技园。2022年，张江科学城全力促生产、稳经济、优环境，克服疫情不利影响，全年主要经济指标逆势而上，实现营收在万亿的基础上持续增长。全社会固定资产投资440亿元，同比增长3.3％。实到外资26亿美元，同比增长12％；税收收入396亿元，同比增长7.7％，各项指标强势增长。从2022年主要经济指标来看，经营总收入完成额11780亿元，同比增长8.3％。作为上海的三大主导产业，张江科学城的集成电路产业销售收入2011亿元，同比增长18.1％；生物医药经营总收入1320亿元，同比增长7.5％；人工智能产业经营总收入721亿元，同比增长3.9％。

2）健全的基础设施与信息网络环境

健全的基础设施与信息网络环境为科技人才集聚科技园开拓事业提供完善的硬件环境。在张江科学城，有上海光源、蛋白质上海设施、超强超短激光装置、软X射线自由电子激光装置和硬X射线自由电子激光装置等8个大科学设施，初步形成我国乃至世界上规模最大、种类最全、功能最强的光子大科学设施集群。张江科学城现有各类新型研发机构、企业技术中心、公共技术服务平台等几百家，近年来持续建设了张江复旦国际创新中心、浙大上海高等研究院等一批基础研究领域的创新机构，以及上海科技大学等研究型大学。

3）无限的创新潜力环境

近 5 年发明专利授权数占全市 63%，近 3 年 PCT 专利申请占全市 65%；率先设立上海知识产权法院、中国（上海）自由贸易试验区版权服务中心等机构。2020 年万人有效发明专利数量 384 件，为全市水平的 6 倍。

4）活跃的市场环境与文化环境

张江高科技园已形成集成电路、生物医药、软件及文化创意和新能源、新材料等战略性新兴产业集群，软件及文化创意产业以数字出版、网络游戏、动漫、影视制作为重点，累计引进几百家文化类企业，2010 年，文化产业及软件营业收入 553.58 亿元，同比增长 38.3%。数字文创产业作为国家战略性新兴产业之一，在数字化时代呈现出全新的发展生态。位于上海浦东新区张江科学城的张江文化创意产业园区，作为全国首家国家级数字出版基地、国家文化产业示范基地和首批国家级“文化和科技融合示范基地”，历时近 20 年的发展，具有创业家集群效应凸显，文科融合、标杆企业引领发展、生态建设效应显著等特点。上海张江文化控股有限公司作为张江数字文创产业一体化运营及服务主体，以真诚服务助力营造良好营商环境，使之逐步成为全国数字文创产业集约程度最高的文化创意产业园区之一。

5）完善的政策制度环境

强化政策学习力度，认真领会贯彻落实中央八项规定精神，2023 年发布的《浦东新区加强集成创新打造营商环境综合示范区行动方案》，将张江科学城打造科创特色营商环境行动列入浦东十大营商环境提升行动。2023 年，张江科学城将重点从创新生态、产业政策、城市品质、人才服务 4 方面推出十大创新举措，深入推进系统性集成性改革，持续打造科创特色营商环境，政策制度环境日趋完善。

6.3.3 张江高科技园 TTA-RIE 复合系统协同演化内容

（1）TTA-RIE 复合系统时间协同演化机理

基于本书根据协同演化机理所划分的阶段，将张江高科技园区科技人才集聚子系统与区域创新环境子系统的协同演化阶段分为以下 4 个阶段。

1）初步协同阶段（1992～1999 年）

1992 年，在张江高科技园发展起步阶段，少部分科技人才由于被区域的经济环境、文化环境、教育医疗环境等吸引，再加上满足科技人才的部分需求，激发小部分科技人才集聚。由于产业园发展处于初期，产业发展链条较短，产业成长还不成熟，科技人才集聚也没有形成规模，科技人才集聚效应还未完全发挥出来，此时科技人才集聚子系统与区域创新环境子系统的相互作用程度还不深入，属于初步协同阶段。新环境与科技人才集聚匹配程度较低，在吸引科技人才方面能力较弱。科技人才集聚与创新环境复合系统协同度较低，表明上述区域科技人才集聚与创新环境复合系统的协同度变化速度呈滞后。

2）强化协同阶段（1999～2011 年）

1999 年，统筹实施“聚焦张江”战略，随着张江高科技园经济水平的不断提高，经济社会不断进步，创新环境越来越好，科技人才集聚程度比以前有所好转，科技人才集聚与创新环境复合系统协同水平逐渐提升，但是还有很大的优化空间，进一步提高两者协同水平、促进两者向全方位协同阶段变化，是发展的核心方面。

3）深度协同阶段（2011～2018 年）

2011 年，张江国家自主创新示范区获批，科技人才集聚与创新环境协同性较好，良好的区域创新环境能够吸引科技人才集聚，同时科技人才集聚有利于促进创新环境改善。区域基础设施比较完善、区域文化环境优秀、科技环境优良，保持张江高科技园区创新环境稳中向好、稳中有进，从而吸引科技人才，区域创新环境和科技人才集聚二者的协同效能达到最高。

4）分化协同阶段（2018 年之后）

自 2018 年以来，上海市委、市政府对科创中心推进改革机制和张江管理体制内部进行改革调整，张江高科技园进入分化协同阶段。张江高科技园持续加入对科技创新的投入，建设了多个公共技术服务平台和科技创新基地，为企业提供了更为完善的技术支持，此外，园区还加强了知识产权保护，在不断优化人才政策环境，进一步激发了创新活力。同时，深化产业与技术的融合，加强国际化合作与交流，为推动园区整体的科技创新和发展作出更大的贡献。如今，张江高科技园更加注重推动产业与技术的深度融合，通过引导企业加大研发投入，推动科技创新与产业升级相互促进。这种融合不仅提高了企业的竞争力，也为园区整体的科技创新注入了新的活力。张江高科技园积极拓展国际合作与交流渠道，与多个国家和地区建立了科技合作关系，共同开展研发项目和人才培养。这种合作与交流为园区带来了国际化的创新资源，进一步提升了园区的国际竞争力，科技人才作出转型来适应复杂多变的区域创新环境。此时张江高科技园迎来了新的契机，进入了新的发展局面。

（2）TTA-RIE 复合系统协同演化类型

随着区域创新环境的改善，科技人才集聚现象也随之出现。在张江高科技园产业发展尚未起步时，区域创新环境并未发生变化，其对科技人才集聚的作用表现为消极影响。同时，科技人才集聚对区域创新环境也产生消极反馈。此时张江高科技园的科技人才集聚共生体与区域创新环境的相互作用类型表现为双向反抗类型。

然而，一旦产业发展开始起步，科技人才集聚与区域创新环境之间便开始相互作用。在规划之初，张江高科技园停留在工业园区的阶段，人性化“衣食住行”的社会功能略有欠缺。而随着长泰、汇智商业中心的落成，张江高科技园慢慢变成可以停留居住的“科技城”。科技人才的集聚现象在短时间内迅速形成，这主要得益于技术创新的不断涌现和创新环境的逐渐完善。张江高科技园致力于培育顶尖的科创能力，突出融合、多元，创造宜居的生活环境，体现绿色、交流，营造持续的城市活力，张江高科技园在宜居宜业、创新环境方面对吸引科技创新人才具有良好的基础，从而对于集聚大量科技人才发挥了积极作用。由于新技术的出现和知识交流的活跃，创新环境的吸引，科技人才之间容易形成紧密的合作关系，共同推动经济发展。此时，科技人才集聚共生体与区域创新环境的相互作用类型表现为环境激励类型。

在经历了环境激励作用类型之后，区域创新环境的基础发展逐渐完善，产业集聚也进入持续增长的状态，科技人才集聚开始具备一定规模，对区域创新环境产生一定的作用。张江高科技园依托多重国家战略，抢抓长三角一体化和皖北振兴战略机遇，推动张江高科技产业园建设，实施人才优先发展战略，把产业优势、环境优势等转化为引才优势、发展优势。此时，在科技人才集聚方面，张江高科技园对其发挥的作用逐渐减弱。而集聚于该园区的科技人才开始发挥作用，改善张江高科技园的创新环境，从原来的消极反馈转化为中性反馈，两者相互作用类型表现为激励中性类型。

在经历了激励中性作用类型之后，此时产业发展比较成熟，与之相关的配套设施比较完善，区域创新环境对科技人才集聚的作用仍然是中性的，而集聚科技人才切实增强创新创业动能，助推区域环境创新与区域经济高质量发展，从而科技人才集聚共生体对区域创新环境的产生积极反馈力量，两者相互作用类型表现为共生激励类型。

在经历了以上阶段后，科技人才集聚规模逐渐增大，超出区域创新环境的承载量，引发了科技人才过剩，科技人才利用率下降，导致科技人才过于拥挤，对于创新环境的改善并没有提高的作用。与此同时，区域创新环境对于科技人才集聚的作用也逐渐减弱，二者相互作用类型为共生反抗环境激励类型。在这个过程中，科技人才集聚共生体和区域创新环境复合系统会不断调整自身，以适应外部环境的变化。此时，需要密切关注这些变化，制定相关政策，改善基础设施，以便更好地推动科技创新的发展，争取达到区域创新环境对科技人才集聚共生体的作用是积极的，科技人才集聚共生体反过来促进区域创新环境的改善，二者相互促进的作用状态。

6.4 苏州太湖科技产业园

6.4.1 苏州太湖科技产业园简介

(1) 苏州太湖科技产业园规划范围

苏州太湖科技产业园隶属于苏州太湖国家旅游度假区，东至玉屏山、凤凰山及苏州绕城高速（S9，苏绍高速），南依吴中第一峰穹窿山，西接中国历史文化名镇光福镇区，北靠苏州科技城，总规划面积 7.72 平方千米。园区规划范围内东部凤凰山、玉屏山密布山林，形成天然绿色生态屏障。南面孙武隐居地、国家 5A 级穹窿山风景区，西衔太湖风景名胜区光福及国家 4A 级香雪海景区。园内山体水系、生态绿廊自然衔接，产业载体、功能片区和谐布局。近年来根据产业发展规划，园区逐步推出大量产业用地，集聚打造新兴产业载体及配套服务设施。

(2) 苏州太湖科技产业园规划目标

作为苏州太湖国家旅游度假区实施打造休闲度假目的地和新兴服务业高地双轮驱动战略的重要板块与载体，太湖科技产业园以建设“高新产业集聚区，绿色智能创新园”为目标，主要发展以智能制造、精密机械为主的低消耗、低排放、高产出的新兴产业。它的建成将对保护太湖生态资源和加快推进产业转型升级起到积极作用。以大数据、云计算、物联网为代表的新一代信息技术产业；以航空航天、高端装备为代表的特色产业以及以新能源、生物医药等为代表的新兴产业已经形成产业集群，重点发展电子信息、生物医药、智能装备、汽车零部件、新材料等主导产业。成为推动高质量发展的创新能极。园区加快特色转型，融入了新一代信息技术发展的时代浪潮。面对高质量发展中遇到的困难挑战，敢想敢闯敢试，园区自成立之日起便被赋予了开放包容的精神禀赋，始终保持开放的胸怀，在招商引资、经济运行、基础开发、园区合作、基层管理等方面开发区始终秉承着全心全意为企业服务的理念，全力推进外资、外贸、外包齐头并进，对先进产业、先进技术、先进管理，园区始终突出开放的平台，为企业更好更快发展提供了有力支撑。

（3）苏州太湖科技产业园TTA-RIE复合系统的特征

苏州太湖科技产业园依靠科技人才的技术、知识水平、政府政策，不断发展壮大，同时，极大地改善了创新环境。苏州太湖科技产业园内科技人才与区域创新环境已经形成一个复合系统，具有明确的目标，两者相互影响，并处于不断发展变化中，充分体现出复合系统的目标性、复合性、耦合性以及动态性特征。表现为园区内大批科技人才依靠自己的知识和能力，通过技术溢出效应、创新扩散效应、规模效应、辐射效应、加速器效应等科技人才集聚效应影响科技园区创新环境改变，并且辐射到周边地区，促进周边地区经济基础环境、基础设施环境、创新潜力环境、信息网络环境、市场环境、政策制度环境、文化环境等方面的改善。

6.4.2 苏州太湖科技产业园TTA-RIE复合系统的构成

（1）苏州太湖科技产业园科技人才集聚子系统的主体类型和组织机构

苏州太湖科技产业园为吸引不同行业的科技人才和高精尖的企业采取了许多的方法，具体的作用表现为如下几个方面。

1）高科技企业成为科技人才的汇聚基地

依托区域整体良好的生态环境及产业氛围，近年来园区已成功引进数十家上市公司及拟上市公司入驻投产，涉及无线科技、自动化、光电材料等相关高新产业。围绕智能制造、精密机械等新兴产业的体系建设逐步完善，上下游产业链布局初显成效。将苏州太湖科技产业园建设成为太湖国家旅游度假区内的高科技产业片区，生态、科技、环境相互渗透的低碳产业园，新时代产业转型升级示范区，优秀高素质人才集聚区。

2）政府成为科技园区的主要管理机构

根据度假区党工委、管委会对于太湖科技产业园管理局作为“产业园片区建设管理及企业服务机构”的职能定位，设立综合办公室负责文件文稿的起草审核，拟定单位年度工作计划、总结和内部管理制度等工作；做好园内企事业单位的党建、工建和妇女权益保护等服务工作；负责产业园物业管理及资产、融资管理工作，承办上级领导和管理局交办的其他工作。设立企业服务中心负责研究经济、产业发展及相关政策，及时掌握国内外经济发展和市场动态；研究和创新招商引资思路和办法，收集项目信息；负责对外招商和项目推介和投资项目的接待、对接、洽谈、签约；协助办理新建项目的各项手续，协调企业与政府部门的关系，及时解决企业发展遇到的问题；做好经营性资产的经营管理，负责合同签订，租金收缴等相关工作。设立社会事业科负责产业园防火、防盗等安全保卫工作；产业园内水电气通信等基础管网建设、管理工作；负责指导管理产业园巡逻队日常工作，协调产业园各项目的安全生产、环保、劳动保障等监督管理工作。

3）与大学合作为园区培养科技人才

南京信息工程大学电子与信息工程学院与苏州太湖科技产业园，以及园区企业卫捷医药科技有限公司，在太湖国际会议中心分别签署校地、校企合作协议，各方决定建立长期、稳定的供给合作，后续在信息共享、人才对接、科技对接等方面开展一系列富有成效的互动交流。首期“苏州太湖科技产业园校企沙龙”活动也在太湖会议中心成功举办。来自南京信息工程大学、复旦大学、江南大学等高校的30多位博士教授及学生代表，和来自产业园的15家优秀企业的董事长或总经理开展对话交流活动。在校企交流环节，各位企业家现身说法，表达了对加强校企合作、发展民族工业的深切期望。

（2）苏州太湖科技产业园区域创新环境子系统的主体类型

苏州太湖科技产业园自成立以来，不断完善区域创新环境，吸引众多科技人才以及高新技术企业入驻，主要表现为良好的区域创新硬环境和创新软环境。其中创新硬环境包括经济基础环境、基础设施环境等，创新软环境包括市场环境、政策制度环境、创新环境等。

1）良好的办公环境

苏州太湖科技产业园研发大楼位于太湖科技产业园核心区凤凰路、塔山路交叉口，南依穹窿山，北邻高新区科技城，东近绕城高速，西接光福镇区，地理位置优越，交通便利。占地约14.1亩（1亩＝666.67平方米），建筑面积41310.37平方米，大楼共计14层（含地下两层），单层实用使用面积1225平方米，为产业园规划控制最高建筑，属于商务办公楼宇。该大楼集信息化办公、智能化控制、生态化景观于一体，为太湖科技产业园“两心、两轴、三区”规划要素中现代商务中心的核心载体，着力打造以科技、新能源、电子信息等为主要产业的商务平台。

太湖智创园一期总占地面积98.8亩，总建筑面积85000平方米，分东西两区。东区占地43.2亩，建有2栋标准厂房，西区占地55.6亩，建有3栋标准厂房。厂房层高5～12米，楼层承重1～5吨。空间灵活可分割，配有独立卸货平台、吊装平台、门厅，标准货梯承重5吨。进驻产业类型为精密机械、光电环保、医疗器械、智能制造等领域优秀企业。太湖智创园二期位于一期西区东西两侧，总占地面积46亩，共计5栋高标准厂房，总计建筑面积7.6万平方米。建筑面积的70%可分割转让，且最小分割单位面积不得低于1400平方米。

2）良好的招商环境

为进一步推进园区招商工作，提升核心竞争力，太湖科技产业园企业服务中心于2019年5月正式成立。企业服务中心全体成员积极适应角色转换，适应岗位，充分发挥优商选资、服务企业的核心职能作用，与度假区专职招商部门形成了良性互动。随着太湖科技产业园内部建设不断完善，用真心、动真劲、下真功，打好优商选资这场持久战。首先，当前严峻的经济发展形势下，进一步坚定信心，将目标锁定在智能制造、精密机械、医疗器械等先进制造业领域，大力引进企业研发及总部，推动优商选资向更大规模、更宽领域、更高水平迈进，以优商选资促转型、促创新、促发展。其次，向先进部门学习，在下一步工作中找准不足、看到差距，企业服务人员端正学习态度，充分利用碎片化时间，熟悉各产业热点知识及当前国际经贸形势，努力付出，锤炼技能，增强对产业发展的前瞻性、敏感度。最后，立足当前产业园发展的基础优势，充分利用度假区招商局现有的资源及平台基础，进一步创新思路，拓展渠道，以抓住产业发展不放松的劲头，力争在优商选资上实现新突破。优商选资只争朝夕，加快发展刻不容缓。了解市场新动态，增强团队凝聚力，为共创太湖新兴产业腾飞新局面作出了巨大的贡献。

3）完善的人才政策环境

为深入推进人才强区和人才优先发展战略，加快促进紧缺高层次人才集聚，助推创新型城区建设和新兴产业发展，通过实施东吴企业高层次人才资助计划，积极鼓励新一代信息技术、高端装备制造、新材料、节能环保和新能源、生物技术和新医药、高端服务业和现代农业等新兴产业和重点领域的企业，引进紧缺高层次人才。政府也进行了资金资助、安家补贴等福利待遇政策。

6.4.3 苏州太湖科技产业园TTA-RIE复合系统协同演化内容

苏州太湖科技产业园TTA-RIE复合系统协同演化是一个漫长的历史过程，是一个随时间演化的动态过程，同时科技人才在集聚过程中会产生空间集聚现象，对区域创新环境具有空间溢出效应。

(1) TTA-RIE复合系统时间协同演化机理

基于生命周期理论划分不同结构形式和功能的系统演化阶段，已经被广泛应用于各种领域，本书将苏州太湖科技产业园科技人才集聚子系统与区域创新环境子系统的理想演化阶段分为以下4个阶段。

1）初步协同阶段（2007～2013年）

在苏州太湖科技产业园产业发展起步阶段，苏州太湖国家旅游度假区是首批加入WTO旅游业对外开放的先行区，区内拥有得天独厚的自然人文资源，侧重发展旅游、休闲度假、文化论坛等，并已开发太湖水底世界、渔洋山风景区、太湖文化论坛、航天宇宙城等多个项目，吸引大量的客流。然而，度假区产业层次不高，主要以初级加工为主，深加工、高科技产业比重较低，一些化学、纺织、建材等行业污染较为严重，影响了太湖度假区的生态环境。同时，第三产业发展不足，已开发景点间缺乏有机联系，旅游基础设施与服务设施不完善，与度假区功能不符，导致旅游产业链不完善。因此，科技人才集聚对区域创新环境的影响仅限于小部分地区，科技人才集聚效应还未完全发挥出来，此时科技人才集聚子系统与区域创新环境子系统的相互作用程度还不深入，属于初步协同阶段。

2）强化协同阶段（2013～2019年）

近年来根据产业发展规划，园区逐步推出近千亩产业用地，集聚打造新兴产业载体及配套服务设施。依托区域整体良好的生态环境及产业氛围，园区已成功引进数十家上市公司及拟上市公司入驻投产，新兴产业的体系建设逐步完善，上下游产业链布局初显成效。此时，科技人才集聚子系统与区域创新环境子系统的相互作用程度不断深入，属于强化协同阶段。

3）深度协同阶段（2019～2021年）

这一时期科技园区的产业发展进入成熟期，进一步优化区域规划，加大载体推进力度，完善配套设施建设，重点推进拆迁清障及安置房建设进度，保障融资项目优化。在完善的政策的影响下，为企业送去了“人才新政”，解读部分人才计划及关于申请设立国家级、省级、市级博士后工作站等相关政策，在职能范围内为这些科技成长型企业发展提供人才助力。科技园区的创新环境也在不断地改善，从而使得更高技术的科技人才集聚，在之前的基础上形成新的科技人才集聚高地。这一阶段，科技人才集聚沿着创新环境的发展轨道演化，与区域创新环境演化动力交织程度更大，并且这一阶段经历的时间比强化协同阶段要短，属于深度协同阶段。

4）分化协同阶段（2021 年之后）

该阶段产业发展进入了低谷，由于受到宏观经济因素的制约，以及国家政策与行业发展程度的影响，园区内相关企业大量涌入集聚于此，企业竞争加剧，科技竞争人才竞争愈发激烈，个别企业出现偷倒垃圾、私搭乱建、偷种复种等问题，造成环境的破坏，生活消费水平的上升，人才集聚吸引力下降。基于此太湖科技产业园提出的打造产业发展“三大载体”，提升招大引强之效：高质量建设太湖科技产业园、高标准打造太湖湾数字科技园、高水平规划太湖湾总部经济园要求为工作指引。同时围绕度假区“文旅＋科技”双轮驱动战略及高质量建设太湖科技产业园目标，倾心培育智能制造、精密机械、医疗器械等高科技产业集聚群，促进区域经济向更高质量迈出更大步伐。

（2）TTA-RIE 复合系统空间协同演化机理

1）核心-边缘空间分布趋势明显

苏州太湖科技产业园后续出台了相应的规定，采取了拆违清障等措施，影响得到减缓。由此可以看出科技人才集聚呈现核心-边缘区域空间演化规律，同时与区域创新环境之间相互作用，一方面科技人才被核心区域的创新环境吸引而集聚该区域；另一方面，科技人才通过发挥知识溢出、技术溢出等效应促进核心区域创新能力提高，从而促进经济增长，改善区域创新环境。

2）经济基础环境对科技人才集聚的作用机理

苏州太湖科技产业园区的经济基础环境对吸引科技人才起到至关重要的作用，由于产业园区位于太湖北岸的姑苏古城苏州，西临无锡、常州，南接浙江嘉兴、湖州，北与南通隔江相望。苏、无、常、嘉、湖、宜六市共同构成了环太湖都市圈，经济发达，薪资水平较高。最后导致了科技人才的集聚现象。经济基础环境对科技人才集聚的作用机理如图 6-1 所示。

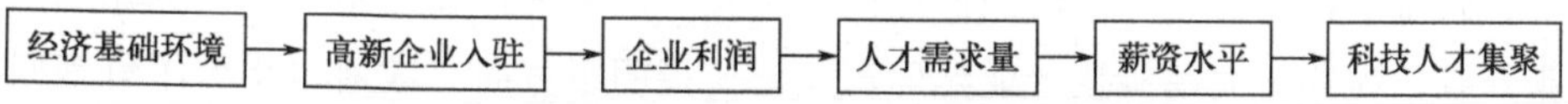

图 6-1 经济基础环境对科技人才集聚的作用机理

3）基础设施环境对科技人才集聚的作用机理

基础设施环境是为科技人才集聚提供最基本的硬件条件，基础设施包括生产基础设施和生活服务设施，一个地区的基础设施好坏，在一定程度上影响了科技人才的集聚程度。苏州太湖科技产业园研发大楼地理位置优越，交通便利，为产业园规划控制最高建筑，属于商务办公楼宇，同时引入幼儿园，中小学校。在生产设施中，太湖科技产业园拥有优越的区位交通优势，地处长三角地区的中心、苏州市西部山水保育区，北临苏州市科技城、南接苏州太湖国家旅游度假区中心区，距离上海虹桥机场约 110 千米，距离苏州火车站约 21 千米。区域交通日趋完善，基础设施与配套建设发展迅速，具有得天独厚的优越交通区位条件。交通、通信等为产业集聚提供了方便的硬件条件，从而缩短了科技人才集聚的时间，提升了科技人才集聚的效率，加快了科技人才的流动速度。基础设施环境对科技人才集聚的作用机理如图 6-2 所示。

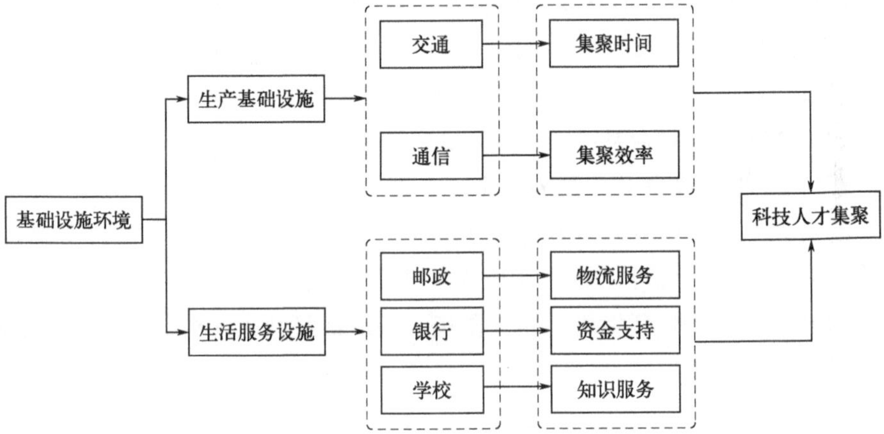

图 6-2　基础设施环境对科技人才集聚的作用机理

4）区域政策制度环境对科技人才集聚的作用机理

区域政策制度环境是科技人才集聚的制度保障。国家当前的政策导向是加快发展高新技术产业群。包括新材料、医药、节能环保等，同时大力发展生产型服务业，推动生产型制造向服务型制造转变。而苏州产业结构也面临着升级调整，不断促进高新产业发展以及科技创新，积极实施新能源、医药及生物技术、新型平板显示和智能电网产业四大工程，国家的产业政策导向与苏州的产业升级，为苏州太湖科技产业园的产业定位指明了方向。政府也出台了许多吸引人才的相关政策，积极鼓励新一代信息技术、高端装备制造、新材料、节能环保和新能源、生物技术和新医药、高端服务业和现代农业等新兴产业和重点领域的企业，引进紧缺高层次人才。5 年内享受政府资助资金。博士研究生或正高职称，每人每年补贴 2 万元；硕士研究生或副高职称，每人每年补贴 1 万元。当年度引进博士研究生或正高职称 2 名以上，或者引进硕士研究生或副高职称 5 名以上，给予一次性奖励，奖励 5 万元。

综上所述，区域创新环境的优化和改善对吸引科技人才有着重要的影响，主要体现在以下两个方面：一是区域创新硬环境为科技人才集聚提供良好的物质基础。良好的区域经济基础发展是科技人才集聚的主要原因，一般来说，经济基础较好的区域，工资收入水平较高，科技人才集聚的动力较大；完善的基础设施与公共服务在吸引科技人才集聚方面发挥关键作用，尤其是医疗、教育资源对科技人才吸引力程度较高；活跃的信息网络环境为科技人才提供前沿的市场信息，有利于科技人才开展创新创业活动。二是区域创新软环境为科技人才集聚提供良好的人才发展环境。公平的市场环境有利于科技成果转化，让科技人才充分发挥经济效应；完备的政策环境有助于有效引导科技人才流动，激励科技人才不断产生创新成果；包容、开放的区域文化环境潜移默化地影响科技人才集聚，使科技人才产生新的灵感；良好的区域创新潜力环境有助于增加科技人才工作的热情和信心，加速科技成果的转化，吸引更多的科技人才集聚。

(3) 区域创新环境对科技人才集聚的影响和势差

通过分析区域创新环境对科技人才集聚的作用机理发现，区域创新环境对科技人才集聚的影响是直接的、刚性的，苏州太湖科技产业园区域的经济发展程度较高，收入较高，科技人才集聚到该区域的概率就越大。苏州的地理位置优越、经济发展水平较高、教育资源与医疗资源丰富、创新氛围浓厚、高新技术产业云集，对科技人才集聚的吸引力大，汇集了许多科技人才。而苏州太湖科技产业园内高新技术产业发达，与众多高校相互协同合作。政府也不断出台相应的政策对高新企业进行帮扶和吸引人才的集聚，不断利用创新环境并改善创新环境，尽量缩小区域创新环境的势差。在政府的带领之下，企业不断优化企业内部环境，同时加强与社会环境的联系，集聚各类科技人才。

(4) 综合效应对区域创新环境的反馈作用

当科技人才的集聚达到了一定的水平，它就会不断地深化和发展，从技术效应到双赢效应，再到综合效应。综合效应主要包括激励效应、辐射效应、加速器效应。

① 激励效应。激励效应会促使科技人才不断学习先进知识和经验，不断提升自我，为区域经济发展提供良好的智力支持。苏州太湖科技产业园通过一系列的政策为科技人才提供全方位的成长支持，包括优质的教育资源、丰富的实践机会等，有助于科技人才的全面发展。同时，通过创造尊重科技人才、鼓励创新的社会氛围，可以进一步激发人才的创新潜力，吸引更多的高精尖人才落户。苏州太湖科技产业园通过多方面的措施，为科技人才的成长和发展提供了强有力的支持，是推动科技创新和实现科技自立自强的重要保障。

② 辐射效应。科技人才的集聚往往集中在某些核心城市，这些城市通过科技人才的流动和知识传播，对周边地区产生辐射效应，推动区域经济一体化和协同发展。由于苏州太湖科技产业园位于太湖北岸的姑苏古城苏州，与周边的城市共同构成了环太湖都市圈，带动了相关产业的发展，促进知识和技术的扩散，提高整个区域的创新能力和竞争力，加强了区域内外的科研机构、高等学校和企业之间的联系。这种交流合作有助于提高区域的创新能力，推动科技成果的转化和产业升级。

③ 加速器效应。加速器效应通过促进跨学科的交流与合作，加强了苏州太湖科技产业园不同领域科技人才之间的互动，推动了学科交叉融合。这种跨界合作有助于产生新的研究思路和方法，促进科技人才在更广阔的视野中开展创新工作。苏州太湖科技产业园提供了充足的科研资源和良好的科研环境，激发了科技人才的创新活力和潜能，科技人才可以在这样的环境中自由探索、勇于尝试，不断挑战科学前沿，从而推动科技创新的进步。

(5) 科技人才集聚对区域创新环境的影响分析

1）科技人才集聚自身方面

区域创新环境的改变是科技人才集聚由量变到质变的发展过程，量变是质变的前提，科技人才规模是科技人才集聚数量的集中体现，对区域创新环境存在重要影响。与各大高校分别签署校地、校企合作协议，各方决定建立长期、稳定的供给合作，在信息、人才、科技等方面开展一系列富有成效的互动交流。

2）科技人才集聚外在效应方面

通过分析可知科技人才集聚经济效应有利于促进区域创新环境的改善，对区域创新环境带来不同程度的贡献。当科技人才集聚带来经济效应的同时，如果科技人才集聚过度，会带来科技人才集聚非经济效应，在一定程度上阻碍科技人才集聚正向效应的发挥，不利于区域创新环境的改善。本书认为科技人才集聚负向效应主要表现为拥挤效应、非流动效应、同质效应。拥挤效应是指区域的科技人才集聚供给数量超过需求数量，造成科技人才恶性竞争，出现一些科技人才闲置，没有充分发挥科技人才集聚的效应；非流动效应是指区域内集聚众多科技人才，但是科技人才之间缺乏有效流动，没有发挥知识溢出、技术传播的功能，无法达到规模经济，在改善区域创新环境方面没有发挥应有的作用；同质效应是指在资本、基础设施等有限资源的约束下，同质的科技人才集聚可能出现科技成果类似、创新性减少、人际关系恶化等问题，不利于形成充满活力的区域创新文化环境。

6.5 武汉光谷中华科技产业园

6.5.1 武汉光谷中华科技产业园简介

(1) 武汉光谷中华科技产业园的概况

武汉光谷中华科技产业园北倚龙泉山，300余平方千米的梁子湖环绕东南，西距沪蓉高速3千米，总规划面积达数百平方千米。枕山抱水、钟灵毓秀形成得天独厚的最具竞争力的环境优势。

(2) 武汉光谷中华科技产业园的背景

2010年，国务院侨务办公室与湖北省政府签署合作框架协议，将武汉东湖高新区设立为华侨华人专业人士创业发展洽谈会（简称华创会）永久会址。2011年3月，国侨办批复支持在武汉东湖国家自主创新示范区内设立中华科技产业园（简称中华园），作为华创会签约项目的主要承载地。

(3) 武汉光谷中华科技产业园的区位优势

武汉光谷中华科技产业园位于武汉市东南部，东湖国家自主创新示范区（中国光谷）的南部。中华科技产业园区域交通便捷，至武汉机场约50分钟车程，至武昌火车站约40分钟车程，至汉口火车站约40分钟车程，至武汉火车站（高铁站）约15分钟车程，至武汉山坡机场约15分钟车程。

(4) 武汉光谷中华科技产业园的定位

武汉光谷中华科技产业园作为华创会签约项目的主要承载地和永久会址，致力于打造华侨华人神往、创新创业特区、生活休闲首选、配套功能现代的国际化、差异化的科学城，重点发展文化和科技融合服务业、生态旅游服务业、通用航空服务业、国际商事商务服务业、创新动力服务业五大产业。

(5) 武汉光谷中华科技产业园的规划

武汉光谷中华科技产业园依托依山傍湖的资源禀赋，整体设计秉承环境融入城市、环境融入生活的规划理念，城市用地采用有机疏散的组团式布局形态，构架出“三湾、四岛、两环、南北核”的空间格局，旨在打造一座以水为生、以山为魂、以新型服务业为支撑的滨湖生态新城。

6.5.2 武汉光谷中华科技产业园 TTA-RIE 复合系统的构成

多年前，技术型高端海归人才主要以高校背景居多，但在过去十多年，产业驱动下的人才回流越来越明显，这与中国的创新崛起和高科技产业浪潮密不可分。2021 年，光谷常住人口达 118 万人，比 2020 年增加 16.77 万人，是 2010 年的 3 倍。光谷在全国率先推行人才注册制和动态积分制，面向全球开放式引才。申报者不限地域、时间，随时随地能在线注册，了解并申请光谷人才政策。对于长年在海外的“海鸥人才”，甚至能以离岸人才的方式，与光谷进行空中创新合作。武汉光谷中华科技产业园 TTA-RIE 复合系统由科技人才集聚子系统与区域创新环境子系统构成。

(1) 武汉光谷中华科技产业园科技人才集聚子系统的主体类型和组织机构

高新技术产业以高新技术为基础，从事一种或多种高新技术及其产品的研究、开发、生产和技术服务的企业集合，这种产业所拥有的关键技术往往开发难度很大，但一旦开发成功，却具有高于一般的经济效益和社会效益。根据这一标准，高新技术产业主要包括信息技术、生物技术、新材料技术三大领域。中国高新技术产业园区从 20 世纪 50 年代起步以来，对促进科技成果的转化，培育创新型的高科技企业和企业家，孕育新的技术革命和新兴产业，推进新经济的发展进程发挥了根本性的推动作用，成为一个国家和地区实现高新技术产业化、促进经济增长和社会持续发展的有效方式和重要手段。

武汉光谷中华科技产业园的各个组织机构是集聚科技人才的必要条件，为吸引不同行业的科技人才发挥不同的作用，各大高校、科技创新平台、政府机构发挥的作用表现为如下几个方面。

武汉的各大高校已经成为科技人才的培养基地，武汉是中国第二大智力密集区，高等学府林立，高端人才云集。在校大学生数量超过百万人，是全球在校大学生规模最大的城市，985 高校两所（武汉大学、华中科技大学），211 高校多所，高校通过开设与高科技相关的课程，培养大量科技人才，为科技产业园区不断地输送新鲜血液，依托高校人才科技资源，为光谷中华科技产业园储优秀后备人才。

科技创新平台作为科技人才的汇聚地，是促进科技成果转移转化和培育发展高新技术产业的重要载体。完善科技创新平台体系有利于有效整合政、产、学、研的各类成果，用各类资源，贯通研发、孵化、转化、投融资服务等关键链条，有效提升科技成果转移转化成效，推动科技创新赋能经济高质量发展。

政府机构是鼓励科技人才产生和集聚的领头羊，武汉市委、市政府制定出台《关于在武汉东湖新技术开发区建设“人才特区”的若干意见》，启动实施“3551人才计划”，即用3年时间，在光电子信息、生物医药、新能源、高端装备制造、消费电子及现代信息服务5个主导产业引进50名左右行业领军人才、1000名左右高层次人才，给予领军人物创业资助。围绕建设“人才特区”的若干意见，人社、科技、公安、教育、工商等部门，相继出台支持“人才特区”建设的配套政策，包括出台人力资本作价出资政策、实行人才居住证制度、开通专业技术职称评定绿色通道等。政府出台一系列的人才激励政策，从而使得科技人才大量集聚，促进高新技术的发展，也给武汉光谷中华科技产业园注入了更加鲜活的力量。

(2) 武汉光谷中华科技产业园区域创新环境子系统的主体类型

党的十九届五中全会提出，坚持创新在我国现代化建设全局中的核心地位，把科技自立自强作为国家发展的战略支撑，加快建设科技强国，布局建设综合性国家科学中心和区域性创新高地。武汉光谷科技产业园积极响应国家的号召，不断完善区域创新环境，吸引大量科技人才集聚于此，各大高新科技企业也纷纷慕名而至，武汉光谷中华科技产业园在取得巨大进展的同时，不断完善内外部环境，其中内部环境包括：武汉光谷中华科技产业园内部的物质、文化环境的总和，包括产业园资源、企业能力、园区文化环境等。外部环境包括：政治环境、社会环境、技术环境、经济环境等。

1) 产业园区的资源环境

武汉光谷中华科技产业园创新资源优势显著。光谷科技产业园集聚了近百所高校、几十名“两院”院士，已初步形成“源头创新-技术开发-成果转化-新兴产业”全链条创新体系，涌现出一批全球领先的重大创新成果。近年来，获批建设脉冲强磁场、精密重力测量等国家重大科技基础设施及武汉光电国家研究中心等基础前沿创新基地，建设了国家信息光电子创新中心、国家先进存储产业创新中心等国家级创新平台。搭建了多家产业技术研究院及一批区域性技术转移转化平台。良好的资源环境使得园区的发展更加深入。

2）武汉光谷中华科技产业园的创新能力

2018年，光谷综合实力跃居国家级高新区第4位。2019年，光谷经济总量达1876.77亿元，首次跃居武汉各区之首，这标志着，工业重镇武汉实现了从“钢时代”到“车时代”再到“光时代”的三级跳。2020年，虽受疫情影响，光谷的经济总量仍逆势增长，在武汉各区中率先迈上2000亿元台阶。2021年，光谷GDP突破2400亿元，增长16.8%，其中GDP总量、固定资产投资、招商引资到位资金总量全市第一，规模以上工业增加值增速全市第一。光谷一直坚持人才引领、创新驱动，过去一直走在高质量发展路上，取得了令人瞩目的发展成就。

3）武汉光谷中华科技产业园的文化环境

园区加强宣传引导，提高全社会参与光谷科技创新建设的积极性和主动性。举办光谷科技创新论坛、世界科学家大会、全球创新创业大赛等活动，彰显品牌效应，提升国际影响力和资源集聚力。弘扬科学家精神、企业家精神、工匠精神，营造鼓励创新、宽容失败的创新文化。

4）武汉光谷中华科技产业园的政策环境

武汉光谷中华科技产业园构建了“众创空间-孵化器-加速器-专业园”的完整孵化链条，建立了集孵化服务、创业投资、创业活动、创业导师等于一体的创业服务体系，开展了一系列有全国影响力的创新创业活动。截至目前，累计建设国家级孵化载体近百家，占全省一半以上。先后出台“黄金十条”“创新创业创造十条”“3551人才计划”“创新活力之城十条”“人才新政22条”等创新政策。深化“放管服”改革，在全省率先推行“马上办、网上办、一次办、就近办”政务服务改革，开展“先建后验”等改革试点，形成一批可复制、可推广的先行先试经验。

5）武汉光谷中华科技产业园的经济技术环境

武汉是中部六省经济发展龙头，武汉市位列中国中部地区6个省会城市GDP排行榜首位。百余家世界500强企业集聚武汉。中国光谷的经济实力也异常强劲，近年来，东湖示范区呈现高速增长态势。目前已有近百家世界500强企业在东湖示范区投资兴业。除此之外，武汉光谷中华科技产业园建设了一批产业创新平台。支持龙头企业面向主导产业与未来产业发展需求，联合全球创新力量，围绕下一代通信、集成电路、生命健康、人工智能等领域，建设产业创新中心、制造业创新中心。支持龙头企业设立研发总部。

6.5.3 武汉光谷中华科技产业园 TTA-RIE 复合系统协同演化

武汉光谷中华科技产业园 TTA-RIE 复合系统协同演化是一个漫长的历史过程，是一个随时间演化的动态过程，同时科技人才在集聚过程中会产生空间集聚现象，对区域创新环境具有空间溢出效应。

(1) TTA-RIE 复合系统时间协同演化机理

基于本书分析将武汉光谷中华科技产业园科技人才集聚子系统与区域创新环境子系统的协同演化阶段分为以下 4 个阶段。

1）初步协同阶段（2011～2014 年）

在武汉光谷中华科技产业园产业发展起步阶段，少部分科技人才由于被区域的经济环境、文化环境、教育医疗环境等吸引，为满足自身的需求，这些科技人才集聚于此，此时园区产业发展处于初期阶段，但由于产业发展链条较短，产业技术还不成熟，科技人才集聚不足够形成规模。因此，科技人才集聚对区域创新环境的影响仅限于小部分区域，科技人才集聚效应还未完全发挥出来，此时科技人才集聚子系统与区域创新环境子系统的相互作用程度还不够深入，属于初步协同阶段。

2）强化协同阶段（2015～2018 年）

经历了初步协同发展阶段，科技产业园逐步发展为提升阶段，产业发展链条不断延长，产业技术逐步成熟，并且形成了产业集群现象，配套的基础设施得到不断完善，产业发展环境得到不断改善，区域创新环境进一步优化，产业专业分工越来越细化，这使得大量的科技人才被吸引，科技人才集聚优势更加明显，科技人才集聚规模效应、创新效应、知识溢出效应等得以发挥。此时，科技人才集聚子系统与区域创新环境子系统的相互作用程度不断深入，属于强化协同阶段。

3）深度协同阶段（2019～2021 年）

这一时期科技园区的产业发展进入成熟期，园区内部的科技企业竞争激烈，由于区域资源、基础设施、环境容量等有限，科技人才的竞争也达到了顶峰阶段，优胜劣汰，优秀的科技人才被留下，一部分人才因为各种原因被淘汰。留下来的科技人才成为发展新兴产业和研发新技术的主力，在先进技术的影响下，科技园区的创新环境也在不断地改善，从而使得更高技术的科技人才集聚，在之前的基础上形成新的科技人才集聚高地。这一阶段，科技人才集聚沿着创新环境的发展轨道演化，与区域创新环境演化动力交织程度更大，并且这一阶段经历的时间比强化协同阶段要短，属于深度协同阶段。

4）分化协同阶段（2022 年之后）

该阶段科技园区发展进入了分化阶段，经过了十年的不断发展，光谷科技园区积累了丰富的市场资源与技术成果，在政府的大力支持下，科技园区的核心竞争力不断提高，创新投入产出效率在增加。但受到宏观经济因素的制约，或者由于其本身的生命周期因素，园区生产成本上涨，“搭便车”现象初露端倪，导致了科技人才生活费增加，科技人才集聚动力开始减弱。此时，光谷科技产业园区抓住武汉建设国际化大都市的契机，一直坚持人才引领、创新驱动发展战略，促使科技人才积极作出转型，不断学习新技术，提高自身实力，从而适应复杂多变的区域创新环境。充分利用园区现有资源，发挥自身独特优势，促进园区人才、资金、技术和信息的高效流动，重点发展文化和科技融合服务业、生态旅游服务业、通用航空服务业、国际商事商务服务业、创新动力服务业五大高端产业，重视研发，力攻“卡脖子”技术，将中华科技园打造成为世界一流科技园区，从“中国光谷”变为“世界光谷”，园区开始吸引一批批人才，包括从海外引进的人才，科技人才集聚水平得到更新发展，这便是光谷科技园区科技人才集聚子系统与区域创新环境子系统的分化协同阶段。

（2）TTA-RIE 复合系统空间协同演化机理

1）核心-边缘空间分布趋势明显

在武汉光谷中华科技产业园发展初期，园区规模较小，地理位置位于武汉市经济发达地区，作为核心区域。此时，该园区的核心区域集聚力大于分散力，科技人才也集中分布在核心区域。随着科技产业的发展，园区规模增大，核心区域逐渐出现房价上升、资源短缺、基础设施供需不匹配、环境污染等现象，园区创新环境优势逐渐减小，一些产业逐渐转移到周边区域。因此，科技人才由核心区域逐渐迁移至周边区域，周边区域演化为新的科技人才集聚核心。可以明显看出科技人才集聚呈现核心-边缘区域空间演化规律，科技人才集聚与区域创新环境之间相互作用，核心区域的创新环境吸引科技人才集聚，科技人才通过发挥知识溢出、技术溢出等效应促进核心区域创新能力提高，从而促进经济增长，改善区域创新环境。

2）区域创新环境对科技人才集聚的吸引

武汉光谷中华科技产业园创新环境对吸引科技人才起到至关重要的作用，

根据前文分析园区创新环境对科技人才集聚的作用机理，园区创新环境分为内部环境和外部环境，其中内部环境包括：武汉光谷中华科技产业园内部的物质、文化环境的总和，包括产业园资源、企业能力、园区文化环境等。外部环境包括：政治环境、社会环境、技术环境、经济环境等。因此，研究区域创新环境对科技人才集聚的作用机理，应该从区域创新环境的构成要素角度逐一分析。

产业园资源环境对科技人才集聚的作用机理：资源环境为科技人才集聚提供了最基本的条件，资源的范畴较为广阔，最基本的便是日常的基础设施资源和生产设施资源，这些资源环境共同作用，最后导致了科技人才的集聚现象。资源环境对科技人才集聚的作用机理图如图 6-3 所示。

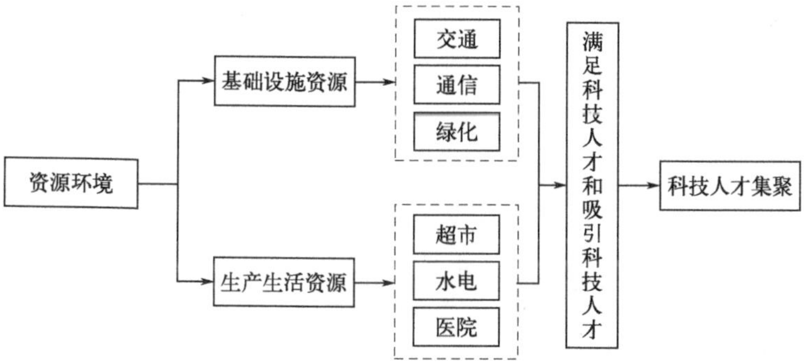

图 6-3 资源环境对科技人才集聚的作用机理图

产业园创新能力对科技人才集聚的作用机理：企业的创新能力越强越能反映企业的实力，企业的创新能力包括多个方面，其中比较重要的两个方面就是技术创新和制度创新，其中技术创新主要体现在核心技术、机械改良和工艺改进等方面，制度创新主要体现在管理、组织和政策等方面，科技园区的这些创新点将会吸引大量的科技人才，会成就科技人才对卓越科技的追求与向往，同时也会激励这些科技人才进行不断创新，继而使得科技人才继续留在科技园区。创新能力对科技人才集聚的作用机理如图 6-4 所示。

产业园区文化环境对科技人才集聚的作用机理：园区文化环境有利于从文化习惯方面提高科技人才创新创业的积极性，开放的文化交流，有利于科技人才与其他相关科技人才开展技术交流与合作，从而提高科技人才的竞争力，文化教育也是文化环境不可缺少的一部分，园区通过开展文化教育来提高科技人

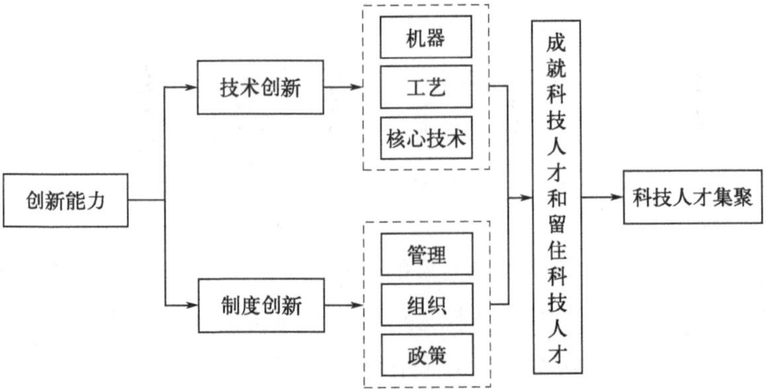

图 6-4　创新能力对科技人才集聚的作用机理图

才的文化素质，人才素质就越高，园区创新能力越强，那么经济发展水平就越高，多种因素共同作用使得科技人才对园区文化的认同感和归属感加强，从而选择留在园区，科技人才得以集聚。文化环境对科技人才集聚的作用机理如图 6-5所示。

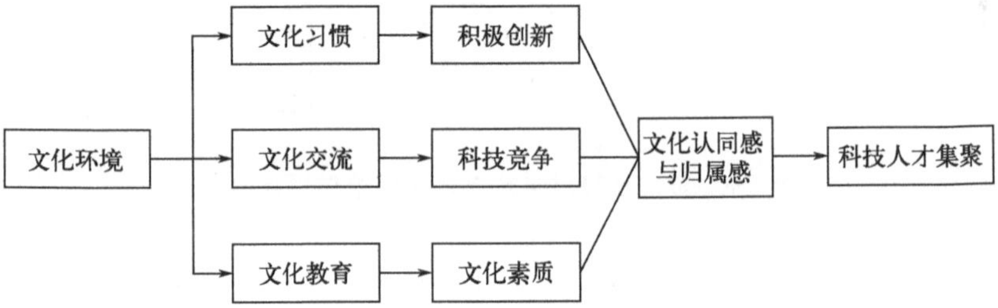

图 6-5　文化环境对科技人才集聚的作用机理

产业园区政策环境对科技人才集聚的作用机理：政策环境是科技人才集聚的制度保障。一方面，政府通过制定优惠的企业入驻政策、人才引进政策等吸引科技人才，如税收减免政策、降息政策、提供子女入学政策、解决户口政策等；另一方面，区域政府通过制定和完善知识产权法规、专利制度等保护科技人才的知识产权，有利于促进科技人才开展原始创新。在此基础上，建立健全的区域政策体系，为科技人才的集聚创造了一个良好的制度环境，这对于保障科技人才的合法权利、对其创新创业活动进行监管、对其进行有效的引导，是非常有益的。政策环境对科技人才集聚的作用机理如图 6-6 所示。

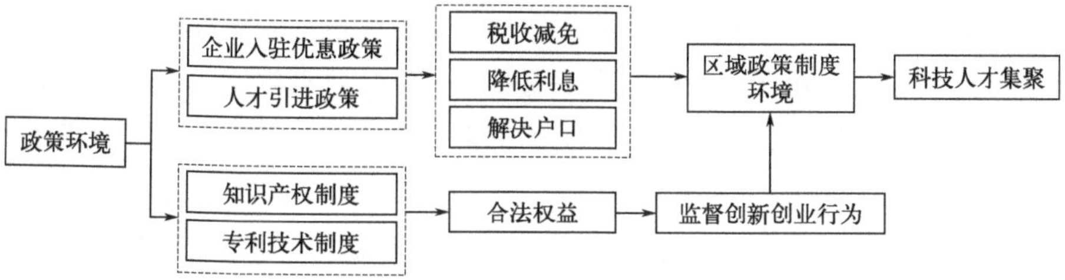

图 6-6 政策环境对科技人才集聚的作用机理

3）科技人才集聚对区域创新环境的反馈

科技人才集聚对园区创新环境具有反馈作用，影响园区创新环境的各个要素，主要从科技人才集聚对区域创新环境的作用机理分析。

科技人才作为人才中优秀的群体，具备普通人才缺乏的知识和技能，科技人才集聚过程中产生科技人才集聚效应，进而作用于创新环境，加速园区创新环境的改善，提高园区创新能力和竞争力，进而促进经济的发展。因此，从人力资本角度和科技人才集聚效应方面分析科技人才集聚对区域创新环境的作用机理。

科技人力资本对区域创新环境的作用可以概括为三种方式。

① 将科技人力资本看作改善区域创新环境的直接投入要素，科技人力资本作为一个变量直接作用于经济增长。武汉光谷中华科技产业园有充足的厂房、机器、设备、原材料以及资金用来生产，并且会组织园区科技人才接受教育、培训、实践经验、学习，从而提高劳动力质量，对经济增长有推动作用。

② 科技人力资本通过影响技术进步间接影响经济增长，进而改善区域创新环境。按照卢卡斯（Lucas）的理论，科技人力资本投资与积累提高科技人才自身的知识和技术水平，使科技人才自身收益，从而提高劳动生产率。围绕科技创新和战略性新兴产业发展需求，大力吸引华侨华人研发中心、国际大学、中介机构等入驻，重点发展研发服务、教育培训、科技中介等领域，促进园区产业高端化发展，为区域产业发展提供持续创新动力。到 2020 年，创新服务业实现收入 100 亿元，占园区总收入的 10%。

③ 科技人力资本依靠个人知识和能力，通过知识溢出的方式改善区域

创新环境。科技人力资本是知识创造和创新产生的重要源泉，知识的扩散和溢出有利于促进集聚的科技人才收益递增，从而促进区域创新能力提高。武汉光谷中华科技产业园会定时开展信息技术交流、政策解读、主题论坛等多种活动，从而加强科技人才之间的交流，提高园区核心竞争力，增强园区创造力。

根据科技人才集聚对区域创新环境的贡献，将科技人才集聚经济效应划分为创新效应、协同效应、综合效应三个核心模块。创新效应是科技人才集聚效应的核心模块，是促进园区创新环境改善的集中体现。科技人才的本质属性是创新精神，科技人才通过掌握已有技能，开展创新活动，产出创新成果，进而提高区域创新环境水平；协同效应是科技人才通过相互合作、相互交流实现更大的价值。科技人才通过协作共赢、互相学习，实现知识和技术的共享，提高整个科技人才集聚子系统的学习能力，促进了技术创新和技术进步，从而降低交易成本，促进园区生产效率的提高。科技人才集聚便利了集体学习和信息共享，彼此通过学习交流使科技人才得到更多的成长，相应的能力也不断提高，并以此使区域获得更大程度的开放和交互，有利于培育区域交流学习的文化氛围，改善区域人才环境；信息传递过程中有助于科技人才准确把握市场信息和知识信息，开展创新创业活动。随着科技人才集聚到一定程度，科技人才集聚效应得到进一步深化和发展，科技人才集聚效应由技术效应过渡到共赢效应，进而发展为综合效应。

① 促使科技人才不断学习先进知识和经验，不断提升自我，为园区经济发展提供良好的智力支持；适度的危机感会使科技人才不断保持创新的活力，有利于创新知识的加速更新，提高科技人才的适应能力，政府为奖励科技人才继续创新，保持知识更新，出台相应的激励政策，有助于改善区域政策环境。

② 促进园区周边区域产业发展、技术进步，进而带动经济增长，扩大产业规模，为了与产业发展相配套，周边区域的基础设施、网络环境等逐渐得到改善，整体创新环境水平得到提高。最后，科技园区人才的集聚加速了经济、科技、社会等各个方面的发展，各方面的发展会形成新的磁场，反过来吸引更多的科技人才集聚，为园区创新环境的发展提供更多的支持。

各个效应对科技园区创新环境的反馈作用如图 6-7～图 6-9 所示。

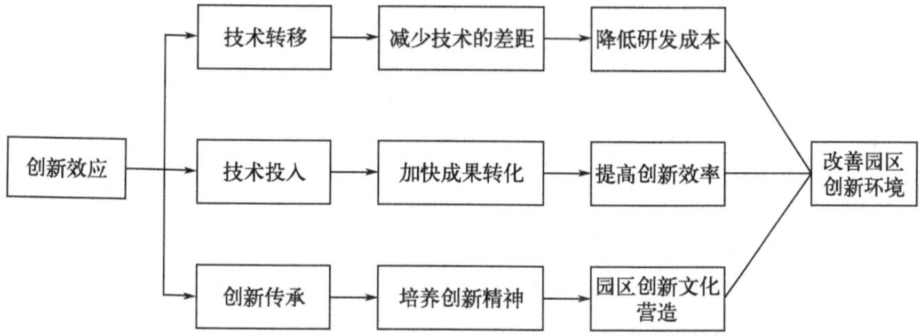

图 6-7　创新效应对科技园区创新环境的反馈作用

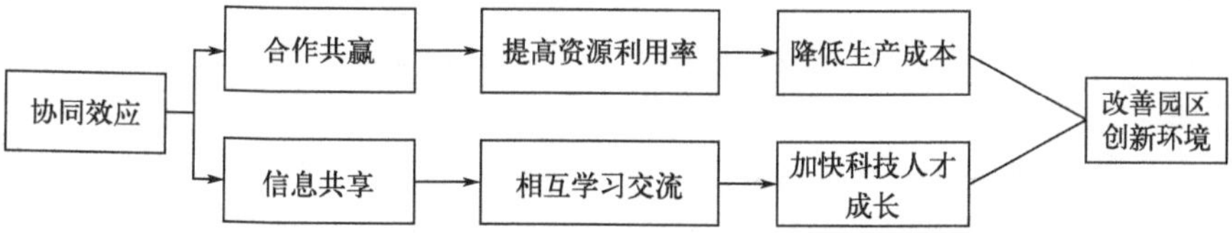

图 6-8　协同效应对科技园区创新环境的反馈作用

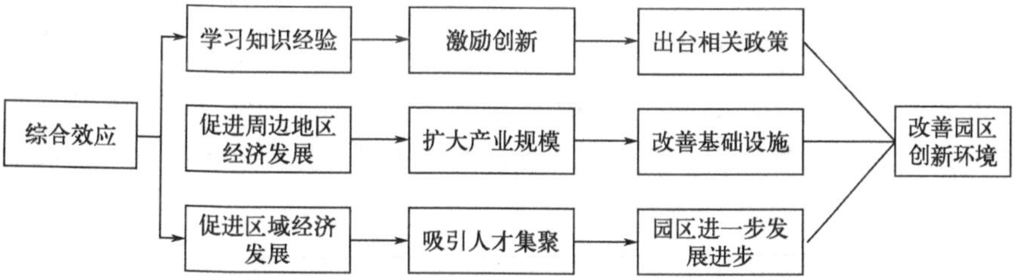

图 6-9　综合效应对科技园区创新环境的反馈作用

6.6　成都高新技术产业开发区

6.6.1　成都高新技术产业开发区简介

(1) 成都高新技术产业开发区的概况

成都高新技术产业开发区简称成都高新区，由成都高新南区、成都高新西区组成。该开发区现有面积 234.4 平方千米，主要以高新南区、高新西区、成都天府国际生物城和未来科技城等组成。南部园区初步建成集聚金融商务、科技研发、软件外包、商贸会展等高端服务业的“现代商务中心、高端产业新城”。西部园区初步建成集聚新一代信息技术、生物、高端装备制造等先进制造业和电子科大、华为成都研究所等教育科研院所的先进制造业集聚区、复合型产学研新城区。

(2) 成都高新技术产业开发区的背景

1988年8月，国家科学技术委员会（1998年改为科学技术部）在北京召开第一次火炬计划工作会议，以建设国家高新区为重要内容的火炬计划正式开始实施。成都高新区开始筹建。1990年，成都高新区获准正式成立。规划面积40平方千米，先期开发2.5平方千米。2011年10月，四川省人民政府通过四川省成都天府新区总体规划，成都高新区的石羊街道、桂溪街道、中和街道纳入天府新区范围，称为天府新区高新片区。2022年3月26日，成都高新区获批成为中国首批9家知识产权服务领域特色服务出口基地之一，也是中国西部唯一入选地区。

(3) 成都高新技术产业开发区的区位优势

成都高新技术产业开发区由南部园区、西部园区和东部园区组成，地理位置优越，占地面积大。在自然地理优势上，成都高新技术产业开发区位于成都的浅丘区，四季分明、气候温润适宜、自然景观丰富，非常适宜科技人才居住生活。在交通地理优势上，南部园区拥有“九纵十横”骨干路网及6条轨道地铁，并且大部分已建成通车。西部园区拥有高速公路、南北大道、货运大道等运输路线，还有3条地铁。此外，成都高新技术开发区距离成都天府国际机场路程很近，交通现状足够满足物流运输、科技人才通勤等需求。在政策优势上，该区域的经济发展得益于成都市政府对科技创新的大力支持和政策倾斜，吸引了众多国内外知名企业的投资和落户，形成以硬件制造、软件开发和科技服务为主导的产业格局。

(4) 成都高新技术产业开发区的定位

南部园区的定位是现代商务中心、高端产业新城。大力发展金融商务、科技研发、软件外包、商贸会展等高端服务业，是未来成都重要的金融中心、商务中心、科技中心、会议展览中心和政务服务中心。西部园区定位是新一代信息技术、生物、高端装备制造、节能环保等先进制造业，以及工业总部、产品研发、市场中介、技术培训等生产性服务业，是先进制造业集聚区、复合型产学研新城区。

(5) 成都高新技术产业开发区的规划

依托高新南区（成都新经济活力区、交子公园金融商务区）、高新西区

(电子信息产业功能区)、成都天府国际生物城和未来科技城，加快建设国家高质量发展示范区和世界一流高科技园区。

6.6.2　成都高新技术产业开发区 TTA-RIE 复合系统的构成

作为成都市经济发展主支撑和动力源，近年来，成都高新区围绕电子信息、生物医药和新经济三大主导产业，涵盖了集成电路、新型显示、创新药、高性能医疗器械、高端软件、人工智能、大数据、航空经济、金融业、会展业等行业作为核心发展力。2021 年以来，成都高新区经济运行整体呈现稳中加固、稳中提质、稳中向好发展态势。尤其是电子信息制造业、IC 设计、储存设备和无线产品研发类产业经济增长显著。成都高新技术开发区也在注重加速打造创新人才集聚区，据调查，截至目前在逾 80 万的“双创”人才中，35 岁以下青年人才占比 90%。在整个成都高新区各类人才集聚，数量庞大。

(1) 成都高新技术产业开发区科技人才集聚子系统的主体类型和组织结构

成都高新技术产业开发区入驻大量的科技人才，依托于电子信息、生物医药和新经济三大主导产业，科技人才集聚子系统的主体类型主要有电路开发、光学设计、数字经济、人工智能、高端医疗器械、现代中药、生物制剂等科技人才。

各组织机构是科技人才集聚的必要条件，为吸引不同行业的科技人才发挥不同的作用，在高校、各大企业、科技机构、政府管理等组织机构发挥作用表现如下几方面：

成都的高校在信息科技、生物医药等专业集聚明显，并且高校的层次也多，在成都市内 985 工程高校有两所（四川大学、电子科技大学)、211 工程高校有两所（西南财经大学、西南交通大学）还有双一流高校（成都中医药大学）等。并且开发区聚集中科院、电子科技大学、清华大学等院所创新资源，推进清华大学西部创新研究院落户成都高新区，建成中科院文献情报成都高新区分中心，不少当地高校的强势专业都是信息科技板块的，与该开发区的主导产业相呼应，在这种环境下，各大高校不断地为开发区的发展提供年轻人才，使其企业不断可以吸取新鲜血液，激发企业的创新潜力，改善区域创新潜力环境。

企业为科技人才的集聚提供科技创新平台，随着成都高新技术产业开发区的发展，在电子信息、生物医药和新经济三大产业方面发展也非常快速。整个开发区中在科技方面打造成都未来科技城、生物医药方面打造成都天府国际生物城，还有新经济方面高新南区（成都新经济活力区、交子公园金融商务区）、高新西区（电子信息产业功能区）。成都高新区生物医药、高端装备工业、新经济等各类企业入驻数量逐年增多，产业增加值也随之加快。开发区打造强势产业板块，各类企业的集聚蓬勃发展，经济快速上涨，为科技人才提供相应的专业岗位，吸引着科技人才集聚。

科技机构的建立对于区域科技水平的提高具有举足轻重的作用，成都高新区集聚以企业技术中心、工程技术研究中心、工程技术中心、重点实验室、中央在蓉独立机构、博士后工作站为代表的六大类国家级研发机构 41 家。其中企业技术中心 12 家、工程技术研究中心 4 家、工程技术中心 2 家、重点实验室 7 家、中央在蓉独立机构 10 家、博士后工作站 6 个。引导成立产业技术创新联盟及各类产业联盟 18 家。科技机构为科技人才提供科研平台，为科技成果产出提供资源。

成都高新技术产业开发区实行省市共建、以市为主的管理体制，由成都市直管，正厅级建制。政府机构管理成为科技人才的主要管理机构，成都高新技术产业开发区由成都市人民政府派出管理机构——成都高新技术产业开发区管委会进行领导，主要职责是承担日常事务工作，负责开展开发区发展的政策研究、规划管理、重大产业布局、重大项目推进和招商引资等工作。

(2) 成都高新技术产业开发区区域创新环境子系统的主体类型

成都高新技术产业开发区的区域创新环境子系统的主体类型表现为良好的区域硬环境和区域软环境：硬环境包括经济基础环境、基础设施环境、信息网络环境，软环境包括区域制度政策环境、区域市场环境、区域文化环境、区域创新潜力环境。现对该区域的各环境要素进行分析。

1) 成都高新技术产业开发区的经济基础环境

根据相关数据表示，2021 年，成都高新区已汇集各类新经济性质企业达 11 万家，其中有近百家规模以上新经济属性服务业企业实现营收创千亿元，一大批有优势有潜力的企业快速成长。新经济加快发展的同时，电子信息和生物医药两大主导产业也同样取得了重大成就。截至 2021 年底，仅成立 5 年的成都天府国际生物城，落户项目已有百余项，其中高层次人才团队几十个，生物医药园区在全国同类园区的排名跃升至第三位。成都高新技术产业开发区厚实的经济基础为其区域创新硬环境提供强有力的支撑，在经济增长过程中培养了相关人才，促进技术和知识的流动，强化了创新的动力，满足了市场需求，进一步促进园区的发展。

2）成都高新技术产业开发区的基础设施环境

园区的交通包括南部园区、西部园区、汽车站和火车站。南部园区主要交通由骨干路网及轨道交通组成。西部园区主要交通由“两纵四横”骨干路网及3条轨道交通组成。开发区的服务设施：建成安置小区共计约1000万平方米；共建成公建配套项目约220个，包括社区服务中心、医疗卫生中心、养老助残中心等；至2023年秋，整个开发区内建成的中小学学校已有百余所，解决科技人才子女教育问题。园区的生活网络环境依托于该园区的三大主导产业之一的电子信息技术，成都高新区的生活智能系统、5G等网络环境也遥遥领先，实现了区、街道、社区、网格一体化在线沟通和扁平化管理，条块结合。如实现区块链安全认证、键式可视对讲报警柱系统，还有智能路灯、智慧电梯、智慧停车、智能药盒等设施。完善的基础设施环境不仅能够吸引科技人才，而且也为提升区域的创新环境增力。

3）成都高新技术产业开发区的政策环境

园区为加快发展创新战略，针对入驻企业、科研院所、科技人才等设立了一系列的优惠政策和奖励，由“管委会”发布的相关文件里指出关于对科技创新的一系列政策，如：对获得国家立项的关键核心技术攻关项目，按照所获国家专项支持资金的50%给予支持，单个企业每年最高不超过1000万元。年度R&D经费100万元以上的区内高新技术企业，并且与成都高新区签订高质量发展合作协议的企业，在享受企业研发费用税前加计扣除政策的同时，给予企业按企业享受加计扣除政策实际减免的所得税额50%资金奖励，给予企业最高不超过500万元奖励。新进入成都高新区博士后站点从事科研工作的博士，给予30万元生活补贴，设立领军人才专业服务机构，对人才及其家属就子女教育、医疗服务、养老服务、住房保障、交通出行、政务服务、金融服务、政策申报等方面全方位量身定制清单式服务等。

4）成都高新技术产业开发区的文化环境

成都高新区具有丰富的文化环境，已设立21个历史文化地标，还有环球中心（天堂岛海洋乐园、当代艺术中心）、成都世纪城新国际会展中心（成都新会展中心）等著名城市文化景点。此外，开发区内开展全市图书通借通还工作，全区图书分馆共19个，藏书量大，包括纸质藏书和电子藏书，种类丰富。开发区内体育设施较为健全，惠民健身路径50条、五人制足球场4片、七人制足球场2片、社区文化服务中心20处、区域文化地标标识10个。

5）成都高新技术产业开发区的市场和创新潜力环境

成都高新技术产业开发区拥有坚实的经济基础和市场规模。2022 年 IC 设计企业销售规模达 160 亿元；新型显示产业建成 2 条 4.5 代 LCD 产线，建成国内首条、全球第二条 6 代 AMOLED 产线，基本打通从原材料到显示终端的全产业链，成为全国重要的新型显示及中小尺寸面板生产基地。园区拥有丰富的人才资源，吸引了大量的高层次人才和创新团队，还建立了人才引进和培养机制，为创业者提供了良好的人才支持。成都高新区为创业者提供了全方位的创业服务，包括创业培训、创业孵化、创业融资等，出台了一系列支持创新创业的政策，包括税收优惠、创业资金补贴等不仅如此，园区还建立研发投入奖补措施，根据企业营收水平，对达到一定研发强度的超额部分根据增量分段按比例予以支持，单个企业年奖励金额最高 200 万元。园区依托电子信息产业链来布局产业创新链，鼓励高端人才、高校院所及头部企业整合资源建设各类新型研发机构。除此之外还建立了一批创新平台，包括科技园区、孵化器、研发中心等。

6.6.3 成都高新技术产业开发区 TTA-RIE 复合系统协同演化

成都高新技术产业开发区在几十年的发展过程中，该园区的 TTA-RIE 复合系统协同演化也是漫长时间演化的动态过程，同时科技人才在集聚过程中会产生空间集聚现象，对区域创新环境具有空间溢出效应。因此，基于本书，从时间和空间两个维度分析成都高新技术产业开发区的 TTA-RIE 复合系统协同演化机理，并以生命周期理论和共生理论为基础，划分该园区的 TTA-RIE 复合系统协同演化阶段，并阐述在不同阶段的特征。

(1) TTA-RIE 复合系统时间协同演化机理

1）初步协同阶段（1988～1999 年）

在 1988 年，以建设国家高新区为重要内容的火炬计划为背景，成都高新技术产业开发区开始初期筹建，此时其筹建面积仅为 2.5 平方千米。由于产业发展处于初期，产业发展链条较短，产业成长还不成熟，区域硬环境和区域软环境也不完善。有部分的科技人才被其经济环境、政策环境、教育环境等吸引，但明显地科技人才空间集聚不明显，集聚也没有形成规模，科技人才集聚效应还未完全发挥出来，此时科技人才集聚子系统与区域创新环境子系统的相互作用程度还不深入，二者演化动力交织较浅，属于初步协同阶段。

2）强化协同阶段（2000～2005 年）

园区在经历过十几年的演化，产业发展由起步阶段逐步发展为提升阶段。2000 年 4 月，经国务院批准，在成都高新区设立四川省成都出口加工区。成都出口加工区分设南部园区和西部园区，以“一区两园”模式管理、运行。同年，成都高新区被国务院批准为中国亚太经济合作组织（APEC）科技工业园区。园区产业发展链条不断延长，产业技术逐步成熟，并且在南部园区和西部园区形成了产业集群现象，产业专业分工越来越细化。相关的科技人才被吸引，同时科技人才所带来的集聚规模效应、创新效应、知识溢出效应等得以发挥，这使区域创新氛围、工资水平、信息技术、生活质量等区域创新环境得以改善。此时，科技人才集聚子系统与区域创新环境子系统的协同演化动力交织程度逐渐加深，属于强化协同阶段。

3）深度协同阶段（2006～2016 年）

在这一时期，成都高新技术产业开发区的产业发展进入成熟期。在这一时期，成都高新区的产业发展不断扩张，成都高新区双流县的中和街道成建制和华阳街道部分区域划入成都高新区托管，郫县合作镇移交成都高新区托管，西部园区面积由 7 平方千米扩大为 35.5 平方千米，成都高新区的石羊街道、桂溪街道、中和街道纳入天府新区范围，称为天府新区高新片区。在此时期的园区区域资源、基础设施、环境容量等有限，产业集群的空间结构不断扩张，集群内部企业相互竞争，企业内部科技人才相互竞争，优秀的科技人才被留下。这部分科技人才成为发展新兴产业，研发新技术的主力，在先进技术的影响下，区域技术环境、信息环境等区域创新环境得以改善。2011 年 9 月，成都高新区被国家版权局授予全国首批版权示范园区，创新创业氛围逐渐形成，使区域不断产生向心力，从而引发拥有更高技术的科技人才集聚，形成新的科技人才集聚高地。这一阶段，科技人才集聚子系统与区域创新环境了系统的协同演化动力交织程度达到前所未有的广度和深度。

4）分化协同阶段（2017 年之后）

2017 年也被称为成都高新技术产业开发区的“攻坚年”。在经过前期几十年的积累，园区面对本阶段的国家宏观政策以及自身发展所受到的现实限制，科技人才过于密集、生活成本增大进而导致科技人才集聚活力下降等一系列问题，成都高新区进行产业改革与扩充。园区与双流区签订合作协议，共建成都天府国际生物城，打造出自己的特色产业集聚，吸引一批相关企业入驻，为科技人才集聚提供新的平台，并且成都市政府将 12 个乡（镇）483 平方千米委托成都高新区管理。产业面积的增大与主导产业的扩充给园区的发展提供了新的转机，缓解了科技人才过于集聚的局面。此外，成都高新区与电子科技大学共建“人才交流与合作基地”，共同探索校地协同引才机制，通过与高校合作措施引进新的科技人才、研发创新技术，进而提升区域核心竞争力、改善区域创新环境。面对科技人才集聚子系统与区域创新环境子系统出现分化协同趋势，在近些年成都高新区进行了一系列改革，提高自己的核心竞争力，适应复杂多变的区域创新环境，园区的发展迎来了新的前景。

(2) TTA-RIE 复合系统空间协同演化机理

1）科技人才集聚与创新环境相互作用的基本规律

对于科技人才而言，存在两种力量影响科技人才集聚，分别是区域的集聚力和分散力。集聚力是吸引科技人才的力量，分散力是驱使科技人才分散的力量。基于本书，以核心-边缘模型为支撑，利用核心-边缘理论对成都高新技术产业开发区的科技人才集聚空间演化规律进行分析。在园区发展初期，园区筹建面积较小，地理位置位于成都市经济发达的市中心，作为核心区域。此时，该园区的核心区域集聚力大于分散力，科技人才也集中分布在核心区域。但随着产业的发展，园区面积增大，与之伴随的区域的房价、交通拥挤、教育资源等因素成为阻碍科技人才集聚的外生分散力，区域创新环境优势逐渐消失，一些产业逐渐转移到边缘区域。因此，科技人才由核心区域逐渐迁移至边缘区域，边缘区域演化为新的科技人才集聚核心。可以明显看出科技人才集聚与区域创新环境之间相互作用，一方面科技人才被核心区域的创新环境吸引而集聚该区域；另一方面，科技人才通过发挥知识溢出、技术溢出等效应促进核心区域创新能力提高，从而促进经济增长，改善区域创新环境。

2）区域创新环境对科技人才集聚的吸引

区域创新环境对吸引科技人才起到至关重要的作用。成都高新技术产业开发区的区域创新环境对科技人才集聚的作用机理，将从区域创新环境子系统类型构成：经济基础环境、基础设施环境、信息网络环境，区域制度政策环境、区域市场环境、区域文化环境、区域创新潜力环境等角度进行分析。

成都高新技术产业开发区的经济基础环境对科技人才集聚的作用机理：经济基础环境反映了一个区域的发展能力和综合实力，主要表现为经济增长和产业发展程度。成都高新技术产业开发区的经济基础雄厚。2022 年，成都高新区地区生产总值 3015.8 亿元，园区还有英特尔等行业龙头企业。伴随着优秀企业的不断入驻，成都高新区的人才需求也在上涨，根据高新区金熊猫人才需求榜单，共计119个年薪50万元以上高能级岗位，主要来自电子信息、生物医药、新经济三大主导产业的区内27家高能级企业，最高年薪达300万元。依托于雄厚的经济基础和该区域经济水平的增长，多个岗位综合年薪已超300万元，人才经济收入也在提高。据相关数据，成都高新区已集聚各类人才60万人以上，柔性引进诺贝尔奖得主6名，院士19名，国家级人才411名。成都高新区人才集聚规模已经形成。该园区的经济基础环境对科技人才集聚的作用机理如图6-10所示。

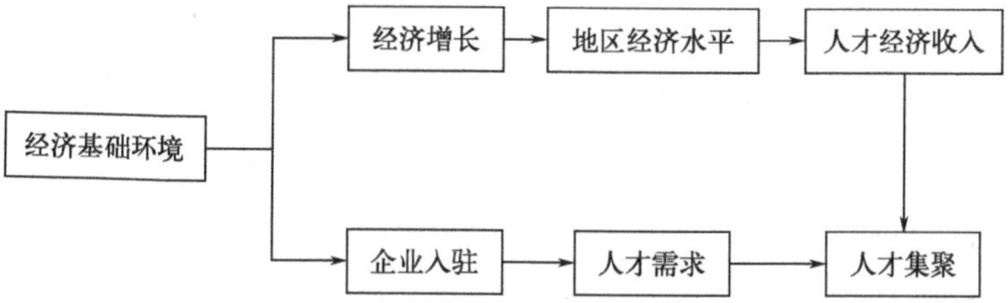

图6-10 经济基础环境对科技人才集聚的作用机理

成都高新技术产业开发区的基础设施环境对科技人才集聚的作用机理：基础设施环境是为科技人才集聚提供最基本的硬件条件，包括生产基础设施和生活服务设施。成都高新技术产业开发区的生产基础设施包括交通和信息网络基础设施。南部园区和西部园区的交通主要由汽车站、火车站、地铁及有轨电车（西部园区）构成，交通便利，并且园区毗邻大道，来往火车运输便利。园区内的网络安全产业、移动互联网、物联网、云计算和大数据均已开展，区域内也已实现光网覆盖、无线覆盖。完善的生产基础设施使科技人才工作效率增加，提升园区生产率，使得产业快速发展，吸引科技人才集聚。园区的生活服务设施包括社区服务中心、医疗卫生中心、养老助残中心等。园区利用软件可实现街道、社区、网格一体化在线沟通。优越的基础设施环境有助于为科技人才提供良好的社会公共服务，提高科技人才的生活质量，引致科技人才集聚。该园区的基础设施环境对科技人才集聚的作用机理如图6-11所示。

成都高新技术产业开发区的政策环境对科技人才集聚的作用机理：区域政策制度环境是科技人才集聚的制度保障，针对本案例，区域政策制度环境可包括优惠奖励政策和知识保护政策两部分。成都高新技术产业开发区为加快发展创新，对突破“卡脖子”创新难题的入驻企业、科研院所、科技人才设立了一系列的优惠政策和奖励。如建立根据R&D经费进行资金奖励、降低税收比例的激励方式。并且对引进的高质量发展人才及其家属就子女教育、医疗服务、养

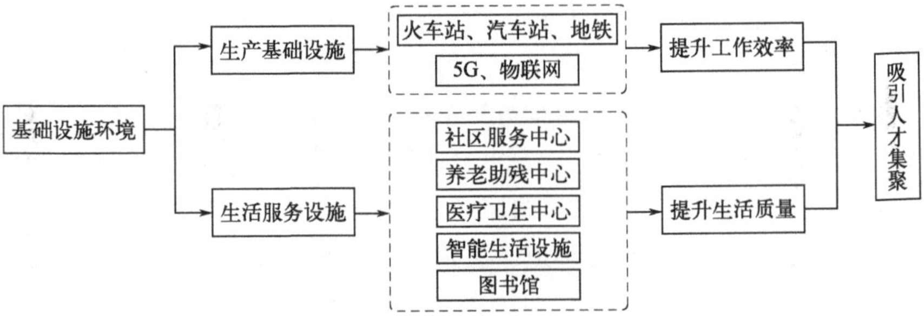

图 6-11 基础设施环境对科技人才集聚的作用机理

老服务、住房保障、交通出行、政务服务、金融服务、政策申报等方面全方位量身定制清单式服务。还有对本科及以上学历大学生可直接落户、找工作免费入住 7 天青年人才驿站等相关政策吸引了不少科技人才集聚。

成都高新区重视知识产权制度，2017 年成都高新区启动知识产权“三三制”综合管理改革，打通知识产权创造、运用、保护、管理、服务全链条。2019 年成都高新技术产业开发区人民法院与中国（四川）知识产权保护中心、成都市中级人民法院签署知识产权协同保护机制合作协议，在保护中心设立知识产权审判庭和高新区法院的巡回审理点，对专利、商标、版权等知识产权相关工作实现快速审查、快速授权、快速确权、快速维权。完善的知识产权制度解决了科技人才对成果归属的后顾之忧。成都高新区还对授权的发明专利，给予专利权人每件最高 2 万元奖励。对获评国家、四川省、成都市知识产权优势单位、示范单位的，分别给予最高 40 万元、20 万元和 10 万元奖励。知识产权的保护政策和发明专利奖励进一步吸引人才集聚。该园区的区域政策环境对科技人才集聚的作用机理如图 6-12 所示。

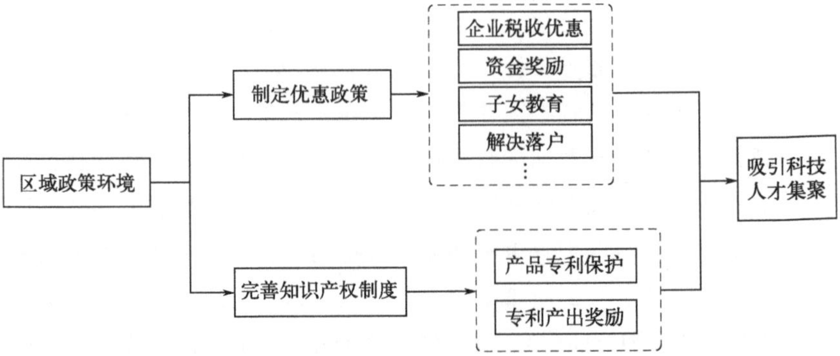

图 6-12 区域政策环境对科技人才集聚的作用机理

区域创新潜力环境反映了区域创新能力，对科技人才集聚有着重要作用。区域创新潜力通过区域创新投入和区域创新产出反映，区域创新潜力越大，表明区域创新能力越强，对科技人才的吸引力就越强。成都高新技术产业开发区建立研发投入奖补措施，根据企业营收水平，对达到一定研发强度的超额部分根据增量分段按比例予以支持。园区还依托电子信息产业链布局产业创新链，鼓励高端人才、高校院所及头部企业整合资源建设各类新型研发机构，还建立了一批创新平台，包括实验室“双子星”领跑高能级创新平台、科技园区、孵化器、研发中心等。成都高新技术产业开发区创新投入的增加，调动科技人才创新积极性。

近年来，关于区域创新产出，成都高新技术产业开发区的科技创新成果不断落地，大批核心关键技术取得突破进展，如细胞工程研究院开发的新型通用型治疗性疫苗、华西医疗手术机器人研究院研发的神经可视化脊柱微创手术导航系统、川大呼吸式捕蚊机、智能巡检车、UWB 定位手环、基因存储喷码机等一系列的科研成果不断产出，创新资金的投入和成果的不断产出，创新潜力巨大，不断地吸引科技人才集聚。其创新潜力环境对科技人才集聚的作用机理如图 6-13 所示。

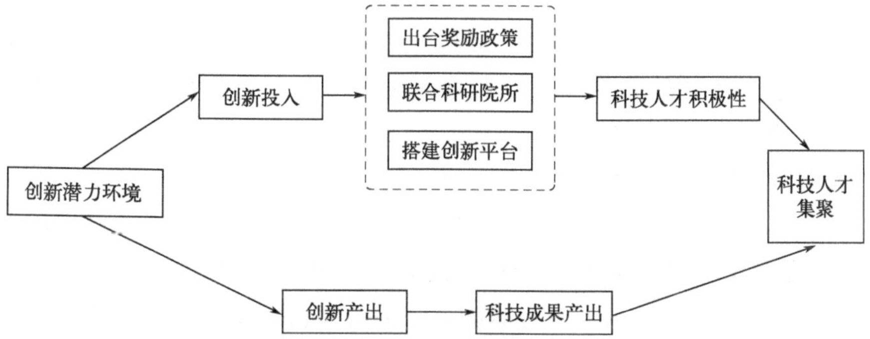

图 6-13　创新潜力环境对科技人才集聚的作用机理

综上所述，成都高新技术产业开发区的创新环境对吸引科技人才有着重要的影响。区域创新硬环境为科技人才集聚提供良好的物质基础。良好的区域经济发展基础是科技人才集聚的主要原因。成都高新区经济基础好，科技人才工资收入水平较高，并且园区还有便利的交通、完善的生活基础设施与公共服务，这些在吸引科技人才集聚方面都发挥关键作用。区域创新软环境为科技人才集聚提供良好的人才发展环境。成都高新技术产业开发区的政策环境较为完善，有助于有效引导科技人才流动，激励科技人才不断产生创新成果，并且良好的区域创新潜力环境增加科技人才的积极性，加速科技成果的转化，吸引更多的科技人才集聚。

3）科技人才集聚对区域创新环境的反馈

科技人才集聚对区域创新环境具有反馈作用。科技人才集聚过程中产生科技人才集聚效应，进而作用于区域创新环境，加速区域创新环境的改善，提高区域创新能力和竞争力，进而促进区域经济发展。针对成都高新技术产业开发区的科技人才集聚对区域创新环境的影响，主要从两方面分析：一是分析科技人才集聚对区域创新环境的作用机理；二是分析科技人才集聚对区域创新环境的影响度。

分析科技人才集聚对成都高新技术产业开发区的区域创新环境的作用机理，基于本书，以该区域的人力资本角度和科技人才集聚效应方面来开展。

科技人力资本作为投入要素直接影响区域创新环境，成都高新技术产业开发区截至2021年底，仅成立5年的成都天府国际生物城，落户项目已达近两百个，其中“诺奖”团队4个、国家级院士团队4个、高层次人才团队51个。截至2023年，各类人才总量突破80万，大量人才的集聚通过各类研发平台直接影响该园区的创新环境。科技人才利用自己的知识、技术和才能使科技人力资本转换为生产力，以及大批核心关键技术取得突破进展，如细胞工程研究院开发的新型通用型治疗性疫苗，通过增强现实（AR）技术虚拟补充手术视野，园区依托创新人才的集聚，以及科技创新成果的不断产出，促进了区域经济发展，改善了区域经济基础环境。

科技人力资本间接改善区域创新环境。据相关数据，成都高新技术产业开发区以实施创新战略为背景，已助力区内研发机构、重点企业等引进两类创新领军人才超100人次，以人力资本投资帮助机构、企业吸纳一批破解“卡脖子”难题、攻克关键核心技术的急需紧缺人才，同时也为其节约了引才成本。园区还依托重大人才工程，新增国家级人才4人，省级人才77人，吸引10名掌握关键核心技术的“国字号”高校产业教授进区创新创业。并且除此之外，成都高新区为攻克产业前沿技术和共性技术，与相关技术的龙头企业联合引进国家级重点创新平台，借此平台来积累和提高相关科技人才的知识和技能。通过对科技人力资本的投资以及科技人才的知识与技能的积累，不仅会使得相关的科技人才收益，同时会提高该区域的创新潜力环境。

科技人力资本通过知识溢出的方式改善区域创新环境。科技人才集聚有利于科技人才之间面对面进行交流，促进知识的扩散和溢出，知识的扩散和溢出有利于促进集聚的科技人才收益递增，从而促进区域创新能力提高，进一步改善区域创新环境。成都高新技术产业开发区经常会开展联谊交友、调研走访、主题论坛、政策解读、服务社会等主题活动，不同的科技人才通过参加活动互相交流，思维碰撞了解信息，增加知识积累。例如：2023 年金熊猫创新创业大赛显示，围绕新一代信息技术、尖端生物医药和未来科技 3 大领域，共收到来自全球 16 个国家和地区的 2000 多个项目报名参赛。晋级区域赛的项目中，毕业于牛津、剑桥、哈佛及清华大学等 QS 世界大学排名前 30 名的人才项目占比近 20%，还吸引了院士及知名高校教授直接带队参赛。科技人才通过知识溢出的方式来积累和更新知识储备，提升园区生产力，使得园区市场活跃，进一步改善区域创新环境。

分析科技人才集聚对区域创新环境的影响。本书以人才集聚本身和人才集聚效应两个角度对其如何影响成都高新技术产业开发区的区域创新环境进行开展。

科技人才集聚自身方面，科技人才的集聚规模、结构、质量和潜力等因素都会对区域创新环境产生影响。成都高新技术产业开发区人才数量庞大，截至至第七次人口普查数据，在整个成都市，高新区本科学历以上有 358501 人，而其他区本科学历以上人数均小于 30 万。在 2019～2022 年，成都高新技术产业开发区每年新增本科及以上学历人才近 7 万人。在 2022 年，成都高新技术产业开发区逾 80 万名“双创”人才中，35 岁以下青年人才占比 90%，各类人才创办科技企业超 10 万家。由此可见，高新区的科技人才数量已经由量变引起质变，科技人才规模已经形成。不仅如此，成都高新区拥有丰富的高校资源，985、211 等双一流学校可为高新区源源不断地提供优秀的后备储蓄人才，进一步构成了高新区的未来科技人才集聚潜力环境。

科技人才集聚外在效应方面。科技人才集聚经济效应有利于促进区域创新环境的改善，对区域创新环境带来不同程度的贡献。通过对科技人才集聚对区域创新环境的作用机理部分，前文已经进行展开分析。但是当科技人才集聚带来经济效应的同时，如果科技人才集聚过度，会带来科技人才集聚非经济效应，在一定程度上阻碍科技人才集聚正向效应的发挥，不利于区域创新环境的改善。成都高新技术产业开发区在打造创新人才集聚区时，就反映了类似于的情况。该园区的主要科技人才年龄构成大多为 35 岁以下，大量科技人才涌入就会有许多相关人才面临子女就学难、生产和生活基础设施资源约束等问题，这些问题会成为科技人才流出的因素。因此成都高新技术产业开发区在近几年大力建设幼儿园及中小学校，出台相关政策支持科技人才的子女教育资源，不断地引进主导产业的技术创新平台，打造智能生活等一系列措施。

由成都高新技术产业开发区的相关案例可以看出，科技人才集聚对区域创新环境具有反馈作用。科技人才集聚过程中产生科技人才集聚效应，进而作用于区域创新环境，加速区域创新环境的改善。同时如果科技人才集聚过度，就会产生外在效应，会抑制科技人才的正向发挥，不利于对区域创新环境的改善。

第7章

TTA-RIE复合系统协同演化发展对策建议

基于科技人才集聚评价分析、科技人才集聚调研分析、区域创新环境评价分析，以及科技人才集聚与区域创新环境复合系统的协同演化实证结果及成因分析，为促进各区域科技人才集聚与区域创新环境协同发展，应该继续稳定并增进东部地区科技人才集聚与创新环境的协同度，防止系统中某些指标出现短板，导致系统失衡；提高中西部地区科技人才集聚与区域创新环境的协同度；同时，兼顾各地区科技人才集聚与区域创新环境协同演化的变化。

7.1　完善区域发展条件，提升科技人才适应度

（1）强化政府服务，完善科技人才的社会保障机制

科技人才是生产力发展的主力军，要实现区域高质量发展必须调动科技人才的积极性，增强其社会保障机制。通过调查问卷和访谈发现科技人才的满意度受到家庭因素、社会因素和文化因素的影响。首先，政府应转变人才观念，加强服务意识，优化政府环境，完善基础设施，提高生活服务水平，为科技人才发展创造良好的社会环境。其次，加大对科技人才的激励政策，提高科技人才的待遇和配套补贴，以保证其拥有更好的生活质量。另外，各级政府在制定科技人才政策的时候，除了要对自身的引才、留才环境进行考量之外，还需要对其他区域的科技人才发展集聚情况进行关注，这样才能对科技人才政策措施进行及时地迭代更新，明确当地人才发展的优势和短板，从而提升科技人才政

策的有效性。同时，政府要做好宣传工作，充分展现科研工作者的先进事迹，充分体现科研工作者的责任精神，提高社会的认同感。

(2) 优化工作软环境，提升科技人才职业幸福感

工作环境是影响科技人才满意度的重要影响因素，改善科技人才的工作环境不仅要从硬环境方面考虑，也应加强对科技人才工作软环境的重视。在本书调查中，科技人才在企业环境这一指标的评分为3.65，处于一般水平。因此，用人单位应重视科技人才工作软环境的构建。首先，用人单位要选择合适的领导方式，因为领导方式是影响组织气氛的重要因素，它是影响员工工作满意度的重要因素。对不同类型的科技人才要有不同的领导方式。其次，用人单位应加强学习型企业文化建设，加强对员工的继续教育，组织各种形式的学术交流，以保证员工的专业发展和企业的可持续发展。通过对一些科技人才的访谈，发现科技人才在进入新的岗位之后，对于所处的工作环境还比较不熟悉，因此，应该尽快构建起“传帮带”机制，来解决科技人才在进入岗位之后，没有人可以指导学习的问题。在此基础上，要加强科技人才自主决策权的重视，深化对科技人才自主决策机制的研究。

(3) 完善薪酬考核管理机制，增强科技人才的工作满意度

科技人才的绩效是对科研人员的一项重要考核指标，绩效水平的高低直接影响着科技人才整体目标实现和任务完成情况，还影响着科技人才的薪酬与发展。通过对科技人才的绩效考核与评估，可以增强领导与成员之间的交流与反馈，从而激发成员提高自己的工作效率，从而推动成员自身的发展。所以，制定一套科学、高效的业绩评价方法，对于整个团队的发展是非常重要的。首先，明确不同类型的科技人才的发展需求和用人单位的长远规划，以此为据设定适合不同类型科技人才的职称评审标准，提升科研单位岗位设置的灵活性，确保科技人才职称职务晋升公平公正。其次，完善晋升机制并做到公开透明，严格执行各项评价标准和时间表，并在各个时间节点指派专门人员检查落实。通过访谈发现在科技人才的工作中，一些非科研类的工作会占用很大的工作时间，使得科技人才无法专心投入科研工作中。因此，用人单位要优化内部组织结构，提高科技人才的工作效率。另外，要加快科研单位薪酬制度改革，为科技人才提供稳定、体面的收入待遇。同时，优化科技人才的工资结构，采取适当的薪酬激励机制，建立以绩效为导向的薪酬福利分配模式，激发科技人才的干事热情。

（4）完善中介服务平台，促进科技人才成果转化

科技人才利用科技成果转化促进了先进技术在区域内的扩散，从而促进了区域科技创新能力的提高和地区的核心竞争力的提高。好的服务环境能够激发科技工作者的积极性、创造性、从事科研的主动性。因此，政府和用人单位应该积极推动并逐渐完善科技成果转化信息平台、知识平台与资金平台的建设，鼓励科研机构和高校积极、及时地发布科技信息和科研成果，推动科技信息与经济信息的全面对接，推动科技成果供需双方进行有效的对接，切实帮助科技人才解决科研成果产业化的问题。通过建立科技成果转化基金平台，充分发挥财政投资的杠杆作用，推动多层次资本市场的形成，从根本上解决我国科技创新与成果转化资金不足的问题。另外，调查过程中发现科技人才具有科技成果转化的干事热情和需求，但相关政策衔接困难，产学研服务平台的多主体之间权责不明晰等仍是阻碍科技成果转化的主要问题。政府、企业和高校要构建高效率的服务平台，在明确科技人才发展需求的基础上，应保护合作各方的合法权益，规范产学研合作中各方的行为，构建公平的合作环境，减少企业、高校与科研机构的利益博弈行为发生。

7.2　消除区域间的创新差异，推动创新发展水平均衡提升

（1）加强政策支持，优化人才环境

政府可以出台更加精准、有力的创新扶持政策，引导各区域加大科技投入，提高研发经费占 GDP 比重，优化创新环境，促进人才流动和科技成果转化。创新是引领发展的核心动力，政府应加大对创新的支持力度。具体来说，政府可通过出台优惠政策、设立专项基金、加强知识产权保护等措施，激励企业加大研发投入和科技创新活动。此外，政府还应该加强产学研联合，推进重大科技项目，促进经济高质量发展。优秀的人才是实现创新的重要基础。因此，各地区在推进创新发展的过程中，必须注重人才培养和引进。在吸引海归人才方面，各地区应制定更为优惠的政策和措施，为他们提供更加舒适的生活和工作环境。此外，各地区还应加强高校与企业的合作，鼓励学术研究成果向市场转化。为了提高创新能力，各地区应该加强人才引进和培养，增加人才引进、留用和激励政策的力度，同时加强高等教育、职业教育等培训工作，提高

人才素质和专业技能。

(2) 加强科技创新驱动，改善创新环境

科技创新是引领发展的重要驱动力。各地区应加强对科技创新的支持，提高科技研发投入占比。同时，各地区要加强与企业的合作，推进产学研合作。各地区还要在技术创新上加大力度，在未来的核心科技领域实现突破，提升数字化、智能化水平，为行业发展注入创新活力。在推进科技成果转化方面，政府可以加强对科技企业的扶持力度，鼓励企业加大创新投入，提高自主创新能力，加强技术转移、知识产权保护等方面的支持。良好的创新环境是实现创新发展的重要保障。各地区应加强政府服务，提供优质的公共服务和基础设施，营造公平竞争的市场环境。此外，各地区还需改革和完善企业创新管理机制，鼓励各类企业加强创新研发工作。我国区域创新发展差距较大，需要各地之间加强协同合作，共同整合创新资源，优化创新布局，发挥各地区特色和优势，实现共赢发展。

(3) 加强国际创新合作，加大政策扶持力度

开展国际创新合作是提高中国各地区创新能力的重要途径之一。各地区可积极参与国际合作项目，与各国优秀企业和研究机构进行技术交流和合作。此外，各地区还需在创新理念上增强国际化视野，吸收和学习国际先进经验，为区域创新发展提供有益借鉴。政府可以加大对中西部地区的扶持力度，鼓励企业加大研发投入，提高技术创新和科技成果转化能力。优化教育资源，加强高等教育与产业的深度融合，提高教育质量，培养更多高素质人才，为创新提供有力支撑。

(4) 加强科技创新体系建设，破除行政壁垒

各地区建立完整的科技创新生态系统，鼓励大中小企业协同创新，形成创新联盟，推动产学研融合。要加强科技创新与产业发展的深度融合，以促进产业升级和转型为主线，推动科技成果转化和创新创业。减少行政审批和创新管理的限制，从制度层面优化创新环境，鼓励创新企业在更为宽松的环境下生存和发展。发挥各地区的比较优势，大力发展具有地方特色的战略性新兴产业，提高区域经济竞争能力。加强国际创新合作，与发达地区的企业和研究机构开展技术交流和合作，吸收国际先进技术和管理经验，提升国内创新体系整体水平。

7.3 兼顾协同演化状态与速度，促进区域均衡发展

（1）缩小中西部地区与东部地区创新环境差距

东部与中西部地区的科技人才分布不平衡主要是由各地区创新环境发展不平衡引起的，因此，应该缩小各地区创新环境发展差异，积极改善中西部地区创新环境。利用人工智能、大数据等先进技术手段建设智慧公共服务信息系统，实现交通服务的智能化，开展教育、科技、文化、卫生、体育等公共服务资源的网上查询与使用预约；采取虚拟大学的组织形式，汇聚东部地区“双一流”建设高校和省属骨干院校，形成基础研究的创新高地，加强西部与东部的联系，改善西部区域创新环境；鼓励金融机构在中西部地区开发全新的金融产品，助力企业发展；设立创新创业基金，探索基础研究—技术开发—科技成果转化—市场投放全过程融资支撑体系，给予创新企业、人才奖励和支持，积极完善中西部地区的金融创新环境。

（2）继续向中西部地区实施针对性的吸引科技人才政策以及培育区域创新环境政策

近年来，国家加大对中西部地区政策的倾斜力度，区域经济基础环境有所改善，市场进一步放活，创新潜力进一步提升，科技人才逐渐向中西部转移。因此，应该继续对中西部地区实施优惠政策，加大东部地区对中西部地区的资源输出，如资金、技术、人才等，使中西部地区实现创新成果的突破；为东部地区转移到中西部地区的公司提供办公场地、贷款支持、税收减免等优惠政策；对前往中西部的科技人才提供住房、子女上学、安家费、科研启动经费、出国进修等优惠的人才引进政策；有效推进“一带一路”战略的实施，加强中西部地区与世界的联系；通过完善交通运输网络、举办各种会议、举办体育赛事等方式加强中西部地区与东部地区的联系。

（3）发展中西部特色产业集群打造科技人才集聚高地

中西部地区应该根据自身发展优势，发展特色产业，形成产业集群，有效吸引科技人才；充分围绕西部开发、中部崛起国家战略，利用本地产业基础以及资源禀赋优势，培育具有鲜明特色的产业集群，如特色文化产业、特色农业产业，利用互联网、物联网技术，打造智慧生态旅游区，形成特色小镇，吸引科技人才；同时以“一带一路”为契机，加强中西部地区与世界的合作，借助国外发达技术实现中西部传统产业优化升级，吸引更多科技人才；积极推进政

企合作、校企合作，借助政府搭建的创新驱动合作平台吸引东部地区优秀高校人才资源，优化调整本地产业，引进科研团队，提升本地产业的技术和品质水平；依托特色产业园区载体，利用园区的基础设施，促进同类企业空间集聚，降低企业营运成本，方便企业之间进行知识共享与信息交流。

（4）稳定并增进东部地区科技人才集聚与创新环境协同发展

为了防止系统中某些指标出现短板，导致系统失衡，东部地区应该继续全面适应和引领经济新常态，坚持创新驱动战略，在保持原有区域创新成果产出的优势下，合理利用各项资源，使资源得到最优配置，实现人才与资源的协调发展；持续加大 R&D 经费等相关的投入，投入力度要根据区域的经济水平决定，提高技术市场成交额，进一步增大创新成果的产出，提升各子系统序参量有序度；继续完善区域基础设施，营造优秀区域文化环境、科技环境，保持东部地区创新环境稳中向好、稳中有进，从而吸引科技人才；将科技人才集聚与区域创新环境视为一个整体的复合系统，避免顾此失彼，强化两者的协同效应，进而提高两者协同演化的综合效度。

（5）充分发挥科技人才集聚效应

科技人才集聚与区域创新环境的协同发展主要通过发挥科技人才集聚效应实现，因此，应该充分发挥科技人才自身的知识才能，避免科技人才集聚带来的不经济效应，有效发挥科技人才集聚带来的知识溢出效应、技术溢出效应、加速器效应、辐射效应等。加强中西部地区科技人才引领作用，积极组织各项技能培训工作，带动中西部地区群众脱贫致富，有效发挥科技人才集聚的辐射效应；实施科技人才激励政策，依照科技人才对区域经济发展贡献程度实施不同程度的奖励，鼓励科技人才带资金、带技术、带项目回中西部地区创新创业，给予科技人才厂房补助、住房补助、教育补助等，激发科技人才潜能，促进科技人才有效发挥自身知识才能，促进区域经济增长，发挥加速器效应；搭建各种创新服务平台，实现东部地区科技人才与中西部地区的有效对接，开展各项交流活动，有利于知识共享，发挥技术溢出效应、知识溢出效应。

（6）兼顾科技人才集聚与区域创新环境协同演化的变化

实证结果显示东部地区科技人才集聚与创新环境复合系统的协同演化的状态较好，但其协同演化的速度较慢，不利于东部地区两者的协同发展；中西部地区科技人才集聚与创新环境复合系统协同演化的速度较快，但其协同度较低。东部地区在保持科技人才集聚与创新环境协同演化良好的状态下，进一步提升两者协同演化的速度；中西部地区在保持两者协同演化速度持续提升的基础上，逐步提高两者协同演化的状态基础值，全面推动科技人才集聚与区域创新环境协同发展，从而使得全国各地区逐渐适应经济新常态，实现区域科技人才集聚与区域创新环境协调发展，促进区域经济发展。

7.4　优化科技人才政策，促进科技人才集聚

（1）优化政府公共服务供给，推动政策落实

面对目前科技人才集聚所遇到的问题，首先在人才培养方面，需要进一步加大对科技人才的教育培训力度。可以根据人才的不同专业，发挥不同人才的优势，制订出一套多样化的培养方式，将企业、科研院所等的积极性和参与程度充分发挥出来，发掘并发挥它们在人才培养方面的效率和优势，将各种人才项目进行整合，并对其进行优化，制订出一套与人才需求相匹配、与人才发展相适应的培训体系，以满足科技人才对教育培训有效性、多样性的要求。其次，要进一步规范和应用经费投入政策，让经费的投入更清晰，扩大经费的来源，加大对培养高水平科技人才的投资，给人才资助项目一个清晰的方向。公共服务和基础设施建设对人才发展也具有重要意义，两者为人才事业的发展提供重要的平台保障和便利化的服务体系。在当今信息化时代，加大对人才信息支持的使用力度十分重要，可以从以下两方面进行考量。

① 加大网络基础建设力度，充分利用“互联网＋”技术，建立一个高质量、全方位、共享的信息服务平台，形成一个线上线下一体化的信息服务模式。

② 建立人才信息库，有助于政府及时、全面地对人才进行跟踪和管理，从而制定出更有针对性的政策措施，促进人才引进的精准化，实现人才流动的合理化和人才队伍建设的规模化。

目标规划可以较好地反映出期望与实际效果的对比，应该确定近期和远景目标，并与人才需求的主要指标相结合，适时进行调整，尽量细化科技人才的数量和质量指标，更好地做好人才引进和培养的体系化建设。在法规管制上，为了给人才工作提供更加完善的法律保障，以满足人才多元化的需要，注意加大法治化建设的力度，制定更加细化、更加具有可操作性的实施细则，强化法律、法规的约束力，增强对科技人才相关科研成果知识产权的关注和保护。策略性措施也必须加以细化，强化相关方面的政策出台及可操作性，增大政策实

施力度。此外，应当重视税收金融的使用作用，充分发挥人才市场机制和经济杠杆的效应，为人才科研活动提供有力的资金支持。

① 加强税收优惠的激励作用，优化税收结构，加大税收政策优惠力度，制定更具体的税收实施细则，更好地激励科技人才及企业，促进科技的研发和人才的发展。

② 建立一套系统完善的金融服务体系，积极开拓融资渠道，探索更加多样化的金融扶持方式，比如专项资金、贷款、基金等，以此来为人才事业的持续健康发展提供有效激励和重要保障。

(2) 加强产学研深入转化，优化科技人才产业环境

针对产学研的特点，从客体、主体以及搭接主客体的媒介三方面提出相关的政策建议。

① 针对符合政府和企业特点的新技术，从不同方面出发，例如企业的生产、研发，政府的公共服务的提供，明确各个主体不同角度的采购需求，制定全面的采购计划。对科学研究成果，要遵循公平竞争的原则，按国家相关法规对其进行公开，以促进其推广和应用。

② 应加强人才服务外包，把相关的科技人才服务外包给企业和社会组织，以减少成本、提升科技人才的工作效率，形成一个良好的市场竞争环境。

③ 强化对海外机构的管理，鼓励科研院所和企业在国外设立或兼并科技研发基地，促进国际科技平台的构建，对海外机构的岗位、人员构成以及各自的工作职责进行明确，充分利用国外的资源来培养科技人才，从而促进了人才的国际交流，促进科技成果的传播和发展。

④ 在产学研协同政策措施方面，建立产学研合作机制，畅通技术创新链，促进创新发展所需要的各类生产要素的有效结合，通过项目来吸引高层次科技人才，将研发成果产业化，为科技人才事业的发展提供一个良好的产业环境。

(3) 构建有保障力的人才培养机制，以及创新人才和评价激励机制

人才的培育是提高区域竞争力最快也是最方便的途径，因此，制订出一套更加精确、更加行之有效的人才培育策略是提高区域竞争力的有效手段，坚持把人才培育与产业集聚、招商引资结合起来，培育各方面的创新人才，可以通过以下 3 个方面进行。

① 与重点行业相结合，加强对急需人才的培训。在航空航天、稀土产业、制造业和服务业等领域，我国处于领先地位，要想实现这一目标，就需要在这

些行业中，大力培养具有大局眼光、高素质专业性的科技领军人才和团队。

② 实施更加精细的培训计划。对高层次人才来说，高待遇是最基本的保证，对现有的院士等顶尖人才要向他们提供具有国际竞争力的优厚待遇，对成果型人才要提供项目支持，对重大领域的专业人才要给予特别的优惠政策，努力在较短的时间内实现跨越和突破。

③ 加强对企业创新创业活动的支持。通过共同构建高水平的科研院所平台，积极支持高校、科研院所发挥其骨干优势，联合企业进行技术攻关，支持高层次领军科技人才联合企业、高校共同申请国家重点支持项目，促进科技成果转化和共性产业技术研发。

除了注重人才培育来提高地区竞争力，同时也要树立起“大人才观”思维模式，积极构建“全链条”“全产业链”人才发展体系，加强教育与产业、产业与专业方面的对接，促进人才培养、市场需求和就业之间的相互作用。

① 要注重科技人才基础性培养和战略性开发。大力开发高等教育研究平台，增强我国未来科技人才实力。在高校、科研院所和企业技术开发中心建设一批青年精英培养基地，适当扩大国际化办学规模，吸引海内外优秀科技人才。

② 要健全人才分级培养制度。在科技创新型人才方面，除了要做好顶层设计外，还要积极构建科技创新平台，对各类人才项目进行优化和整合，从而形成有竞争力的科技人才品牌；在培养技术技能人才方面，要充分发挥他们的优势特色，将他们融入现代高职教育中，努力打造出一支能促进“中国制造”和“中国创造”的高素质人才队伍。

③ 要加大对年轻人才的培养力度。在国家重大人才项目中，专门设立青年项目岗，加强对人才发展具有普惠性的政策的制定，研究实施符合青年人才特点的待遇保障、成果考核等相关配套措施，支持和鼓励青年科技人才在健康成长的过程中把自己的身心都投入科研工作中去。

在用人方面建立人才评价体系，人才评价需要突出德才兼备，通过能力、绩效和贡献来评定用人，并给予适当的奖励和报酬，可以通过以下 3 个方面进行。

① 对人才评价的指标和方法做出改进。针对不同产业的不同特征，建立不同类型的人才评价体系，实行分类评价。其中，理论与研究开发人员的评价多是通过同行学术评估，而对于应用研发和技术人才的评价多注重社会与市场的双重评估。

② 推进改革职称制度，合理下放职称评选权限。可以在符合条件的高等学校、科研院所以及行业内技术领军企业，对系统内相关专业高级职称进行独立评审；建立绿色通道，采取特设职务、专设职数等方式，对引进的高层次人才和急需紧缺人才进行评聘。

③ 建立健全科技人才激励机制。以提升人才价值为风向标，逐步建立一套科学合理的收入分配体系，及时对具有突出贡献的科技人才作出奖励和表彰；探索和完善科研经费管理方式，将科技成果的使用、收益和处置权逐步下放，使得科技人才的劳动价值与薪酬水平直接挂钩，并在符合条件的高等学校和科研院所开展试点工作。

(4) 提升人才服务和保障水平，强化政策执行与反馈

如何留住人才是在人才培养过后最主要的问题之一，为了避免培养的创新型人才赴海外发展，就需要为人才的发展提供高品质、高层次的服务与保证，让所制订的各项人才政策能够切实落实、发挥作用。所以，一定要立足于客观现实，从住房、医疗、子女教育等安家之本，到科研资金、职务待遇等事业条件，都需要进行明确的规定，并且要在政府官网、社会媒体等媒体上对这些内容进行公开，让科技人才更好地了解有关的信息。

保证基本公共服务的质量，公共服务的质量直接影响科技人才的生活质量。在交通方面，推行科技人才的交通便利化，加快飞机、高铁、地铁等交通工具的便捷化，促进城市的全面、协调、可持续发展。在医疗方面，制定对顶级人才的就医优先、优惠政策，让顶级人才不为医疗问题担忧，同时要加强医疗管理，做好医疗保障。在政务服务方面，可以成立专门的人才政务服务中心，以单位为端口进行对接，提高科技人才解决政务问题的便利性。在财政金融方面，可以建立创新创业融资服务平台，设立风险投资基金和融资保障金，选强扶优一批高层次科技企业；加大金融扶持，鼓励设立科技支行，予以信贷增信支持，优化风险补偿机制，缓解人才创业初期融资难问题。要持续优化人才发展环境，努力营造一个公平开放的市场环境，支持创新、允许失败的工作环境，以及一个薪酬合理、高质量的生活环境，在全社会形成一个识才爱才重才用才的良好风气。

各地区要建立评价指标体系，主要针对特色产业集群，包括管理机构、组织领导、运行体制机制、公共服务平台建设、经济发展的规划和质量等方面，针对创新型科技人才培养也应建立相应的统计监测及考核评价体系，以评价促发展。各地区提高对于科技创新人才培养和引进的重视，在财政支出上加大对于科技创新的投入，同时可以将各地区对于科技人才相关工作纳入政府工作考核，切实提高科技人才培养工作成效。

建立健全监督网络，进一步强化政策制定、政策执行的反馈，进一步形成完善的监督体系，保持监督系统的相对独立性，必须实行“谁违背、谁负责”的监督原则。畅通意见建议反馈渠道，深入了解制定的政策对于科技创新工作和人才培养的具体成效，通过重视学者们的意见反馈，对于制定政策不合理之处可以进行科学研判、科学完善。

7.5 顺应创新改革变化，完善创新环境政策内容

(1) 及时调整政策方向，促使政策定位合理

在党的二十大报告中指出，“坚持创新在我国现代化建设全局中的核心地位”“加快实现高水平科技自立自强”，强调我国未来发展对创新意识的坚定。然而不同区域所面对的创新环境有着不同类型的阻力，此时就需要政府进行准确的引导。要改善区域创新环境，政府需要及时找到良好的区域创新环境的需求点，并且一定要立足于自身区域的客观现实，及时跟进地区整体发展趋势，调整政策方向，制定政策的定位与实际情况相符合。

(2) 顺应创新改革变化，提高政府运营能力

面对如今各行各业都在进行改革升级的同时，政府的运营能力也要紧跟提升，如信息化处理能力、应急管理能力、沟通协调能力等。政府数字化转型是优化科技创新环境的关键因素之一。但需要注意的是，线下服务与线上服务不是替代而是相互补充的关系，不能只顾数字化转型，从而忽略了基本的线下服务，需要政府进一步从“政府思维”向“群众视角”转变，加强线上线下政务服务融合发展。在硬件方面，可以通过政策支持、税收优惠、政府宣传等手段引进先进的技术或设备；在软件方面，注重政府人员的专业培训，虚心向科技人才学习，比如开设相应的课程、讲座、考核等。在提升政府人员专业技术知识的同时，加强科技人才对该地区创新发展的参与感和责任感，进一步激发科技人才的积极性。

(3) 结合多方合作，完善创新环境内容

良好的区域创新环境建设面对的是整个社会环境，社会环境的复杂性和多样性决定了要建设良好的区域创新环境就必须与多方合作。企业作为市场主

体，激发企业创新主体活力是非常重要的，政府要推动各领域优势企业强强联合。除企业之外，科研院所、高等学校等科技人才比例也较大，可以将一些专业性的工作交予专业科技人才完成，大力发挥高校、企业等机构的作用。应当持续优化资源共享、优势互补的“政、产、学、研、用”一体化模式。加大政策落地的力度，落地之后立即进行反馈，完善出台、落地、执行、监督、反馈一系列流程。

第8章

结论与展望

8.1 主要结论

区域的发展不仅要注重科技人才的集聚，更要注重科技人才集聚与区域创新环境整体协同效应。本书以协同演化为理论视角，对科技人才集聚与区域创新环境之间相互作用进行了分析，提出了TTA-RIE复合系统概念，结合系统科学、生态学、新经济地理学理论研究其协同演化机理，并运用数学模型进行仿真实验，通过中国各地区数据进行实证检验，并进行案例分析。本书主要结论如下。

(1) 阐述了TTA-RIE复合系统的概念、特征、结构以及功能，形成了TTA-RIE复合系统的理论体系

1）概念及特征

TTA RIE复合系统是指在一定的区域范围内，由科技人才集聚了系统和区域创新环境子系统之间相互作用、相互影响、相互制约结合形成的有机整体，具有目的性、复合性、耦合性、动态性的特征。

2）结构

TTA-RIE复合系统是由科技人才集聚子系统、区域创新环境子系统构成，众多要素相互联系，两者之间的联系主要表现为：科技人才集聚主要通过科技人才集聚规模效应、科技人才集聚知识溢出效应、科技人才集聚创新效应、科技人才集聚共享效应影响区域创新环境；区域创新环境通过经济基础环境、基础设施环境、信息网络环境等区域创新硬环境为科技人才集聚提供基本的物质保障，同时通过区域内政策制度环境、市场环境、文化环境、创新潜力环境吸引科技人才，两者协调发展，促进区域创新水平提高以及经济发展。

3）功能

科技人才集聚子系统与区域创新环境子系统协同演化过程中主要发挥知识流动、技术流动、人才流动、加速科技成果的转化、促使区域协调发展、培养科技人才等功能。

4）案例分析

选取深圳科技园等作为案例对象，例证 TTA-RIE 复合系统构建的合理性。

(2) 结合生命周期理论、共生理论以及核心-边缘理论，在分析 TTA-RIE 复合系统协同演化条件的基础上，从时间和空间视角出发，明晰了 TTA-RIE 复合系统的协同演化机理

1）TTA-RIE 复合系统协同演化的条件

对于 TTA-RIE 复合系统而言，协同演化需要满足开放性、远离平衡态、随机涨落性条件，并且引入负熵机制。开放性是其协同演化的必要条件；远离平衡态是指 TTA-RIE 复合系统处于不断变化的状态；随机涨落性包括内部和外部双层含义，内部涨落来源于企业文化、企业制度、管理创新等对科技人才集聚的影响，外部涨落来源于区域创新软环境与区域创新硬环境对科技人才集聚的影响；TTA-RIE 复合系统协同演化需要引入负熵机制，即不断改进区域创新环境。

2）时间维度协同演化机理

首先，结合科技人才集聚子系统演化过程，基于生命周期理论将 TTA-RIE 复合系统协同演化整体状态的理想演化阶段分为初步协同阶段、强化协同阶段、深度协同阶段、分化协同阶段。其次，基于共生理论进一步修正，补充每个阶段子系统相互作用的类型，分别为双向反抗型、环境激励型、激励中性型、共生激励型、双向反抗型以及共生反抗型。最后，引入 Allee 效应，得出初始条件下，科技人才集聚规模不同，科技人才集聚子系统与区域创新环境子系统协同演化的趋势也不同。

3）空间维度协同演化机理

随着产业集聚规模化，科技人才集聚在空间上呈现核心-边缘模式的分布不均衡特征。一方面，核心区通过改善基础设施、提高文化水平等吸引科技人才；另一方面，科技人才集聚通过发挥各类科技人才集聚效应优化区域创新环境，对区域创新环境作出有效的反馈，使得科技人才大部分集聚在核心区，而边缘区科技人才分布较少。

（3）借助 Matlab 仿真平台识别了影响 TTA-RIE 复合系统协同演化稳定的因素

1）构建了 TTA-RIE 复合系统协同演化模型

遵循演化经济的思想，将科技人才集聚与区域创新环境纳入复合系统思考，形成区域系统下的 TTA-RIE 复合系统，并改进 Lotka-Volterra 模型，引入 Allee 效应，构建了 TTA-RIE 复合系统互惠共生协同演化模型。

2）分析了 TTA-RIE 复合系统协同演化的稳定性

运用微分方程稳定性定理求解 TTA-RIE 复合系统互惠共生协同演化模型的平衡点，得到 4 个边界平衡点以及 2 个内部平衡点，通过分析各平衡点处的零等倾线以及轨线趋势图，发现科技人才集聚子系统与区域创新环境子系统协同演化过程中共同发展，逐步趋向复合系统的稳定结点。

3）探索了影响 TTA-RIE 复合系统协同演化稳定的因素

通过 Matlab 平台仿真模拟，发现子系统之间的协同演化趋势符合构建模型的演化趋势，并发现 Allee 效应影响科技人才集聚与区域创新环境协同演化的稳定性，而且 Allee 效应的强弱对稳定性的影响程度不同，较弱的 Allee 效应对两者协同演化稳定性影响较小，较强的 Allee 效应对两者协同演化稳定性影响较大；科技人才集聚初始规模值影响科技人才集聚与区域创新环境的协同演化，科技人才集聚初始规模不宜过小，必须超过一定临界值，否则科技人才会相继离开该区域，达不到科技人才集聚改善区域创新环境的目的；科技人才集聚与区域创新环境协同作用系数影响两者协同演化的稳定性，互惠共生系统使科技人才集聚与区域创新环境在协同演化中均能受益，使各自的效益值上限分别增大，并且当科技人才集聚对区域创新环境效益的协同系数较大时，科技人才集聚与区域创新环境的效益值都上升。

4）提出了促进科技人才集聚子系统与区域创新环境子系统协同演化的策略选择

根据仿真模拟得出影响 TTA-RIE 复合系统协同演化稳定的因素，由此提出为促进两者协同演化可以按照以下策略选择：减少 Allee 效应对科技人才集聚的扰动；确保科技人才数量的适度增长；注重科技人才集聚对区域创新环境的协同效应。

(4) 运用改进的复合系统协同度模型，评价了中国各地区历年科技人才集聚与区域创新环境的协同演化综合效度

1）构建了 TTA-RIE 复合系统协同演化综合效度测度模型

基于动静结合的原则，构建静态 TTA-RIE 复合系统协同度评价模型，在此基础上，对静态复合系统协同度评价模型进行扩展，融合了动态的速度状态与速度趋势，构建 TTA-RIE 复合系统协同演化综合效度模型。

2）确定了科技人才集聚子系统与区域创新环境子系统的序参量指标体系

参考有关科技人才集聚评价指标体系的研究，将科技人才集聚规模、科技人才集聚结构以及科技人才集聚功能三个维度作为科技人才集聚子系统的序参量，并确定各序参量指标体系；在分析区域创新环境构成的基础上，采用文献分析法和重要性指标筛选法从经济基础环境、基础设施环境、信息网络环境、市场环境、政策制度环境、文化环境以及创新潜力环境七个维度最终确定区域创新环境序参量指标体系。

3）实证分析了中国各地区的科技人才集聚与区域创新环境协同演化综合效度

为了消除各指标的单位和量级差异，对样本数据进行无量纲化处理，根据实际需要借助 CRITIC 赋权法设定各序参量权重，在此基础上计算 2008～2016 年中国各地区科技人才集聚与区域创新环境的协同度以及综合效度。研究结果表明：东部发达地区在该时期科技人才集聚与区域创新环境协同度较高，但其协同演化的综合效度呈现疲软甚至下降态势；中西部不发达地区在该时期科技人才集聚与区域创新环境协同度低，但其协同演化的综合效度呈现增长趋势。根据各地区科技人才集聚与区域创新环境的协同度以及综合效度高低匹配情况，将各地区归为双高型、高低型、双低型、低高型四种类型，并分析原因，提出对策建议。

(5) 进行了 TTA-RIE 复合系统协同演化的案例分析

案例分析能够说明本书构建的理论模型合理性，TTA-RIE 复合系统是由科技人才集聚子系统和区域创新环境子系统之间相互作用、相互影响、相互制约结合形成，具有知识流动、加速科技成果转化、促进区域协调发展、培养科技人才功能的有机整体，国家现有的许多科技园区以及高新技术产业开发区均符合 TTA-RIE 复合系统的内涵，如深圳科技园、北京中关村科技园、上海张江高科技园、苏州太湖科技产业园、武汉光谷中华科技产业园、成都高新技术产业开发区等，在这些科技园区中大量的科技人才集聚，创新环境发展较为成熟，具有一定的代表性，因此，以上述科技园区为案例进行分析，研究发现上述园区具备 TTA-RIE 复合系统的内涵和功能，科技人才集聚子系统与区域创新环境子系统相互作用，并且遵循二者之间协同演化的时间和空间机理。

（6）提出了 TTA-RIE 复合系统协同演化发展的对策建议

根据全书综合分析，提出科技人才集聚与区域创新环境协同演化的对策建议，包括完善区域发展条件，提升科技人才适应度；消除区域间的创新差异，推动创新发展水平均衡提升；兼顾协同演化状态与速度，促进区域均衡发展；优化科技人才政策，促进科技人才集聚；调整创新环境政策工具，完善创新环境政策内容。

本书创新点主要体现在理论层面和方法层面。其中，理论层面构建了 TTA-RIE 复合系统理论模型，以及明晰了 TTA-RIE 复合系统的协同演化机理，为科技人才集聚与区域创新环境的相关研究提供一定的理论基础；方法层面设计了科技人才集聚与区域创新环境协同演化的研究方法，借助计算机仿真模拟，考虑 Allee 效应在两者协同演化的作用，在已有协同演化模型的基础上，加上 Allee 参数，识别了影响科技人才集聚-区域创新环境复合系统协同演化稳定性的因素。另外，对静态复合系统协同度评价模型进行扩展，融合动态的速度状态与速度趋势，并结合物理学中牛顿第二定律原理，构建改进的复合系统协同度评价模型，并运用此模型，评价中国各地区科技人才集聚与区域创新环境的协同演化综合效度。

8.2 未来展望

本书借助理论探讨、仿真模拟、实证分析等方法对科技人才集聚与区域环境的协同演化关系进行研究，系统地分析了两者协同演化机理。未来可以从以下 3 点继续深入开展研究。

（1）从中、微观角度分析科技人才集聚与区域创新环境的协同演化机理

由于数据较难获得，对科技人才集聚与区域创新环境协同演化综合效度的实证分析仅停留在了宏观层面，在后续研究中，可以进一步研究制造业、服务业等行业的科技人才与创新环境协同演化机理，同时可以分析企业科技人才集聚与创新环境的协同演化机理。

(2) 进一步探索政府、企业、金融机构等创新主体在科技人才集聚过程中的合作机制

目前主要从理论方面分析各创新主体在科技人才集聚过程的作用，未来可以通过演化博弈、仿真模拟、回归分析等方法，进一步研究政府、企业、金融机构如何协同合作吸引科技人才，提高科技人才集聚与区域创新环境的协同演化综合效度，以及如何评估各方合作效果，并以某区域为例开展实证研究。

(3) 通过案例研究的方法研究组织层面的科技人才流动与创新环境的关系

本书着重分析区域层面的科技人才集聚与区域创新环境协调程度及演化，未来可开展企业层面的研究，通过案例研究的方法探索企业科技人才集聚的规律、模式，以及企业科技人才对企业创新环境的影响机制。

参考文献

[1] Lewin A Y, Volberda H W. Co-evolution of global sourcing: The need to understand the underlying mechanisms of firm-decisions to offshore [J]. International Business Review, 2011, 20 (3): 241-251.

[2] Dalmazzone S, Giaccaria S. Economic drivers of biological invasions: A worldwide, bio-geographic analysis [J]. Ecological Economics, 2014, 105: 154-165.

[3] Wang Q L, Huang W T. Limit periodic travelling wave solution of a model for biological invasions [J]. Applied Mathematics Letters, 2014, 34: 13-16.

[4] Wei X, Zeng D D, Luo X F. Concept evolution analysis based on the dissipative structure of concept semantic space [J]. Future Generation Computer Systems, 2018, 81: 384-394.

[5] Mcdermott S M, Finnoff D C. Impact of repeated human introductions and the Allee effect on invasive species spread [J]. Ecological Modelling, 2016, 329: 100-111.

[6] Dhiman A, Poria S. Allee effect induced diversity in evolutionary dynamics [J]. Chaos, Solitons & Fractals, 2018, 108: 32-38.

[7] Chen L F, Huang Z Y X, Zhou S R. The Allee effect in hosts can weaken the dilution effect of host diversity on parasitoid infections [J]. Ecological Modelling, 2018, 382: 43-50.

[8] Flückiger M, Ludwig M. Geography, human capital and urbanization: A regional analysis [J]. Economics Letters, 2018, 168: 10-14.

[9] Lucas R E. On the mechanics of economic development [J]. Journal of Monetary Economics, 1988 (1): 3-42.

[10] Nelson R R, Phelps E S. Investment in humans, technological diffusion, and economic growth [J]. The American Economic Review, 1966, 56 (1/2): 69-75.

[11] Moore J F. Predators and prey; A new ecology of competition [J]. Harvard Business Review, 1993, 71 (3): 75-86.

[12] Lee S J, Lee D J, Oh H S. Technological forecasting at the Korean stock market: A dynamic competition analysis using Lotka - Volterra model [J]. Technological Forecasting and Social Change, 2005, 72 (8): 1044-1057.

[13] 杜伟，杨志江，夏国平．人力资本推动经济增长的作用机制研究 [J]．中国软科学，2014，(8)：173-183.

[14] 张鹏，李全喜，张健．基于生态学种群视角的供应链企业知识协同演化模型［J］．情报科学，2016，34（11）：150-153.

[15] 任腾，周忠宝．复合系统的动态协同演化分析——以保险、信贷与股票金融复合系统为例［J］．中国管理科学，2017，25（8）：79-88.

[16] 王仙雅，慕静．物流产业集群与外环境的协同演化及仿真［J］．统计与决策，2011，（4）：167-169.

[17] 赵强强，陈洪转，俞斌．区域创新型科技人才系统结构演化模型研究［J］．科学学与科学技术管理，2010，31（3）：195-199.

[18] 秦丽娟．Allee 效应、多 Allee 效应及其时空动态［D］．兰州：甘肃农业大学，2017.

[19] 孟庆松，韩文秀．复合系统协调度模型研究［J］．天津大学学报，2000，（4）：444-446.

[20] 范厚明，马梦知，温文华，等．港城协同度与城市经济增长关系研究［J］．中国软科学，2015，（9）：96-105.

[21] 武淑萍，于宝琴．电子商务与快递物流协同发展路径研究［J］．管理评论，2016，28（7）：93-101.

[22] 张延平．区域人才结构动态适配区域产业结构升级研究［D］．长沙：中南大学，2011.

[23] 白华，韩文秀．复合系统及其协调的一般理论［J］．运筹与管理，2000，（3）：1-7.

[24] 侯宏皎．高校与区域人才集聚系统协同发展研究［J］．黑龙江高教研究，2014，（10）：16-19.

[25] 孙蕊，温孝卿．京津冀一体化背景下产业转移和人才聚集系统动态演进机制［J］．社会科学家，2015，（8）：64-68.

[26] 贾亚男．关于区域创新环境的理论初探［J］．地域研究与开发，2001，（1）：5-8.

[27] 覃睿，田先钰．从创新潜力到创新成果：一个创新潜力形成与释放模型——兼论创造力之偏态分布的原因［J］．科技进步与对策，2007，（2）：148-152.

[28] 张仲梁，邢景丽．城市科技创新能力的核心内涵和测度问题研究［J］．科学学与科学技术管理，2013，34（9）：63-70.

[29] 徐茜，张体勤．基于城市环境的人才集聚研究［J］．中国人口·资源与环境，2010，20（9）：171-174.

[30] 赵放，曾国屏．多重视角下的创新生态系统［J］．科学学研究，2014，32（12）：1781-1788，1796.

[31] 程强，石琳娜．基于自组织理论的产学研协同创新的协同演化机理研究［J］．软科学，2016，30（4）：22-26.

[32] 赵炎，武晨．基于耗散结构的区域创新系统绩效评价研究［J］．科研管理，2018，39（S1）：37-43.

[33] 王玲俊，王英．基于耗散结构的光伏产业链风险演化条件机制研究［J］．软科学，2018，32（1）：21-26.

[34] 武剑，戴潇，严良．矿产资源密集型区域可持续发展的协同演化［J］．中国人口·资源与环境，2015，25（11）：136-142.

[35] 刘宣江．基于 Allee 效应的现代服务业集群演化分析［J］．山东理工大学学报（社会科学版），2016，32（1）：5-8.
[36] 李传裕．基于核心-边缘模型的劳动力迁移动因分析［J］．经济经纬，2011，（3）：10-14.
[37] 唐朝永，牛冲槐．协同创新网络、人才集聚效应与创新绩效关系研究［J］．科技进步与对策，2017，34（3）：134-139.
[38] 周均旭，胡蓓．产业集群人才引力效应与成因分析——以佛山为例［J］．管理评论，2010，22（3）：101-107.
[39] 王全纲，赵永乐．全球高端人才流动和集聚的影响因素研究［J］．科学管理研究，2017，35（1）：91-94.
[40] 曹雄飞，霍萍，余玲玲．高科技人才集聚与高技术产业集聚互动关系研究［J］．科学学研究，2017，35（11）：1631-1638.
[41] 王顺．我国城市人才环境综合评价指标体系研究［J］．中国软科学，2004，（3）：148-151.
[42] 叶丹，黄庆华．区域创新环境对高技术产业创新效率的影响研究——基于 DEA-Malmquist 方法［J］．宏观经济研究，2017，（8）：132-140.
[43] 芮雪琴，牛冲槐，陈新国，等．创新网络中科技人才聚集效应的测度及产生机理［J］．科技进步与对策，2011，28（18）：146-151.
[44] 吴殿廷，陈向玲，刘超，等．我国高级科技人才空间集聚的初步研究——以两院院士为例［J］．中国科技论坛，2006，（6）：108-112.
[45] 赵文．资源型城市企业家人力资本对区域创新影响的实证分析——以山西省为例［J］．工业技术经济，2012，31（5）：83-87.
[46] 王祥兵，张学立．货币政策传导系统协同演化机制研究——基于哈肯模型的理论与实证分析［J］．管理评论，2014，26（11）：57-66.
[47] 周灏．中国产业安全的逻辑和路径研究——基于反倾销与产业升级的协同演化［J］．社会科学，2018，（1）：29-36.
[48] 赵炎，武晨．基于耗散结构的区域创新系统绩效评价研究［J］．科研管理，2018，39（S1）：37-43.
[49] 王玲俊，王英．基于耗散结构的光伏产业链风险演化条件机制研究［J］．软科学，2018，32（1）：21-26.
[50] 胡蓓，朱朴义．产业集群人才集聚拥挤研究［J］．科技进步与对策，2013，30（19）：130-134.
[51] 裴玲玲．科技人才集聚与高技术产业发展的互动关系［J］．科学学研究，2018，36（5）：813-824.
[52] 苏屹，姜雪松，雷家骕，等．区域创新系统协同演进研究［J］．中国软科学，2016，（3）：44-61.
[53] 李婧，产海兰．空间相关视角下 R&D 人员流动对区域创新绩效的影响［J］．管理学报，2018，15（3）：399-409.
[54] 杜伟，杨志江，夏国平．人力资本推动经济增长的作用机制研究［J］．中国软科学，2014，

（8）：173-183.
[55] 张鹏，李全喜，张健．基于生态学种群视角的供应链企业知识协同演化模型［J］．情报科学，2016，34（11）：150-153.
[56] 任腾，周忠宝．复合系统的动态协同演化分析——以保险、信货与股票金融复合系统为例［J］．中国管理科学，2017，25（8）：79-88.
[57] 王仙雅，慕静．物流产业集群与外环境的协同演化及仿真［J］．统计与决策，2011，（4）：167-169.
[58] 赵强强，陈洪转，俞斌．区域创新型科技人才系统结构演化模型研究［J］．科学学与科学技术管理，2010，31（3）：195-199.
[59] 秦丽娟．Allee 效应、多 Allee 效应及其时空动态［D］．兰州：甘肃农业大学，2017.
[60] 刘微微，石春生，赵圣斌．具有速度特征的动态综合评价模型［J］．系统工程理论与实践，2013，33（3）：705-710.
[61] 孟庆松，韩文秀．复合系统协调度模型研究［J］．天津大学学报，2000，（4）：444-446.
[62] 范厚明，马梦知，温文华，等．港城协同度与城市经济增长关系研究［J］．中国软科学，2015，（9）：96-105.
[63] 武淑萍，于宝琴．电子商务与快递物流协同发展路径研究［J］．管理评论，2016，28（7）：93-101.
[64] 张延平．区域人才结构动态适配区域产业结构升级研究［D］．长沙：中南大学，2011.
[65] 白华，韩文秀．复合系统及其协调的一般理论［J］．运筹与管理，2000，（3）：1-7.
[66] 侯宏皎．高校与区域人才集聚系统协同发展研究［J］．黑龙江高教研究，2014，（10）：16-19.
[67] 孙蕊，温孝卿．京津冀一体化背景下产业转移和人才聚集系统动态演进机制［J］．社会科学家，2015，（8）：64-68.
[68] 贾亚男．关于区域创新环境的理论初探［J］．地域研究与开发，2001，（1）：5-8.
[69] 覃睿，田先钰．从创新潜力到创新成果：一个创新潜力形成与释放模型——兼论创造力之偏态分布的原因［J］．科技进步与对策，2007，（2）：148-152.
[70] 张仲梁，邢景丽．城市科技创新能力的核心内涵和测度问题研究［J］．科学学与科学技术管理，2013，34（9）：63-70.
[71] 徐茜，张体勤．基于城市环境的人才集聚研究［J］．中国人口·资源与环境，2010，20（9）：171-174.
[72] 赵放，曾国屏．多重视角下的创新生态系统［J］．科学学研究，2014，32（12）：1781-1788，1796.
[73] 程强，石琳娜．基于自组织理论的产学研协同创新的协同演化机理研究［J］．软科学，2016，30（4）：22-26.
[74] 赵炎，武晨．基于耗散结构的区域创新系统绩效评价研究［J］．科研管理，2018，39（S1）：37-43.
[75] 王玲俊，王英．基于耗散结构的光伏产业链风险演化条件机制研究［J］．软科学，2018，32

（1）：21-26.

[76] 武剑，戴潇，严良．矿产资源密集型区域可持续发展的协同演化［J］．中国人口·资源与环境，2015，25（11）：136-142.

[77] 刘宣江．基于 Allee 效应的现代服务业集群演化分析［J］．山东理工大学学报（社会科学版），2016，32（1）：5-8.

[78] 刘微微，石春生，赵圣斌．具有速度特征的动态综合评价模型［J］．系统工程理论与实践，2013，33（3）：705-710.